Johannes Seitz
Erinnerungen und Erfahrungen

SEVERUS Verlag

ISBN: 978-3-95801-547-0
Druck: SEVERUS Verlag, 2016

Der SEVERUS Verlag ist ein Imprint der Diplomica Verlag GmbH.
Bibliografische Information der Deutschen Nationalbibliothek:
Die Deutsche Nationalbibliothek verzeichnet diese Publikation in der Deutschen Nationalbibliografie; detaillierte bibliografische Daten sind im Internet über http://dnb.d-nb.de abrufbar.

http://www.severus-verlag.de
Printed in Germany

Wilhelm Arndt

Ernst Moritz Arndt Biographie

Sein Leben, seine Ansichten und seine Lieder

SEVERUS

Inhalt

Widmung ... 3
Geburt und früheste Jugend ... 7
Lehr- und Wanderjahre ... 16
Glück und Leid, Ruhe und Unruhe ... 26
Geist der Zeit. Erster Teil ... 35
Freiwillige Verbannung ... 46
Geist der Zeit. Zweiter Teil ... 56
Kreuz- und Querzüge ... 66
Stein ... 76
Von St. Petersburg bis Dresden ... 87
Geist der Zeit. Dritter Teil ... 101
Hoffnungsreicher Frühling, schwüler Sommer, fröhlicher Herbst ... 112
Der Rhein, Deutschlands Strom, nicht Deutschlands Grenze ... 123
Wanderungen durch das befreite Deutschland ... 135
Der Meister unter den vaterländischen Sängern ... 147
Geist der Zeit. Vierter Teil ... 159
Je größer Kreuz, je größer Glaube ... 172
Ich steh, ich steh auf einem breiten Stein, Und wer mich lieb hat, holt mich ein ... 186
Ein deutsches Gewissen im tollen Jahr ... 197
Ein Baum gepflanzet an Wasserbächen ... 219
„Geht nun hin und grabt mein Grab!“ ... 231
Anhang ... 246
Geistliche Lieder ... 246
Vaterlandslieder ... 260

Der deutschen Jugend

sei dies Buch bei seinem fünften Ausgang ins deutsche Land geweiht, damit sie am alten Arndt sich jung halte. Manchmal in den letzten Jahren wollte sich auch uns die Klage, die einst Schiller ausgesprochen, auf die Lippen drängen: „Nur das Alter ist jung, ach! und die Jugend ist alt." Lustbarkeit ohne Freude, Genuss ohne Begeisterung, Geselligkeit ohne Freundschaft, Reisen ohne Wanderung, Lernen ohne Erkenntnis, Freude am neuen deutschen Reich ohne den alten deutschen Sinn; – keine Pietät und keine Poesie, kein Glaube und kein Himmelsflug; – oberflächliches Reden und verstimmtes Schweigen, Sinnenrausch und Weltschmerz, – das waren die bedenklichen Züge, die wir hier und da auf dem Angesicht der Jugend zu bemerken glaubten.

Man sagt, die Jugend werde in diesen Tagen wieder jung und mit doppeltem Flügelschlage rausche ihre Begeisterung für Gottes Reich und für das deutsche Reich. Kein besserer Jungbrunnen als die Geschichte der großen Zeiten unsers Volks mit ihren großen Männern. Eine größere ist nicht gewesen als die Zeit unsrer Befreiungskriege. Damals schlugen alle Gluten vergangener Jahrhunderte in einer Flamme zusammen. Tiefgrabende Männer der Wissenschaft gruben das Urbild des deutschen Volks aus den ältesten Urkunden der Sprache und Dichtung, des Rechts und der Sitte hervor. Auch auf den Trümmern des tausendjährigen deutschen Reichs predigten, von den Erinnerungen an die große Kaiserzeit ergriffen, in dem Glauben, der eine gewisse Zuversicht ist des, das man hofft, die besten Männer vom Kaiser und vom Reich. Unter Gottes Züchtigung und Gottes Wundertat ward der Glaube der Reformatoren wieder lebendig. Während der tiefsten Erniedrigung des politischen Lebens blühte ein Geisterfrühling wie nie zuvor. Im Kampf mit dem Erzfeind fühlte sich das Volk als Volkspersönlichkeit in seiner ureignen Art. Der Erfolg war damals nicht so groß als im letzten großen Krieg, aber die Gesinnung war mächtiger. Die Siege wurden nicht so rasch erfochten, aber umso tiefer waren die Furchen, welche die göttliche Pflugschar im Gemüte des deutschen Volks gezogen. Das Reich ward noch nicht hergestellt, aber in die Sehnsucht der Jugend grub sich sein Bild unauslöschlich ein. Und was 1870 und 1871 geschah, war eine späte Ernte, die Gottes Sonne aus der Saat der Befreiungskriege reifen ließ. Diejenigen werden am besten verstehn, warum unter Preußens Führung Alldeutschland gegen den dritten Napoleon so glänzende Siege erfochten, die aus der Geschichte am genauesten wissen, was Preußen gegen den ersten Napoleon für Alldeutschland getan und wie geflissentlich die Vertreter der Großmächte Preußen gehindert seine deutsche Sendung zu erfüllen. „Seht, da kommt der Träumer her, kommt lasst uns ihn erwürgen, da wird man sehen, was seine Träume sind", so klang fast die Sprache der neidischen Brüder. Endlich ist der Träumer aus feinem Traum vom deutschen Reich erwacht und hat sich wieder breit und fest, mit Schild und Schwert, in die Weltgeschichte gestellt. Was wir heute sehen, die Befreiungskriege haben es uns schon geweissagt.

Kein andrer Mann ist, in welchem jene Zeit so volle Gestalt gewonnen als Ernst Moritz Arndt. Eben darum war er immer der Liebling der deutschen Jugend. Die mächtigen Losungen, die er ausgegeben, klingen fröhlich in ihr fort: „Der Gott, der Eisen wachsen ließ, der wollte keine

Knechte“ – „Die Freiheit und das Himmelreich gewinnen keine Halben“ – „Der Rhein, Deutschlands Strom, nicht Deutschlands Grenze“ – „Soweit die deutsche Zunge klingt und Gott im Himmel Lieder singt – das soll es sein, das soll es sein, das, wackrer Deutscher nenne dein!“ Einen edlen Hauch haben auch seine geselligen Lieder. Seine Heldenlieder im besten Volkston werden mit Jubel gesungen. Das Lied vom Schill: „Es zog aus Berlin ein tapferer Held“, das Lied vom Blücher: „Was blasen die Trompeten? Husaren heraus!“ Weihe zum Dienst für das Vaterland senkt sich auf das Haupt des Jünglings unter dem Gesang: „Er legt sein Schwert auf den Altar und schwört zum Himmel treu und wahr“, ernste Mahnung wird ihm das Lied: „Wer ist ein Mann? – Der beten kann.“ Und in der begeisternden, heiligenden Wirkung ist kein anderes der Lieder, welches die deutsche Jugend bei ihren festlichen Versammlungen singt, dem Bundeslied zu vergleichen: „Sind wir vereint zur guten Stunde, wir starker deutscher Männerchor, so dringt aus jedem frohen Munde die Seele zum Gebet hervor!“ Das Bundeslied mit dem Preise des Gottes vor allem, der groß und wunderbar aus langer Schande Nacht uns allen in Flammen aufgegangen war, mit dem Segenswunsche: „Wem soll der zweite Wunsch ertönen? Des Vaterlandes Majestät! Verderben allen, die es höhnen! Glück dem, der mit ihm fällt und steht!“

Der Mann, der neunzig Jahre unter seinem Volke gewohnt und siebzig Jahre ihm gesungen hat, steht vor uns wie der leibhaftige Rat zur Erhaltung der Jugendfrische. „So frisch blüht sein Alter wie greisender Wein.“ O dass die deutsche Jugend von dem Meister lernen möchte, was die gesunden Elemente des Jugendlebens sind! Seinen Leib hielt er in Zucht und Maß, keusch und rein. Seine Seele füllte er mit den edelsten Trieben der treuen Freundschaft, der urdeutschen Verehrung hochgesinnter Frauen, der glühenden Liebe zum Vaterland. Sein Geist lebte und webte in dem Größten und Mächtigsten, Reinsten und Heiligsten, was Gott in die Brust des Menschen und in die Geschichte der Menschheit gelegt. Ist Liederlust und Fußwanderung, ist reine Minne und innige Freundschaft, ist warme Hingabe an Land und Volk, lebhaftes Gefühl für Freiheit und Recht, Ehrfurcht vor dem geistigen Erbe der Väter, Glaube, der über die Welt zu Gott sich aufschwingt, ist dies zusammen echtes Jugendleben – wohlan, die deutsche Jugend kann sich dies Leben nicht besser bewahren als durch innige Vertrautheit mit dem alten Arndt!

Indem der Verfasser das Bild desselben der deutschen Jugend weiht, wie das Bild eines ihrer Väter, ist sein Wunsch und Gebet, dass sie lebe, blühe, wachse Gott zur Ehre und dem Vaterlande zur Freude!

Berlin im Sommer 1882
Wilhelm Baur

Erstes Kapitel

Geburt und früheste Jugend

Es mag zu Anfang des vorigen Jahrhunderts gewesen sein, da kam ein schwedischer Unteroffizier mit dem schönen Namen Arndt, d.i. Adler, auf die deutsche Insel Rügen, die damals unter schwedischer Herrschaft stand, und heiratete sich in ein Bauernwesen der Herrschaft Putbus ein. Sein Sohn brachte es als untertäniger Schäfer zu Putbus und Darsband zu einem leidlichen Wohlstand und war der Vater vieler Kinder. Das vorjüngste derselben war Ludwig Nikolaus Arndt, der Vater unsers Ernst Moritz. Er war fleißig zur Schule gehalten worden und hatte sich darinnen eine vorzügliche Handschrift und große Fertigkeit im Rechnen angeeignet. Weil er dadurch zu Geschäften sehr brauchbar war, erwählte ihn sein Gutsherr, der Graf Putbus, Erblandmarschall des Fürstentums Rügen und Präsident der Regierung in Stralsund, zu einem Heidereiter, wie man in Rügen sagte, oder einem kleinen Förster, und da er ein hübscher Bursche war, nahm er ihn auch gern auf Reisen mit. Als nun der siebenjährige Krieg ausbrach und die Schweden auch ein Heer herüberschickten gegen den großen Friedrich von Preußen, da konnte der Graf, dem die Sorge für das Heer übertragen war, den jungen Arndt sehr gut brauchen, auf der Schreibstube als gewandten Schreiber und zu Sendungen und Geleitung von Geldfuhren als klugen und mutigen Boten und Geleitsmann. In solchem Dienst kam der Jüngling viel in die Städte und mit vornehmen und gebildeten Menschen zusammen, so dass er selbst, der ein Bauernsohn war, die Art eines gebildeten Mannes annahm. Zum Dank für die geleisteten Dienste gab ihm sein Herr die Freiheit, gebrauchte ihn anfänglich in Geschäften der Landwirtschaft und Schreiberei und machte ihn zuletzt zum Inspektor der Güter in und um Schoritz. Nun nahm sich Ludwig Nikolaus Arndt ein Weib, die jugendliche und schöne Tochter eines kleinen Ackermannes und Wirtes bei Putbus, Friederike Wilhelmine Schumacher, aus einer Familie, in welcher schöne Gaben von mancherlei Art, namentlich zu Saitenspiel und Gesang, zur Bildnerei und allerhand ergötzlichen Erfindungen, heimisch waren. Dazu hatte das Mädchen Gelegenheit gehabt, mit den Kindern einer reicheren Familie den Unterricht zu genießen und durfte sich nun zu den gebildeten Frauen rechnen. So waren also beide Eltern aus Bauernmark entsprossen, wurzelten auch fest im Bauernstande, ragten aber durch Bildung und Kenntnisse über denselben hinaus.

Am Fest der Geburt Jesu Christi im Jahre des Heils 1769, der zweite Weihnachtstag ging grade zu Ende, ward dem jugendlichen Ehepaar in Schoritz noch eine große Christgabe – ein Knäblein ward ihnen geboren, das zweite, unser Ernst Moritz Arndt. Der Vater wollte ihm den Hauptnamen Philipp geben, die Mutter aber bestand darauf, er solle Ernst heißen und weissagte ihm damit durch seinen Namen schon, welcher Ernst des Lebens ihm bevorstehe und welcher Ernst der Gesinnung nötig sei, als ein redlicher Mann durch dies Leben zu gehen. Die Eltern ließen es auch bei der Erziehung der Kinder am Ernste nicht fehlen. Zwar herrschte die Fröhlichkeit im Hause, die da zu finden ist, wo gebetet und gearbeitet wird, wo der Segen Gottes zuströmt und Leib und Seele sich gesund und frisch fühlen. Liebe Freunde kamen ins Haus und wurden in ihren Häusern besucht, die Jugend durfte sich tüchtig in Obstgärten und Eichenwäldern, in Saatfeldern und auf Hünengräbern, im Weidwerk und im Seebad tummeln, aber Zucht und Ordnung fügte ihr Leben in heilsame Schranken. Da der Vater anfangs die Mittel nicht hatte, den Kindern einen eigenen Lehrer zu halten, so empfing Ernst Moritz den ersten Unterricht von den liebreichsten Lehrmeistern, die man wünschen mag, von den Eltern. Schreiben und Rechnen lehrte der Vater, die Mutter hielt die Leseübungen und erzählte den Kindern mit großer Anmut Geschichten und Märchen. Gelesen wurde in den ersten Jahren nur in der Bibel und im Gesangbuche. Arndt las mit seiner Mutter wohl drei bis vier Mal die Bibel durch. Samstags nachmittags musste ein Lied oder das Sonntagsevangelium gelernt sein und aufgesagt werden. Das war Segen fürs ganze Leben! Dadurch ward Arndt der bibelfeste Mann, der unter der Zwingherrschaft Napoleons seinem Volke Propheten- und Psalmenwort zum Trost und zur Erhebung zurief, und der Liederkundige, der seinem Gott und Heiland zu Ehren so manches geistliche, liebliche Lied gesungen hat. Es waren liebe Eltern, der Vater ernst und tätig, dabei sanft und freundlich, die Mutter mit ihren schönen großen blauen Augen, mit ihrer prächtigen breiten Stirn, fromm, sinnig und mutig, und durch kein Geschick so zu beugen, dass sie die Klarheit und Besonnenheit verloren hätte. Ein kühneres und freieres Weib in einem gebrechlichen Körper hat die Natur nie hervorgebracht, so rühmt der Sohn, mit einer reichen Phantasie und einem gesunden Herzen ausgerüstet. Wenn alles schlafen lag, saß sie noch auf und las in einem frommen oder unterhaltendem Buche und war früh mit dem Frühsten wieder auf, und weil Arndt schon als Kind selbst wenig Schlafes bedurfte, durchplauderte und durchlas er oft mit der Mutter halbe Nächte. So ins Mutterauge zu schauen und durch den Mund der Mutter das Leben sich deuten zu lassen, das macht einen Eindruck in die Kindesseele, der nicht wieder auszulöschen ist. Es war, da Arndt ein Knabe war, auf der Insel Rügen der lutherische Glaube noch ungebrochen, und es verstand sich von selbst, dass die Kirche fleißig besucht ward. In Gartz, zu welchem Kirchspiel die Familie gehörte, war ein trefflicher Prediger und Seelsorger, Pastor Stenzler. Da ward denn alle Sonntage hingewandert oder bei schlechtem Wetter hingefahren. Nachmittags mussten die Knaben den Weg zum zweiten Mal machen, um in der Katechismuslehre nicht zu fehlen. Ging der Vater nicht mit, so begleitete sie der Großknecht, ein bibelfester Christenmensch, und hatte dabei große Freude an dem Ernst Moritz. Denn dieser hatte ein gutes Gedächtnis und große Belesenheit in der Schrift, und ließ bei der Prüfung in kindlicher Freudigkeit seine Stimme wie eine Trompete erschallen, dass man sie durch die ganze Kirche hörte. Da war denn für den treuen Elieser der Heimweg mit dem Knaben allemal wie ein Triumphzug.

So fehlte es in Arndts Elternhause an der Gottesfurcht nicht, aber auch nicht an Arbeitsamkeit und Tüchtigkeit für den irdischen Beruf. Arndts Vater hat mehrmals den Wohnort gewechselt, er wohnte in Schoritz, dann in Dumsevitz, dann in Grabitz, immer auf der Insel Rügen, überall war das gewaltige Meer nicht ferne, überall gab es Feld, Wald, Wasser, und überall war der Ackerbau der irdische Beruf für Alt und Jung. Da mussten, wenn die Menge der Arbeit drängte und die Eltern den Unterricht nicht geben konnten, auch die Söhne mit angreifen. Namentlich wenn die Ernte alle Hände der Knechte und Mägde in Anspruch nahm, ward Ernst Moritz der Hüter der Schweine oder der Kühe. Er tat es gern und gewissenhaft, und wenn er abends heimtrieb, leuchtete ihm die Abendröte wie ein Gruß Gottes in die Seele. Auch sonst wurden die Kinder nicht verweichlicht. Es war die Zeit, da noch viel Unnatur in der Kinderzucht herrschte. Die naturwidrigen Gewohnheiten, mit welchen die Alten in Gesellschaften sich plagten, sollten auch von den Kindern mitgemacht werden. Bei feierlichen Gelegenheiten mussten sie mit steifem Zopf, gepudertem und gelocktem Haar erscheinen, die Zurüstung kostete viel Zeit. Da ward manchmal mit Wachs und Pomade darauf geschlagen, dass die hellen Tränen über die Wangen liefen. Dann beim Eintritt in die Gesellschaft mussten sie knicksen und jedem die Hand küssen. Aber dieser alte Sauerteig französischer Torheit konnte den Segen der kräftigen deutschen Zucht in Arndts Hause nicht zu Schanden machen. In Nahrung und Kleidung wurden die Kinder mäßig, ja wohl strenge gehalten. War etwas in der Nachbarschaft zu bestellen, so stieg der Junge zu Pferd, ohne Mantel und Überrock, mochte die Sonne scheinen oder Regen strömen, und fort ging's. Fuhr der Vater im Winter mit dem Einspännerschlitten zu Freunden, so hockten die Söhne neben oder hinten auf, fror sie, so mochten sie laufen. Da schlief wohl, wenn die Freunde lange zusammen saßen, der kleine Ernst Moritz ein, ward dann rasch aus dem Schlaf in den Schlitten gebracht, unterwegs, damit er munter würde, in den Schnee geworfen, kam das Fuhrwerk an einen Schlagbaum, so musste er herunter und öffnen, und zu alledem durfte er kein saueres Gesicht machen. Ging sein Vater mit dem Oheim Heinrich auf Posewald auf die Jagd, da ward Ernst Moritz aufs Rösslein gesetzt und an beiden Seiten wurden Bänder an den Sattel gebunden, die Hasen und schnell abgestreiften Fuchsbälge daran zu hängen. Das ging dann von früh bis spät durch Sturm, Regen und Schneegestöber. Was lag daran, ob den Leib auch Frostschauer überfielen! Die Seele hatte ihre jauchzende Lust an den bunten Abenteuern des Weidwerks.

Endlich als aus dem Kind ein kräftiger Knabe geworden war, dem auch im Lernen etwas Tüchtiges zugemutet werden konnte, kam ein Hauslehrer. Schon früher einmal hatte ein abgelegener Kandidat, ein langer, griesgrämischer Mensch, die wilden Vögel eingefangen, aber zum Glück für die Schüler hatte er selbst nicht lange ausgehalten. Nach acht Tagen ging er weg, er könne in einem Hause nicht länger bleiben, wo man dem Lehrer so wenig Achtung erweise. Die Tante habe ihn beim Guten Morgen kaum angeknickst und die Mutter habe ihn statt Herr Krai, wie sich gebühre, lieber Krai genannt. Die Kinder hatten noch ein paar Jahre Freiheit, dann kam Herr Müller aus Chemnitz in Sachsen, der hatte studiert bis zum Studenten, dann war er im siebenjährigen Krieg unter die Soldaten gegangen, ward von den Schweden gefangen, als schwedischer Unteroffizier hatte er sich zur Ruhe gesetzt und den Korporalstock mit der Rute vertauscht. Das war ein steifer, eckiger, straffer Korporal, immer in Gamaschen, dick bepudert, mit zwei großen Locken und ellenlangem dünnem Zopf, auf Spaziergängen ein langes spanisches Rohr in der Hand. Aber er hatte blitzende blaue Augen und ein in Zorn und Liebe glühendes Christenherz. Viel zu lernen war bei ihm nicht. Doch mochte er die Jugend ans Sitzen gewöhnen und ein Vorzug war es immer, dass der Mann im Glauben stand, den er aus Luthers Heimat mitgebracht. Freilich ging's im Christentum auch bei ihm nach der Weise seiner Zeit. Wenn der alte Korporal morgens die Stunde mit einem Choral eröffnete und seine helle Stimme kreischen ließ, da konnten sich die Kinder, namentlich Ernst Moritz, der ein Kicherer war, des Kicherns nicht erwehren. Da schlug Herr Müller darein, dass die Späne davon flogen, aber der Gesang ward nicht im geringsten unterbrochen. Ein paar Jahre darauf, als Ernst Moritz vierzehn zählte, kam Herr Dankwardt, ein Hauslehrer, wie er sein sollte, ein Kandidat der Theologie, ein fünfundzwanzigjähriger, beweglicher, fröhlicher, frommer Mann, der Kopf und Herz auf dem rechten Flecke und Kenntnisse genug hatte, um die Knaben für die gelehrte Schule vorzubereiten. Das Lernen wurde nun ernster getrieben, aber die alte Lust des Sich-Tummelns behielt auch ihr Recht. Rosse wurden zugeritten, Krammetsvögel im benachbarten Walde gefangen, im Sommer ward geschwommen, im Winter Eis gelaufen. Das ging natürlich ohne allerlei Unfälle, kleinere und größere, nicht ab. Zweimal war Ernst Moritz ernstlich in Lebensgefahr. Einmal brach er ins Eis ein, versank, ward aber von dem Bruder wieder herausgeholt, ein andersmal war er vom Pferde gefallen und der volle Erntewagen ging über seinen Kopf, das Rad riss ihm die Haare weg, ohne den Schädel zu zerbrechen, wahrscheinlich war es gerade über einen Stein gegangen und dann über den Kopf weggeschnellt. Aber die Jugend konnte mehr als essen, trinken, schwimmen, reiten, schießen: es war Geist und Leben in ihr. Waren die Alten von der dichterischen Begeisterung ergriffen, die gerade damals durch Deutschland ging, wie sollte die fröhliche Jugend, in der Alles treibt und keimt und singt und klingt, nicht ihre Lust an Sang und Klang gehabt haben? Ernst Moritz brachte das Geschichtenerzählen auf, welches die Geschwister an den langen Winterabenden unter der warmen Decke noch Stunden lang trieben, Gehörtes und Gelesenes mit Erdichtetem und Erdachtem zusammenwirkend zu wunderbaren Märlein. Fritz, der jüngere Bruder, war ein großer Verseschmied, gab den Tauben im Schlage die Namen griechischer Helden und besang sie mit einem Freunde um die Wette. Der Hauslehrer, selbst in den frischen Strom der Dichtung getaucht, wehrte natürlich nicht, sondern nährte den fröhlichen Dichtersinn seiner Schüler.

Ein Haus, so fest geschlossen es ist durch Familiensinn und Treue seiner Bewohner, soll doch Türen haben, durch welche die Hausgenossen zu guten Freunden und treuen

Nachbarn aus- und diese eingehen können. Es ist auch für die Jugend nötig, dass sie allmählich ein Stück Welt sieht, indem sie in befreundeten Häusern Zulass findet. Und wenn der Knabe zum Jüngling heranreift, ist ihm das Besuchen anderer Familien nicht nur mehr um des Spieles und der Kurzweile willen lieb; er geht gern dahin, wo seine Seele tiefe, heilsame Eindrücke empfängt. Die Arndt'sche Familie hatte vielen Umgang in Stadt und Land, namentlich mit Pfarrern und Pächtern, aber der segensreichste für unsern Ernst Moritz war der Umgang mit den zahlreichen Sprossen des Arndt'schen Geschlechtes. Da stärkte sich der Familiengeist. Das starke, heiße Arndtsblut, das er in sich fühlte, rollte mutiger durch die Adern, wenn er bei den andern Arndten saß, ihrer Rede lauschte, ihre Art betrachtete. Posewald auf Rügen war der Ort, wohin er am liebsten wallfahrtete. Dort wohnte die alte Großmutter Arndt, die ihr Leben auf 96 Jahre gebracht hat, freundlich und wohlgemut, voll Liebe für die Enkel, saß sie am Spinnrocken. Ihr treuer Pfleger war ihr ältester Sohn Heinrich, der Patriarch, wie ihn der Neffe nennt. Er hatte ein Gut gepachtet und war in Sinn und Lebensweise ein deutscher Bauer, wie er sein soll. Wenn er müde war von der Arbeit oder von der Jagd, dann setzte er sich auf einen breiten Stein vor dem Hoftor und erzählte denen, die sich zu ihm gesellten, aufs lebendigste Geschichten und Märchen des Landes. Er genoss unter Verwandten und in der Gemeinde ein großes Ansehn, aber es war ihm verhasst, wenn ihn jemand Herr schalt. Nur sein Graf Putbus sei ein Herr, meinte er dann, er nicht. Als Ernst Moritz, schon im Jünglingsalter, in seiner Gegenwart ein missliebiges Wort über den König von Schweden gesprochen, gab ihm der Oheim eine klingende Maulschelle mit den Worten: „Junge, sollst du so von unserm König sprechen?“ Er hatte ein kindliches Gottvertrauen, war in demselben brüderlich gegen die Hilfsbedürftigen und allezeit fröhlich. Scherz und Schwank ging ihm nie aus, doch die ungeziemenden waren ihm verhasst. Er pflegte zu seiner Rechtfertigung den Spruch zu führen: „Doktor Luther hat gesagt: wenn Gott keinen Spaß verstünde, möchte ich nicht im Himmel sein." Er hat sein Leben in die Achtzig gebracht und ist dann fröhlich gestorben. Noch andere Brüder des Vaters sah der Jüngling in Posewald, darunter einen, der ein preußischer Herr Wachtmeister gewesen. Der wusste herrliche Dinge vom alten Fritz zu erzählen, die er zum Teil selbst mit ihm erlebt, aber das Prächtigste und Fröhlichste an ihm war die schöne klangreiche Stimme, mit welcher er eine Menge lustiger Volks-, Jäger- und Soldatenlieder sang.

Es war eine glückliche Jugend, die Arndt in seiner Heimat auf der schönen Insel verlebte. Er vergaß sie in seinem langen neunzigjährigen Leben nicht. Wie ein fröhlicher Morgengruß erheiterte die Erinnerung an sie noch seinen Lebensabend. Durch eine solche Jugend schlug er Wurzeln in dem Boden des echten deutschen Volkstums und zu dem, was er nachher für das große Vaterland getan, hat er den fröhlichen Mut und kühnen Zorn von den starken Männern geerbt, unter welchen er ausgewachsen.

Zweites Kapitel

Lehr- und Wanderjahre

Arndt stand im siebzehnten Jahre, im frischesten Trieb des jugendlichen Lebens. Da ist es gut, wenn der Jüngling einen tüchtigen Trunk aus dem Borne der Wissenschaft tut und die mächtigen Triebe des Fleisches durch einen geistigen Wettkampf mit andern Jünglingen im Zaume hält. Die Eltern hätten Arndt gern auf eine gelehrte Schule geschickt und zum Studieren bestimmt, aber die Mittel fehlten dazu. Da nahmen sich etliche Freunde und Gönner des reich begabten und wackern Jünglings an, schossen eine Summe zusammen, und im Herbst 1787 bezog er die Schule zu Stralsund. Das ist eine herrliche alte Stadt, nach Danzig in früherer Zeit die mächtigste in Pommern. Oft haben in den Kriegen Könige und Feldherren um sie gerungen, Wallenstein hatte einst ausgerufen: „und wenn die Stadt mit eisernen Ketten an den Himmel gebunden wäre, so sollte sie herunter", aber er konnte die mutig verteidigte Stadt nicht nehmen. Noch zeigten das schöne Rathaus, die herrlichen Kirchen, die prächtigen Marktplätze vom Glanze vergangener Zeiten. Bürgermeister und Rat waren inmitten einer tüchtigen Bürgerschaft stattlich und ansehnlich wie Fürsten. Es war viel Wohlhabenheit unter den Bewohnern, und die kräftigen Männer und schönen Frauen führten in der damaligen Friedenszeit ein behagliches, fröhliches Leben, mehr auf den Genuss als auf die Angelegenheiten des geistigen und geistlichen Lebens gerichtet. In diese Stadt trat nun Ernst Moritz Arndt ein. Seine Wohnung hatte er bei einem seiner Lehrer, einem tüchtigen, geistig lebendigen Manne, in dessen Büchersammlung er sich nach Herzenslust umtreiben konnte. Seinen Tisch fand er mittags und abends bei lieben Freunden seiner Eltern reichlich gedeckt. Doch mied er des Abends die Mahlzeit in den befreundeten Häusern, um sich im Studieren nicht aufzuhalten und genügte sich dann wie jeden Morgen mit einem Stück Brot und einem Glas Wasser oder Bier.

Arndt kam als ein ernster Jüngling mit den besten Entschlüssen nach Stralsund. Er hatte in den letzten Jahren in seiner Familie Dinge erlebt, die seine Seele bis auf den Grund bewegten und zum Ernste stimmten. Unter die Schar seiner Mitschüler trat er, wie Hunderte von Jünglingen vom Lande, als ein kräftiger, sittlicher, die Aufgabe des Lebens ernst erfassender Jüngling unter ein leichtfertiges, mutwilliges Völklein. Dazu stach er in seinem einfachen Anzug, für gewöhnlich in einem grünen Rock von selbstgemachtem Zeug, zum Staat in einem grauen plüschenen, der aus einem alten des Vaters gemacht und zu weit geraten war, und in plumpen Stiefeln, gegen die feingeputzten Söhne der Stadt tüchtig ab. Da fehlte es an Neckereien nicht, bis er den Neckern mit seinen derben Fäusten die Lektion gab, dass er gewillt sei, seinen Weg unbeirrt weiter zu gehen. Es war ihm eine Gewissenssache, ein reiner, starker, gesunder Jüngling zu bleiben, als welcher er nach Stralsund gekommen war. Er lag fleißig den Büchern ob und die Triebe, die sich in dieser Zeit in dem Jüngling regten, dämpfte er, indem er ernstlich betete und den Leib unter den Gehorsam des Geistes zwang. Er härtete sich ab durch Fußwanderungen, kalte Bäder bis in den Oktober und November hinein, und dem Schlaf gewährte er so wenig Zeit, als seine starke Natur bedurfte. Wie oft der still sinnende Jüngling seine Pfade einsam ging, so hat doch auch er den Segen der Freundschaft genossen. Es gesellten sich bald etliche Jünglinge zu ihm, die gleichen Sinnes waren – und was für Wonnen ihm da aufgingen, das kann nur der fassen, der selbst in der Jünglingszeit mit lieben Freunden den Geist durch alle Höhen und Tiefen fliegen ließ, während Herz an Herz in Glückseligkeit schlug. Aber die liebste Gesellschaft blieb ihm auch hier das elterliche Haus. Das ist die Macht des Familiengeistes, dass er die Glieder der Familie, wenn sie hinausgezogen sind, unwiderstehlich immer wieder heimwärts zieht. Arndts Vater hatte in dieser Zeit Rügen verlassen und war nach Löbnitz gezogen zwischen Stralsund und Rostock, wo er ein prächtiges Herrschaftshaus bezog und einträgliche Güter antrat. Löbnitz war drei starke Meilen von Stralsund entfernt, die durchlief Arndt häufig Samstags nachmittags und am Montag früh rückwärts, wenn er nicht etwa auf einem Frachtwagen des Vaters, auf den gefüllten Säcken in einen Mantel gehüllt liegend, zum schönen Sternenhimmel aufschauend, nach der Stadt zurückfuhr.

In dieser Weise waren zwei Jahre hingegangen. Es war im Herbst 1789, in dem Jahre, da die französische Revolution ausbrach, deren Folgen, die gewaltigen Kämpfe zwischen Frankreich und Deutschland, zwischen welschem und deutschem Wesen, Arndts künftiges langes Leben zu einem unruhigen, bewegten, oft leidvollen gemacht haben. Es ist merkwürdig, dass in diesem Jahre Arndt eine gewaltige Revolution in sich selbst durchzumachen hatte, die aber früher wie jene Weltrevolution zur Ruhe kam. Die Herbstprüfungen in Stralsund waren gehalten worden. Arndts Vater war auch herübergekommen und hatte sich an dem Lobe, das seinem Sohne öffentlich gespendet ward, erfreut. Eine ziemliche Anzahl der Schüler ging zur hohen Schule ab: da drängte ein Abschiedsschmaus den andern. War das Leben im bloßen Genusse dem sittlichen, war es dem leiblichen Menschen zu viel geworden – plötzlich geriet er in wunderliche Stimmung, gewaltige Kämpfe, der Gedanke durchflog seine Seele: führst du dein Schülerleben hier so fort, so wirst du zu einem weichlichen, liederlichen Lappen. Er will aus Stralsund weg, er will sich draußen einen Dienst suchen als Schreiber oder Rechnungsführer. Vormittags hatte er noch für seinen Vater mancherlei Geschäfte besorgt, namentlich eine Summe von 400 Talern eingenommen und ihm hinausgeschickt. Er hatte dann dem Vater einen Brief geschrieben, in welchem er in hochtrabenden Worten ihm seinen Entschluss kund gab. Nachmittags, zu Anfang Oktobers, zog er denn durch das Tor Stralsunds gegen Süden. Zehn bis zwölf Taler hatte er in der Tasche, ein Bündel Wäsche unter dem Arm, so zog er dahin, nicht wie der verlorne Sohn im Evangelium, aber wie ein augenblicklich Verirrter. Die erste Nacht, nachdem er eine tüchtige Strecke gewandert war, schlief er in dem Hause eines Schäfers auf dem Heuboden. Am andern Morgen zog er an Greifswald vorbei, um nicht etwa von einem dortigen Studenten erkannt zu werden, in einem Dorf an der Peene hielt er das zweite Nachtlager, am dritten Tag ging er über die Peene, nun deuchte er sich weit genug von der Heimat zu sein, um sich zu verdingen. Er fragte in Pacht- und Edelhöfen, ob man nicht einen Schreiber oder Rechnungsführer brauche. Endlich fand er einen alten Hauptmann, einen Herrn vom Adel, der Wohlgefallen an dem Jüngling fand. Er bewirtete ihn, wies ihm eine freundliche Kammer an und wollte ihn behalten, wenn es sein Vater zufrieden wäre. An den ward geschrieben. In fünf Tagen kam Bruder und Oheim mit einem Briefe des Vaters, Arndt möge doch heimkommen, es sei ihm ganz freigestellt, ob er Bauer oder Studierter werden wolle. Wolle er das Studieren aufgeben, so könne er die Landwirtschaft nirgends besser lernen als daheim, darum möge er nur wieder kommen. Arndt kam gerne, die tüchtige Wanderung, die Nachtquartiere hatten ihn von seinem Wahne geheilt.

Nun ließen ihn die Eltern ein paar Wochen ganz gewähren, als ob nichts geschehen, als ob der Sohn wie sonst gekommen wäre, die Herbstferien im Elternhause zuzubringen. Dann aber machte sich der Vater freundlich an ihn heran: es wäre doch wohl besser, wenn er bei dem einmal ergriffenen Studium bliebe. Die Brüder meinten dasselbe, die Freunde des Hauses auch, und der liebe Konrektor, bei welchem er in Stralsund seine Wohnung gehabt, fügte hinzu, er könne ja, wenn es seine Gesundheit verlange, in Löbnitz bei den Eltern bleiben und dort weiter studieren, die Bücher sollten ihm schon aus der Stadt geschickt werden. Das leuchtete dem Jüngling ein, und er hat vom Herbst 1789 bis Ostern 1791 auf dem Landsitz seines Vaters fleißig über den Büchern gesessen. Die Abhärtungen seines Leibes aber setzte er auch hier fort. Er liebte es, wie der Soldat, auf harten Brettern oder Reisig oder in den Mantel gewickelt unter freiem Himmel hinter einem Baum oder Heuhaufen zu schlafen, weite Wanderungen zu Fuß zu machen und zwar in den nächtlichen Stunden, wenn andere schliefen. Die Eltern schüttelten wohl bedenklich den Kopf, aber weil er sonst ein verständiger Sohn war, hinderten sie ihn nicht. Und er hatte Segen von dieser Abhärtung, er gewöhnte den Leib daran, sich unter den Willen zu fügen und rüstete sich damit zur Ertragung von Beschwerden und Entsagungen, die er später reichlich zu bestehen hatte. Er stand nun auch schon an der Schwelle des Mannesalters, ein Zweiundzwanzigjähriger, der die eigne Meinung ein wenig durfte geltend machen, wie er denn in den Gesprächen über die Zeitläufte seit der französischen Revolution tüchtig mitsprach, als ein Jüngling, der hassen und lieben konnte und der einmal in Hass gegen das Schlechte, in Liebe zum Rechten in das Leben einzutreten gedachte. Doch verletzte er nicht die Ehrfurcht gegen die Eltern. Er schaute mit frommen Kindessinn zum Vater auf, wenn der im Garten sitzend bei rollendem Gewitter oder im Morgen- und Abendrot Stunden lang, die Hände zum Gebet gefaltet, schweigend und anbetend in Gottes Schöpfung hinausschauen konnte, er blieb der Mutter in Liebe zugetan, die, wie die Welt lebte und das eigne Haus zu größerm Wohlstand gelangte, immer dieselbe blieb, sicher in ihrem Glauben und der Einfalt ihres Wesens.

Endlich im zweiundzwanzigsten Jahre bezog Arndt die hohe Schule zu Greifswald, um Theologie zu studieren. Zwei Jahre hielt er hier aus und war beflissen, außer der Gottesgelehrtheit auch in andern Wissenschaften, der Weltweisheit, Geschichte, Erdkunde, Sprachen etwas Tüchtiges zu lernen. Von dort ging er nach Jena und blieb anderthalb Jahre bis zum Herbst 1794. Es war für die Gottesgelehrtheit eine traurige Zeit. Der alte Glaube war aus den Gottesgelehrten gewichen und sie deutelten an dem festen Worte der Schrift so lange herum, bis nichts übrig blieb: dann setzten sie ihre eigenen kurzsichtigen Gedanken an die Stelle. Arndt saß damals schon zu den Füßen eines jungen, nachmals berühmten Gelehrten, Paulus, der, dem Apostel Paulus gar unähnlich, die festen Säulen prophetischer und apostolischer Lehre und die Wundertaten des Herrn gern über den Haufen geworfen hätte. An die Stelle der Offenbarung in der heiligen Schrift suchten nun hohe Geister, Weltweise, neue Lehrgebäude aufzurichten. Von einem der Edelsten und Gewaltigsten unter ihnen, der nachher in den großen Nöten des Vaterlandes und im Kampfe für das Vaterland immer mehr in das wahrhaftige Leben, welches ist Christus, sich versenkte, hat Arndt in Jena viel Anregung empfangen, von Fichte. Übrigens, wenn Arndt auch in den Hörsälen der Gottesgelehrten ein gar anderes Christentum lernte, als ihn seine Mutter an den langen Winterabenden aus der Bibel gelehrt hatte, der Segen der Eltern ruhte auch hier auf ihm: Arndt blieb ein sittlich tüchtiger und keuscher Jüngling. Er meinte, dass es sich für einen künftigen Geistlichen doppelt gebühre, die Lüste des Fleisches zu meiden. Er hatte neben der Stimme des Gewissens: „wie sollte ich ein so großes Uebel thun und wider Gott sündigen?“ auch einen hohen Flug des Geistes, der ihn über die Stickluft sündiger Weichlichkeit emportrug. Dabei hat er kein Mönchsleben geführt, sondern mit der andern Jugend studentisch und deutsch gejubelt, mitgelebt und namentlich hat er auch auf der hohen Schule die Fußwanderungen nicht vergessen. Hin- und Heimreisen und andere Ein- und Ausflüge machte er den Stab in der Hand, den Bündel auf dem Rücken, und diese Lust ist ihm geblieben und ein unübertreffliches Mittel geworden, Land und Leute kennen zu lernen, dem Vaterland und dem Volke recht ins innerste Herz hineinzuschauen. Ein herrliches Vorbild ist er der deutschen Jugend für alle Zeit durch diese Fußreisen: denn ein lustigeres, für Leib und Seele erquicklicheres, Mut und Willen stärkenderes, Sinn und Auge schärfenderes Reisen gibt es nicht für den Mann und Jüngling als die Wanderung zu Fuß, „da tritt kein anderer für ihn ein, auf sich selber steht er da ganz allein.“

Herbst 1794 erschien Arndt wieder unter dem väterlichen Dach zu Löbnitz und blieb 2 Jahre, unterrichtete die jüngeren Geschwister und wiederholte und ordnete, was er selbst gelernt hatte. Dann lud ihn ein alter Hausfreund, der Pfarrer Kosegarten zu Altenkirchen auf Wittow, zu sich ein. Er sollte die Kinder des Pfarrers unterrichten und ging gerne, weil im Pfarrhaus eine ausgezeichnete Büchersammlung zu finden war. Er war nun auch Kandidat der Theologie geworden und predigte zuweilen, wie er selbst sagt, mit Schall und Beifall. Aber gerade hier war es, wo er den Entschluss fasste, nie ein Geistlicher zu werden. Wie kam er zu diesem Entschlusse? Wer das geistliche Amt als eine melkende Kuh ansah, die ihn mit Butter versorgte, dem konnte es in Pommern und Rügen gar lockend erscheinen. Denn die Stellen auf Rügen trugen bei den damaligen Fruchtpreisen oft 2000 bis 3000 Taler ein, die Pfarrer waren Gerichtsherren ihrer Dörfer, einer nannte sich Kirchherr und fuhr mit vier Rappen. Aber Arndt stieß der Gedanke ab, dass diese fetten Pfründen meist auf allerlei Schleichwegen in der schwedischen Hauptstadt erworben würden, und mehr noch als dies war die damalige Lauigkeit unter den Gottesgelehrten schuld, dass auch Arndt keinen rechten Trieb mehr zum geistlichen Amte in sich fühlte. Er hatte gewiss auf der hohen Schule keine Begeisterung für dasselbe eingeatmet, er hatte seine Not gehabt, den Schatz des Glaubens, den ihm die Eltern mitgegeben, nicht zu verlieren. Denn wer damals von daheim in die Welt hinauskam, gewohnt, täglich herzlich zu beten, der hörte, dass das Beten unnütz sei. Wer daheim das Schriftwort über alle Menschenrede gestellt hatte, der lernte draußen die Schrift meistern mit der eignen Vernunft. Wer Jesum Christum als Gott und Herrn angebetet hatte, dem ward bewiesen, dass er sei wie ein anderer Mensch und nie mehr denn ein Mensch gewesen. Die Geistlichen wussten damals nicht mehr recht, was sie aus ihrem Amte machen sollten, und die Kanzel wurde gebraucht, Dinge des irdischen Lebens lang und breit auszulegen, welche die Leute wussten oder ohne Pfarrer erfahren konnten. Arndt hatte wohl keinen hohen Begriff vom geistlichen Amte erhalten, da schien es sich ihm nicht der Mühe zu lohnen, alle Wissenschaft, die er sich erworben, an eine Pfarrstelle zu hängen. Es trieb ihn in die Weltlichkeit hinaus. Er wollte die Welt sehen. Sein Vater reichte ihm die Mittel, und als ein Achtundzwanzigjähriger begab er sich im Frühling 1798 auf Reisen und blieb bis in den Herbst 1799. Ein Vierteljahr hat er in Wien gelebt, sich dann Ungarn betrachtet. Dann ging's über die Alpen nach Italien. In Toskana hielt ihn der Krieg auf, er ging über Nizza und Marseille nach Paris, wo er den Sommer zubrachte, dann zog er im Herbst über Brüssel, Köln, Frankfurt, Leipzig, Berlin langsam heim. Er hatte die Reise ohne bestimmten Zweck, ohne rechte Vorbereitung gemacht. Doch ist sie ihm von Nutzen gewesen. Und erzählt hat er von ihr in einem ergötzlichen Buche. Später, als die Völker gewaltig durcheinander geschüttelt wurden, machte er ein Studium daraus, eines jeden Volkes eigenste Art herauszustellen, um dem deutschen Volke zu zeigen, wie es sein und vor aller Vermengung mit Welschem sich hüten müsse. Da half es ihm viel, dass er die meisten Völker Europas und ihre Art mit eignen Augen gesehen und durchforscht hatte.

Die Lehr- und Wanderjahre waren nun zu Ende. Was war ihr Gewinn? Eine bedeutende Bildung jedenfalls, aber es ist betrübend, dass selten ein Mensch den kindlichen Glauben unverletzt in das Mannesalter mit hinüberbringt. Die meisten müssen durch die Wüste des Zweifels ins gelobte Land eingehen – und wenn sie's nur alle erreichten! Wir lesen in einer der ersten Schriften, die Arndt bald nach dieser Zeit in die Welt gesandt „Germanien und Europa", das durch seine Einfalt und Aufrichtigkeit ergreifende Geständnis: „Ich betete als Knabe mit Inbrunst, lachte und spottete als Jüngling mit Frechheit. Möge dem Manne und dem Greise die Unschuld und Frömmigkeit der Religion nicht fehlen." Dies Gebet hat Gott erhört, denn den Aufrichtigen lässt er's gelingen. Er warf den Mann und Greis ins bewegte Leben hinein, er legte ihm brennende, nagende Schmerzen auf die Seele. Aber die Anfechtung lehret aufs Wort merken. Arndt hat den Glauben, den ihn die Mutter gelehrt, den einfältigen demütigen Glauben an das Kind in der Krippe, an den Mann am Kreuze wieder erlangt und mit der Erfahrung eines vielbewegten Lebens vor seinem ganzem Volke in Schrift und Lied bezeugt.

Drittes Kapitel

Glück und Leid, Ruhe und Unruhe

Der Wanderer war, nachdem er vieler Menschen Städte gesehen und Sitte gelernt hatte, fast ein Dreißigjähriger in die Heimat zurückgekehrt. Er sehnte sich nach dem eigenen Herd, denn über die Alpen nach Italien, von da über das Meer nach Frankreich war ihm heimlich im Herzen glühend die Liebe zu einem deutschen Mädchen gefolgt. Es war die Tochter des Professors der Naturgeschichte Quistorp in Greifswald. Er ließ sich durch diese Liebe nun an die hohe Schule nach Greifswald ziehen, hielt Vorlesungen, bekam als Adjunkt der philosophischen Fakultät einen Gehalt und führte die Braut in sein Haus. Das Glück war groß, als ihm, dem Vielgewanderten und durch die Wanderung Gereiften, nun ein fester Beruf und mit demselben ein liebes Weib gegeben ward.

Und ich fiel in den Staub, und reckte die Hände gen Himmel,
Sieh mich! Hier knieet vor dir dankend ein glücklicher Mensch, –
Und ich pries die Gestirne, die seligen droben am Himmel,
Und was auf Erden so schön sprießet und grünet und blüht.

So sagt er selbst von jener Zeit. Aber das Glück war kurz. Im Sommer 1801 schenkte ihm feine Frau einen schönen Sohn, der ihr das Leben kostete.

War so der Sturm des Unglücks in die glückliche Ruhe seines häuslichen Lebens zerstörend hineingefahren, so sah es auch draußen in der großen Welt so stürmisch aus, dass Arndts Feuerseele aufs mächtigste entfacht wurde. Arndt war in demselben Jahre geboren wie Napoleon Bonaparte, und dieser sein Zeitgenosse, welcher ganz Europa durcheinander warf, am Ende ganz Europa zum Kampfe gegen sich herausforderte, trübte auch sein Leben und reizte ihn zu einem Kampf auf Leben und Tod gegen den Zwingherrn. Was war das für eine Zeit! Die französische Revolution hatte erst den König und die Königin gemordet in der Wut über die Sünde ihrer Vorfahren, sie fraß dann, wie ein wildes Ungeheuer, die eigenen Kinder auf. Sie hätte schneller sich selbst verzehrt, wäre sie nicht über die Grenzen Frankreichs herausgebrochen und hätte Krieg in die benachbarten Länder getragen, überall Glück und Heil verkündend, überall Elend und Verworfenheit verbreitend. Auch Deutschland trat in den Kampf mit der französischen Revolution und unterlag. Einer wütenden Gewalt, der es ein Kleines deuchte, in einer Nacht durch einen Volksbeschluss tausendjährige Ordnungen umzustürzen, trat die Langsamkeit und Bedenklichkeit entgegen, die in dem deutschen Reich Gewohnheit geworden war. Während das aufgeregte Frankreich, einig und stark in gottloser Begeisterung, an Deutschlands Toren pochte, konnte Deutschland nicht einig werden, langjährige jammervolle Zustände hatten die nationale Begeisterung fast ganz ausgelöscht. Jungen französischen Generalen, die ihre Heere rasch zum Siege führten, standen alte, verdiente, aber in einer andern Kriegsführung ergraute deutsche Feldherren gegenüber. Auch die Heldentaten Einzelner, wie des Erzherzogs Karl von Österreich, waren ohne Nutzen für den Augenblick, weil die elenden Zustände im Ganzen alle Erfolge wieder vernichteten. Frankreich schritt von Sieg zu Sieg voran, Deutschland wich von Niederlage zu Niederlage zurück. Preußen hatte seine Länder über dem Rhein an Frankreich abgetreten, Österreich die Niederlande und die Lombardei. Frankreich hatte die Schweiz, den Kirchenstaat zu Republiken nach französischem Muster gemacht, und begehrte das ganze linke Rheinufer als Teil des französischen Reiches. Noch einmal rafften sich England, Österreich, Russland, Neapel und die Türkei gegen Frankreich auf, Erzherzog Karl und der russische General Suwarow erfochten glänzende Siege, Österreich war eben im Begriff in Frankreich einzurücken, Frankreich war ernstlich in Gefahr – da eilte der französische General Bonaparte aus Ägypten herüber 1799, stürzte die seitherige französische Regierung, warf sich zum ersten Konsul auf, bot Frieden an, und da dieser nicht angenommen ward, zog er aus zum Krieg. Das war um die Zeit, als Arndt aus Paris in die Heimat zurückgekehrt war. Bonaparte siegte bei Marengo, Moreau bei Hohenlinden, Kaiser Franz II. schloss den Frieden von Lunéville, und Deutschland erfuhr die Schmach, dass sein ganzes linkes Rheinufer an Frankreich abgetreten war.

Das war im Jahr 1801. Das Jahr darauf schrieb Arndt die Schrift: „Germania und Europa“, schilderte die Weltlage und schüttete sein deutsches Herz aus, nicht in feigen Klagen, sondern in mutigen Reden von den Ursachen des Verfalls und von den Mitteln zur Erhebung. Da fliegt der herrliche Adler schon kühnen Fluges die Bahn zur deutschen Freiheit, die er nicht wieder verlassen hat. Es ist in dem Buche noch viel Gärendes, aber wer es liest, gewinnt die Zuversicht, dass der feurige Wein der Liebe zum Vaterlande bald ausgegoren und klar sein werde. Er spricht ausführlich seine Meinung aus, wie ein Staat eigentlich beschaffen sein müsse und wie sich die gegenwärtige Lage des Vaterlandes zu diesem Urbilde verhalte. Er will, dass der Bürger als Glied eines irdischen Gemeinwesens nicht in allerlei schwärmerischen Gedanken über den Boden hinschwebe, sondern dass er mit seiner Liebe, mit seiner Arbeit fest in den vaterländischen Boden sich einwurzele, aber zugleich als Bürger einer höheren Welt Freiheit habe, in dieser höheren Welt sich zu bewegen. Noch finden wir in diesem Buche nicht die ganze Einfalt des Christenglaubens, die mit der Zeit ihm immer mehr zurückkehrt als das Erbteil des väterlichen Hauses. Aber wir sehen Arndt schon hier vor den Geheimnissen des Himmels stehen, andächtig, anbetend, nicht frech hineingreifend, nicht flach sie aufklärend. Und der ganze deutsche Mann, als welcher er des deutschen Volkes Liebling geworden ist, der lässt sich schon aus diesem Buche herausfühlen. Er macht es sonnenklar, dass jedes Volk nur dann groß und glücklich sein könne, wenn es in den von Gott gegebenen Grenzen sich halte, wenn es nicht in die Ungerechtigkeit und Torheit verfalle, über des Nachbars Grenzen zu schreiten, die Sprachen zu vermischen, die Völker zu verwirren und zu unterjochen. An Frankreich sieht er eine solche Überschreitung der von Gott gezogenen Grenze, an Deutschland Verlust dessen, was ihm von Gottes und Rechtswegen gebührte. Und dass Frankreich übermütig, dass Deutschland kleinmütig dasteht – das kommt hauptsächlich von einem Manne, dem damaligen ersten Konsul Frankreichs, Bonaparte. Dem dreiunddreißigjährigen Eroberer sieht der dreiunddreißigjährige deutsche Gelehrte frei und scharf ins Angesicht, um zu sehen, was an dem Manne ist. Mag alle Welt ihn bewundern und vergöttern als den, der in das alte Europa ein ganz neues Leben zu bringen bestimmt ist, Arndt sagt es schon jetzt, dass er sein Land ins Unglück stürzt. Denn den Ruhm, den Glanz, den Schimmer stellt er dem Volke als Ziel hin, nicht die innere, beglückende Wärme der Gerechtigkeit, des Friedens. Dieser Ruhm, dieser Glanz und Schimmer aber erfordern ein stehendes Heer von 600.000 Soldaten, kosten dem Bürger und Bauer den sauern Schweiß, den letzten Heller, erheben den Soldaten über alle andre Staatsbürger, entziehen den ehrlichsten und heilsamsten Berufen ihre Ehre und ihre Freiheit. Und in dem Glanz und Schimmer des Volkes sucht er doch nur für die eigene Eitelkeit Befriedigung. Dieser Mann, der vor sieben Jahren noch im Dunkel war, wie umgibt er sich jetzt mit einem Prunke, nach welchem selbst die größten Regenten der letzten Zeiten, wie Friedrich der Große und Joseph II., nicht verlangt haben! Wie gerne lässt er sich schmeicheln! Und wie feig ist er im Grund seiner Seele! Wie verjagt die geheime Polizei alle Freiheit des Mundes und Gemüts! Wie zerbricht die Gewalt alle Öffentlichkeit des Urteils! Wie sorgsam umgibt er seine Person mit allerlei Sicherheitsanstalten! Man sagt, er schone sich zum Wohle Seines Volkes. Aber wie klein, wenn selbst der große Mensch um seine kleine Person alles sich drehen und den Himmel und die Erde an ihr hängen lässt! Gewiss, er ist ein Genie, eine ungeheure Naturkraft, aber ist er mehr als stark und gewandt, ist er auch verständig und gerecht? Kennt er seine Zeit und seine Pflicht? Die nachfolgenden Jahre haben auf diese Frage Arndts geantwortet: es war ein außergewöhnlicher Mensch von ungeheuren Gaben, aber das Göttliche beherrschte diese Kräfte nicht, sondern das Dämonische, das Selbstische – und das hat ihn gestürzt.

In demselben Jahre, in welchem er die ersten Pfeile gegen Napoleon schleuderte, ging er auch einem Feinde im eigenen Lande zu Leibe durch die Schrift: „Versuch einer Geschichte der Leibeigenschaft in Pommern und Rügen". Er deckte in ihr die gräulichen Bedrückungen auf, welche der Bauernstand seiner Heimat von den Herren zu erfahren hatte. Arndt war kein Bauernaufhetzer und Volksverführer, wie seine Feinde zu verschiedenen Zeiten ihn haben darstellen wollen: er war königisch gesinnt. Wenn sein Vater recht helle, fröhliche Erinnerungen vergangener

Zeiten vorführen wollte, dann kam er auf König Gustav den Dritten zu sprechen. Der Oheim Heinrich Arndt in Posewald lebte ganz in der Herrlichkeit der Schwedenkönige, namentlich Gustav Adolfs. Der mütterliche Oheim Moritz Schumacher hing mit einer Begeisterung an Friedrich dem Großen von Preußen, als ob er die großen Siege des siebenjährigen Kriegs mit erfochten hätte. So von allen Seiten zur Bewunderung großer Königsbilder hingeführt, hatte Arndt von Jugend auf ein monarchisch gesinntes, für eine starke königliche Regierung schlagendes Herz. Dass er also die Bauern in Schutz nahm, das kam nicht aus Feindschaft gegen das Königtum. Er tat es auch nicht, weil er etwa von jenen Bedrückungen des Bauernstandes selbst hätte zu leiden gehabt: sein Vater, ein Freigelassener, hatte es ja längst zum Wohlstande gebracht und schaltete jetzt, als großer Pächter mit der Gerichtsbarkeit über einige hundert Seelen betraut, selbst wie ein Herr. Das Rechtsgefühl, das Mitgefühl gab ihm die Worte in die Feder. Er sah es mit seinen Augen, wie die Herren des Landes, auch die Verwalter der Domänen und der städtischen und Stiftsgüter, die Bauern nur als ein Kapital ansahen, aus dem möglichst hohe Zinsen mit Gewalt ausgepresst werden müssten, als hätte in ihrem Auftrage der berühmte Lichtenberg die Preisaufgabe ausgeschrieben: eine Salbe zu erfinden, zur Einschmierung der Bauern, damit sie drei-, viermal im Jahre geschoren werden können. Er sah, wie die Edelleute große Dörfer ankauften, Wohnungen und Güter schleiften, große und prächtige Höfe bauten, um sie möglichst teuer wieder zu verkaufen, und wie die Leute davon getrieben wurden und die selbst Knechte und Mägde sonst gehalten hatten, nun als Knechte und Mägde dienen mussten. Er sah, wie die Herren nur um große, willkürlich bestimmte Summen ihre Leute freigaben, oder die Freilassung ganz verweigerten. Er sah den Bauernstand in einem rechtslosen Zustande, und die alten Urkunden belehrten ihn, dass das nicht immer so gewesen, dass dieser Zustand erst unter schwedischer Herrschaft und namentlich in den letzten Zeiten recht eingerissen sei. Als nun sein Buch ausgegangen war trotz der Warnung wohlwollender aber zu rücksichtsvoller Freunde, da gab es großen Rumor unter Edelleuten und Pächtern. Und solche, die zu meinen schienen, dass ein Teil der Menschen schon mit einem Sattel zur Welt komme, um nur geritten zu werden, ein anderer aber mit Stiefel und Sporen, um nur zu reiten, sahen es für ein großes Verbrechen an, dass Arndt die Bauern gegen die Edelleute in Schutz genommen. Sie wandten sich an den König. Sie deuteten aber, in der echten Weise solcher Angeber, nicht auf das Buch im Ganzen hin, sondern auf einige freimütige Äußerungen Arndts über etliche verstorbene Könige, um ihn als Majestätsverbrecher zu brandmarken. Diese Stellen in dem Buch hatten sie ordentlich mit Rotstift angestrichen. Wie der König sie las, ward er entrüstet und schickte das Buch an den Generalstatthalter von Pommern, der zugleich Kanzler der hohen Schule zu Greifswald war, General Essen, dass der den frechen Schriftsteller zur Verantwortung und Untersuchung ziehe. Arndt war nach Stralsund geladen. „Wie wollen Sie sich aus dem Handel helfen?", fragte der General, indem er ihm die rot angestrichenen Gefährlichkeiten zeigte. Arndt bat sich eine Bleifeder aus und strich in dem Buche auch die Stellen an, in welchen die Gräulichkeiten der Leibeigenschaften geschildert wurden und bat den General, diese nun dem König auch vorzulegen. So geschah's und der König hat geantwortet: „wenn dem so ist, so hat der Mann ja recht!" Arndt ward kein Haar gekrümmt, aber die Verhältnisse der Bauern wurden verbessert. Des Dichters Wort sollte immer wieder, wo dem Bauernstande Unbill geschieht, als ernste Mahnung tönen:

Es sprießt der Stamm der Riesen aus Bauernmark hervor;
Der Bauer ist kein Spielzeug, da sei uns Gott davor!

Im Herbst 1803 ging Arndt auf ein Jahr nach Schweden, denn er hatte für Land und Volk eine große, herzliche Teilnahme und wollte gern an Ort und Stelle die Geschichten vergangener Zeiten und die gegenwärtigen Menschen genauer kennen lernen. Als er im Herbst 1804 nach Deutschland zurückkam – wie traurig sah es da in dem lieben Vaterlande aus, wie weit war Napoleon auf seiner völkerverderbenden Bahn schon vorangeschritten! Das alte deutsche Reich ging schon aus allen Fugen. Kleine Fürsten, die den deutschen Kaiser nicht mehr fürchteten, aber auf den französischen Herrscher hofften, fingen an, gewalttätig gegen die Ritter und Herren zu werden, die noch kleiner waren als sie. Das Kurfürstentum Hannover war von Napoleon mit Krieg überzogen worden, es konnte sich selbst nicht wehren und Preußen hatte nicht den Mut, ihm beizuspringen. Napoleon, früher schon durch eignen Beschluss zum alleinigen Konsul Frankreichs erhoben, verwandelte nun im Dezember 1804 die französische Republik in ein Kaisertum und ließ sich zum Kaiser von Frankreich krönen und zum König von Italien erklären. Nun rüsteten England, Russland, Österreich und Schweden gegen den neuen Kaiser. Aber er blieb wieder Sieger. Es war keine Macht, die ihm dauernd Widerstand entgegensetzen konnte. Es ging mit der Freiheit Europas immer tiefer abwärts.

Arndt konnte diese Ereignisse nicht erleben, ohne dass sein mannhaftes Herz in Zorn geglüht hätte. Er lebte im Sommer 1806 in Stralsund, wo er auf der Regierungskanzlei zu arbeiten hatte. Einst saß er mit Freunden in einem öffentlichen Garten beim Wein unter lebhaftem Gespräch. Ein schwedischer Offizier ließ ein schlechtes Wort über das deutsche Volk fallen, als Arndt dem Schweden das schwedische eben ins Angesicht gelobt hatte. Sie kamen hart an einander. Es ward Arndt zu Mute wie Moses in Ägypten. Den dritten Tag schossen sie sich im Zweikampf, Arndt bekam eine Kugel in den Leib. Es war sechs Uhr abends, der schönste Abendsonnenschein. Er sah die grünen Ufer der lieben Insel Rügen herüber grüßen, er glaubte den Gruß zum letzten Mal zu erwidern. Aber er ward nach mehrwöchentlichem Krankenlager geheilt. Die Kugel ist heraus, schrieb er am 22. Juli an seine Freundin Charlotte von Kathen, und ich bin nun allen Falken entflogen. Bei meinem frohen Mute muss ich also bald wieder auf die Beine kommen und will dann auch recht weidlich sein. Diese Geschichte mag zeugen von Arndts deutschem Sinn, aber auch von seinem heißen Arndtsblut. Der Christ sagt einfältig: du sollst nicht töten! und lässt sich von diesem Worte der Schrift nicht abbringen, weder durch die Hinweisung auf die Ehre, als ob diese nur mit Degen oder Pistole aufrecht erhalten werden könne, noch durch das Pochen auf die Ritterlichkeit, die keine Herausforderung ablehnen dürfe. Wir freuen uns, dass wir von Arndt andere Taten berichten dürfen, die er zur Ehre des Vaterlandes getan. Schon im Herbste 1805 hatte er in kurzer Frist weniger Wochen ein Buch geschrieben, das nun in die Welt flog, ein Bundesgenosse aller derer, die gegen Napoleon für Europas Freiheit kämpften, ein mächtiger Wecker vaterländischer Gesinnung.

Viertes Kapitel

Geist der Zeit. Erster Teil

In diesem Buche erscheint Arndt zuerst in seiner ganzen Größe und Bedeutung für das deutsche Volk. So wie sich der Sechsunddreißigjährige hier darstellt, so ist er geblieben bis an sein Ende, nur dass sich sein Leben immer mehr in den einzigen Grund des Heiles einwurzelte, in Christum. Frisch und geschwind ist der Gang, frei und kühn der Atem seiner Rede, es spricht in ihr das deutsche Gewissen zum Vaterland, als dieses daran ist, ganz unter welsche Tyrannei zu geraten. Wie Alles um ihn her sinkt, wie der tausendjährige Bestand des deutschen Reiches in dem Sturm aus Frankreich verweht, wie die Deutschen unter einander sich berauben, wie durch alle Stände des Volks feige Hingabe an den Eroberer oder kraftlose Verzweiflung herrscht, da steht Arndt ungebeugt, ein mutiger, redlicher Mann, der kein höheres Gesetz kennt als Gerechtigkeit und Wahrheit, und keinen stärkeren Trieb als die Liebe zu dem armen Menschengeschlecht. Es ist Prophetengeist in dem Buche. Arndt versenkt sich mit tiefem Blick in die Geschichte der Völker, wie sie ihren Lauf genommen bis auf die gegenwärtige Stunde, um zu erkennen, wie es mit Deutschland steht, Und da er merkt, wie übel es steht, da wird der Geist der Buße wach, der schonungslos die Schäden des Volkes aufdeckt von oben bis unten, aber auch der Geist des Glaubens, der weiß, dass auch die gewaltigsten Eroberer nur Zuchtruten sind in der Hand des starken

Gottes und dass, wo das Volk die Zucht erkennt, aus der Zerstörung, aus dem Nichts durch Gottes Barmherzigkeit ein neues Volk, ein neues Leben, eine neue Freiheit hervorgehen könne. Wie ein Bote Gottes an das deutsche Volk spricht Arndt, und die Folgezeit hat bewiesen, dass Geist der Weissagung in ihm war – sie hat's bewiesen durch die völlige Erniedrigung Deutschlands und seine glorreiche Auferstehung.

Arndts Taten sind seine Schriften und Lieder. Es ist unmöglich zu zeigen, wie groß und trefflich der Mann gewesen, wenn wir ihn nicht aus seinen geistbeflügelten Schriften zu uns sprechen lassen. Das soll darum zur rechten Zeit allemal geschehen.

„So lange das warme Blut und das Gefühl in dem Menschen ist", sagt Arndt in dem Eingang, „muß er weinen und reden, ob er dadurch etwa sein Leid und fremdes Leid mildere. Diese heilige Freiheit der Natur werde ich mir nie nehmen lassen, so lange noch ein Puls sich in mir bewegt, ich werde frei aussprechen, was ich frei fühle. Wahrheit ist nicht Verleumdung, und wem man die Wahrheit sagt, den hasset man nicht: wem man aber vorlügt und schmeichelt, den mißbraucht und verachtet man als etwas Schlechtes: denn aufrecht und göttlich, nach dem Lichte der Sterne hinsehend, ist der Mensch geschaffen, daß er das Recht verstehe und verehre. Man wird rufen: Ei, Gesell, du sprichst frech, weil man jetzt meistens nur gebückte Sklaven sprechen hört. Ich will euch ein Gleichnis sagen: Satan, der böse, war ein arger Schelm und Lügner von Anfang, darum war er ein Gleisner und Leisetreter; aber Gott der Herr, dessen Leben Wahrheit und Güte ist, donnert aus den Wolken und blitzt und schickt seine Schloßen, aber er erfreut in Regen und Sonnenschein auch alles Lebendige. Er hat den Menschen nach seinem Bilde geschaffen, daß er wahr sei und gerecht. So spreche ich frei und schelte das

Schlechte, aber ich schimpfe nicht: das thun nur Schmeichler und Schurken. Denn Strafe bedarf der Mensch, nicht bloß heut, sondern alle Tage; Zorn belebt das Herz, das in Jammer erstarren würde, und schlägt wie ein Blitzstrahl durch edlere Brüste."

Mit heiligem Zorn straft er nun die Sünden seiner Zeitgenossen, sich selbst demütig in die Strafe einschließend. Er hält den Fürsten vor, dass sie in den furchtbaren Ereignissen der letzten Zeit immer nur an sich gedacht, nicht an das deutsche Reich, nicht an die mitverbundenen Reichsstände, vor allem nicht an das Volk, dass bei allen Kriegen, Friedensschlüssen, Entschädigungen immer nur von den Fürsten die Rede gewesen sei, dass sie versäumt haben, mit ihrem Volk sich zusammenzuschließen zu lebendigen Leibern voll Kraft und Mutes. Er straft die Edelleute, dass sie die Fürsten in der Stunde der Gefahr allein gelassen, dass in Vielen der Sinn für das Ganze, für das Große fehle, der freudig Gut und Blut in die Schanze schlage. An den Schreibern, wie er sie nennt, an den Gelehrten, an denen, welche für das geistige Leben des Volkes Sorge zu tragen haben, tadelt er, dass sie in lauter Geistigkeit über das Leben hinschwebten, ohne den Boden zu berühren, geschweige auf ihm fest zu stehen. So leben die Besten der Zeit in einer Welt voll Gedanken, nicht in der wirklichen Welt. Alles haben sie so vergeistigt, dass keine Kraft mehr da ist zum Handeln, zur Tat. Sogar die Gottesgelehrten – wie haben sie die großen Taten und Wunder Gottes hinweg vernünftelt und ist in der Religion, die sie predigen, weder Kraft noch Saft. Die Priester des Luthertums, ruft er aus, der aus dem Luthertum geboren war, sind Schelme geworden, mehr als die Katholiken. Sie glauben nicht mehr, lehren aber doch den Glauben. Keine Religion, keine Zucht, keine Begeisterung mehr in der protestantischen Welt! Wenn aber die Führer des Volks so ausgeartet sind, wenn die Einen, den zeitlichen Gewinn allein erfassend, um alles Hohe und Herrliche sich nicht kümmern, die Andern, durch alle Höhen des Geistes fliegend, das wirkliche Leben nicht umgestalten, was soll aus der Masse des Volkes werden? Nichts anders als ein feiges, mattes, genusssüchtiges, auf den flüchtigen Augenblick gerichtetes, das Ewige versäumendes Geschlecht! „Gold wird gesammelt, oft gestohlen von den Bürgern und vom Staat. Tugend steht nach Gold, reich und vornehm sein ist edler, als tapfer und gütig sein. Ist der Bauer ein Bürger, der Bürger ein Edelmann, der Edelmann ein Graf geworden – das sind die Höhen, die diese Menschheit erklimmen kann, das ist ihr edelstes Streben. Und die Geselligkeit und die Vergnügungen? Ja freilich nach Vergnügungen jagt der Mensch, der keine Freude hat. Deswegen haben wir der Vergnügungen und Lustbarkeiten so viele, aber ohne Sinn, ohne Jubel und Taumel, wodurch selbst der Barbar herrlicher ist als ein flaches, strohenes Geschlecht. Zusammen sind die Menschen mehr als zu viel, aber alle mit Lügengesinnung und Eitelkeit. Deswegen ist die gewöhnliche Geselligkeit auch gewöhnliches Verderben. Und wie sollte es nicht? Denn geizig und kümmerlich mit mancherlei Ängsten und kleinen Absichten kommen sie zu dem, was sie ihre Vergnügungen nennen. So ist die Lust lange tot und die Unschuld zu Grabe getragen, ehe sie unter den Leuten erschienen ist. Nichts kennzeichnet die völlige Absterbung des Naturtriebes und der Selbstkraft besser als die Jugend. Geschieht das am grünen Holz, was soll am dürren werden? Da ist alles Frische und Mutige stumm, was sonst kühn hervorbrach im Guten und Bösen. Eine Zucht schon bei Knaben, welche die wahre Unzucht ist, weil die schwache Natur nicht aus dem Ei kommen kann und in der Geburt stirbt. Die Jünglinge bei aller Quecksilbrigkeit der Zungen und Füße verkümmerte Greise mit zwanzig, vierundzwanzig Jahren. Es ist ein entsetzliches Gefühl, wie die Jugend alt und grau geworden ist... Wie staune ich, wenn ich die zwanzig Jahre meiner Erinnerungen zurückdenke! Was damals in Schritt ging, geht jetzt in Galopp. Geht von den Flittern eurer Schuhe, von den Tituskӧpfen eurer Stutzer und von den Muffen eurer Damen bis zu den Konstitutionen und Schlachten der letzten Jahre und ihr versteht mich..."

„Es ist wunderbar, wie schnell alles Lebendige sich vergeistigt, alles Frische verdorrt hat. In meiner Kindheit da wandelte noch Gott und die Engel um die Häuser der Menschen und um die Wiegen der Kinder, da gingen noch Gespenster rund und Märchen aus alter Zeit tönten süß zu dem Wiegenliede der Nacht, alte Lieder wurden gesungen und im Frühling und Herbst klang es frisch aus Feldern und Büschen. Auch das ist ausgestorben, selbst der Geringste spricht davon wie von Kinderalbernheiten und Aberglauben; er ist ja klug geworden wie die Vornehmen..."

„Erstarrung und Leerheit sind die beiden Hauptzeichen der Gegenwart, und wo noch Bewegung ist, da ist doch keine Thätigkeit und Beständigkeit in ihr. Ei, spricht man, wie du alles weißt. Ist denn nicht Mut genug unter den Menschen, nicht Verachtung des Todes genug? und du sprichst von Lebensangst. Ich weiß, wohin man will. Aber ich sehe nur Mut hier und da in Schlachten und eben auch nicht zu viel. Der Krieg aber ist nur einer Krankheit gleich, einer Wut der menschlichen Natur, und nicht gerne möchte ich das ganze Geschlecht darnach richten lassen. Mut heißt mir Ruhe und Besonnenheit im Leben, Verachtung des Schlechten mit Aufopferung, Wahrheit und Freiheit in Rede und That ohne den Rückblick auf Gold und Ruhm. Das sind andere Kämpfe als die unter Trommel und Pfeifen und vor Kanonenschlünden. Manche hat die Zeit sterben sehen, wie sie meinte, für edle Dinge, nicht ich. Die Menschen sind wie Missethäter und Narren zum Schaffot gegangen, nicht wie Menschen. Als Berauschte und Wahnwitzige sprechen sie im Schall prunkender Worte, was die Mannesthat nicht zn sprechen bedarf."

So war das deutsche Volk, als Napoleon über dasselbe kam, ohne wahre Gottesfurcht, ohne echte Vaterlandsliebe, im Haschen nach dem Schein verlor es das Wesen, es war klug, aber nicht stark, sinnlich ohne Mut, von Gott und sich selbst abgefallen. Und dennoch – brauchte es die Franzosen als seine Meister anzusehen? Als Zuchtrute wollte Gott die Franzosen brauchen, nicht als Meister. Arndt deckt auf, was an ihnen ist. Er erinnert an ein Wort, das Einer ihrer größten Männer ausgesprochen: Die Franzosen tun die albernen Dinge ernsthaft und die ernsthaften albern. Er kann sich vor der französischen Leichtfertigkeit, Oberflächlichkeit, Zierlichkeit, Schnellzungigkeit nicht beugen, auch nicht vor ihrer Gier und Unverschämtheit, selbst nicht vor ihrem Ruhm, den sie in ungerechten Kriegen erringen.

„Ihr also", redet er sie an, „seid das würdige Volk, ihr, die ihr Europa um seine schönsten Hoffnungen betrogen habt, ihr wollt die Beglücker und Herren anderer sein, ihr, die ihr wieder die kriechendsten und elendesten Sklaven eines Einzigen geworden seid, der euch durch keine edleren Künste beherrscht, als durch gemeine List und prunkende Äfferei? Ihr nennt euch das große Volk. Wenn Länder ausplündern, Staaten umkehren, freie Völker unterjochen, alle Tugend und Ehre für Gold feil haben, groß ist, so sind wenige größere Völker gewesen. Wenn aber Redlichkeit, Treue, Gerechtigkeit und Mäßigkeit den Menschen und das Volk groß machen, so sagt euch selbst, wie klein ihr seid. Führt mich hin, wo ihr gewesen seid, heißt mich euch nachtreten, wo ihr seid – ist die Pest und der Hunger nicht mild gegen das Elend, was ihr bringt? Ist die Grausamkeit des Barbaren nicht sanft gegen die eurige, die sich nicht schämt, mit den Worten Humanität und Edelmut auszustehen, wenn sie etwas Schlimmes thun will? – – Ihr seid so leidlich gebildet, aber aus Schwächlichkeit und Äfferei ist eure ganze Bildung hervorgegangen und hat vor den andern Europäern, die nicht tiefer dringen, nur den äußeren Firnis und die Abglättung voraus. In der Mitte Europas seid ihr eine Art Mitteldinger geworden und von jeher fehlte euch die volle südliche Naturkraft und die schwärmerische nordische Tiefe des Gemütes, ihr schwammet in einer kümmerlichen Mitte zwischen beiden und waret euch immer eures Mangels und eurer Nacktheit bewußt: daher eure Windbeutelei, euer schaler Spott und Spaß mit dem Ernstesten und Heiligsten von jeher… Ohne Religion, ohne Poesie, ohne Wahrheit, zu schwach, euch zu bessern, zu gebildet, eures Unheils inne zu werden, tretet ihr stolz hin und krähet uns andern mit einer beispiellosen Unverschämtheit vor, daß wir ungeschliffene Gesellen und Barbaren sind. Leichtfertiges, unverbesserliches Gesindel, das schwatzt, wo andere fühlen, das hüpft, wo andere stehen, das sich einbildet zu sein, wo andere sind – ihr habt vielen schönen Schein, aber den wir fliehen müssen, weil er ohne Wirklichkeiten ist. Ein Volk, das alle Tugenden in bloße Worte überspielt, das sich, wo andere Völker leben, empfinden, genießen, mit leeren Schatten der Dinge begnügt, ein so wunderbar bethörtes und bethörendes Volk als die Franzosen kann keinen frischen, freudigen Stock auf die Menschheit setzen; es ist zu weit über alle Menschheit hinaus."

Und dies eitle, unruhige, zur Freiheit unfähige Volk, bewunderte Napoleon, der es aus dem wilden Taumel der Revolution herausgeführt und unter seine eiserne Herrschaft gezwungen hatte, und zitterte vor ihm. Arndt kennt den Gewaltigen. Er hat seinen Lauf von Anfang an beobachtet. Er versagt ihm die Bewunderung nicht, die ihm gebührt. „Die Natur, die ihn geschaffen hat, die ihn so schrecklich wirken läßt, muß eine Arbeit mit ihm vorhaben, die kein anderer so thun kann. Er trägt das Gepräge eines außerordentlichen Menschen, eines erhabenen Ungeheuers, das noch ungeheurer scheint, weil es über und unter Menschen herrscht und wirkt, welchen es nicht angehört. Bewunderung und Furcht zeugt der Vulkan und das Donnerwetter und jede seltene Naturkraft und sie kann man auch Bonaparte nicht versagen." Aber er weiß auch genau, was für Triebe diese ungeheure Naturkraft in Bewegung setzen. Nichts Edles und Menschliches ist in ihm, weder in Frankreich noch außerhalb ist Gerechtigkeit seines Handelns Leiterin, er wirft Alles nieder, er scheut sich nicht vor Mord und Verbannung der Edelsten, nur dass sein Wille gelte. Und er, der die ganze Welt sich zu seinen Füßen legen will, ist von kleinlicher Eitelkeit nicht frei. Mit Glanz und Schimmer umgibt er sich, mit Festen, Schauspielen, Erbärmlichkeiten aller Art stellt er das eitle Volk zufrieden. Aber selbst diese Vergnügungen belauscht das wache Auge der Herrschaft durch tausend Spione. Über alle Albernheiten und Torheiten darf man laut sein, über ernste und wichtige Dinge klingt kein Wort. Von diesem finstern, verschlossenen, tückischen Geist, dessen geheime Pläne plötzlich wie mit Blitzesschnelle hervorbrechen und mit Blitzesverderben ausgeführt werden, darf die Welt nur Verderben erwarten. Gewaltig rüttelt Arndt die Verblendeten auf, welche meinen, da sich der Ehrgeiz des Mannes nun die Macht errungen, werde er in ruhiger Regierung Segen über die Länder verbreiten.

„Furchtbarer", schließt Arndt seine Rede über den „Emporgekommenen", „ist kein Mann der Fürsten und Völker. Er ist dem Weltmeer gleich, das ewig hungrig Bäche und Ströme in sich verschlingt und keinen Tropfen zurückgiebt. Wie das Glück ihn fortstößt, folgt er frisch und die weiten Entwürfe des Ehrgeizes wachsen. Der Kaisertitel, die Krönung in Italien, die Reise des heiligen Vaters von Rom, die vorbereiteten Vergleichungen und Anspielungen auf Karl den Großen – – seine Herrschaft und Anzettelungen mit den unglücklichen süddeutschen Fürsten – – o ihr irrt, Geblendete oder Blender, die ihr uns in diesem Mann bloß den heroischen zeiget, den gerechten und milden gerne zeigen möchtet, wenn ihr könntet. Die Zeit wird es enthüllen. Unaufhaltsam stürzt er sich fort mit Blitzesschnelle wie Dschingis und Attila, mit dem Eigensinn eines Fabricius und Marius, mit der Freundlichkeit und List eines Scipio und Cäsar, wenn der Unholdere sie ganz gebrauchen könnte. Ihr hofft auf einen Umschlag seines Glückes. Es ist möglich. Laßt ihn unglücklich sein, dann erst beginnt seine Furchtbarkeit, neue unbekannte Kräfte werden in ihm erwachsen. Kennt ihr denn die Römer nicht? Nie waren sie furchtbarer, als nach verlorenen Schlachten.

Und furchtbar ist das Volk, daß dieser zu Siegen und und Zerstörungen führt... Schon vor der Revolution war dies Volk fertig mit der Auflösung alles Glaubens und aller höheren Tugend, die Revolution hat das Verderben vermehrt. Schein und Ehre sollen ersetzen, was andern Treue und Gerechtigkeit heißt, durch seine honnêteté soll der Mensch vor den Ängsten behütet werden, nicht aus Menschengefühl, sondern aus Bildungswahn soll er das Niedrige und Unwürdige fliehen. So lange die bessern Tugenden anderer Völker nicht begeistert werden, ist dieser Schein allmächtig, die Franzosen bewegen sich mit der Windbeutelei ihrer Geistigkeit, mit mancher Liebenswürdigkeit, die alles gut machen soll, am freiesten ohne das unbequeme Gepäck der Gerechtigkeit Nichts hemmt, nichts hält sie, Aberglauben, Religion und Mitleid kennen sie nicht. Ehre und Not ist ihre einzige Göttin und so ziehen sie über den Leichnam der Welt zum Sieg."

Aber das alles wäre in Deutschland unmöglich, wäre Deutschland sich selbst nicht untreu geworden. „Die Nation hat ihr letztes Gefühl von Gemeinschaft verloren, der Deutsche erschlägt den Deutschen, die Fürsten beschimpfen einander öffentlich und stehen mit dem Feind, Verwirrung, Erstarrung überall, das Elend vernichtet die letzte Kraft und die Erhaltung des jämmerlichen Lebens, das so nichts wert ist, bleibt bei den Unglücklichen das letzte Gefühl: die Sklaven sind fertig. Wie könnte sonst der übermütige Feind so vordringen, noch gegen mächtige Heere achtzig bis hundert Meilen von seinen Grenzen? Müßte er nicht fürchten daß Grimm und Rache sich hinter ihm waffneten und Hunger und Schwert selbst die tapfersten verdürben?“ O dass Deutschland aufstünde in seiner Kraft, wie sollte vor ihr französischer Schein verwehen! „O gebt mir“, ruft Arndt, „die treuen biedern Völker und laßt einen kräftigen, herrlichen Mann auftreten und Leben in sie bringen, einen kühnen Gebieter, der das Gute und Gerechte darstellen und dafür begeistern kann; fester Grund der Menschlichkeit wird windige Ehre zerstieben und einmal zerstoben, ist sie wie der Wind verflogen... Deutsche Feldherren, kenntet ihr euer Volk! Grade, einfältig, stark und tapfer ist es. Listen und Künste gelingen ihm selten. Warum laßt ihr euch denn darauf ein gegen die Listigen und Gewandten? Ihre List zerrinnt, wie ihr mit dem Vertrauen der Stärke, Treue, Tapferkeit grade drauf geht, wie ihr die Schnellen schneller angreift, die für das Phantom kleiner Ehre Begeisterten bestürmt, begeistert für Recht und Vaterland. Aber habt ihr nichts als Fäuste, so wisset, durch bloße Fäuste wird diese Welt weder befreit noch bezwungen.“

Die Buße ist die echte, aus welcher der Glaube emporwächst, dass alles wieder gut werden könne. Sie sieht aus dem Tod das Leben grünen. So war Arndts Buße, die er getan und gepredigt hat über Deutschlands Sünde. „Kein Nichts kann die Welt halten und bewegen! Deswegen wird alles zusammenstürzen. Eine neue Geburt muß werden!" „Das gegenwärtige Geschlecht ist klein und verzagt. Es wird und kann den Todessprung nicht wagen. Hineingerissen, hineingetrieben wird es werden durch das Unglück, das nachkömmt, und durch langsame Qual wird es des Todes sterben zur Verjüngung." Es war sein Glaube eine gewisse Zuversicht des, das er hoffte – darum sollte er einst zum Schauen kommen. Er hat sie geschaut, die er zuvor gehofft, er hat sie in nächster Nähe geschaut und war ihrer Freundschaft gewürdigt – die großen Retter, die wie Blitzstrahlen in das kalte Tote fuhren – Stein, Scharnhorst, Blücher, Gneisenau. Deutschland hat Buße getan, da hat sich Gott seiner erbarmet.

Fünftes Kapitel

Freiwillige Verbannung

Es war Geist der Weissagung in Arndt. Was er in seinem Buche von Deutschlands Erniedrigung gesagt, das hat sich in fürchterlichem Maße gleich darauf erfüllt. Zu Ende des Jahres 1805 war das Buch geschrieben: das Jahr 1806 ist für Deutschland das Jahr der Schmach geworden, bei dessen Erinnerung bis in die fernsten Zeiten dem Deutschen das Herz im heiligen Zorne glühen und die Schamröte in die Wange steigen soll. In diesem Jahre war das deutsche Reich mit seinem Kaisertum, mit seinen Kurfürsten und Ständen, mit seinem Reichstag und Reichsgericht, mit allem Hohen und Herrlichen, was an diesen alten Ordnungen haftete, durch die Übermacht des französischen Zwingherrn, durch die Erbärmlichkeit seiner deutschen Diener zu Grabe getragen. Es wollte ja freilich das liebe alte deutsche Reich schon lange nicht mehr recht zusammenhalten. Französischer Einfluss hatte es schon im westfälischen Frieden, der auf den unglückseligen dreißigjährigen Krieg folgte, dahin gebracht, dass den einzelnen Fürsten eine Macht eingeräumt wurde, welche sich mit der Unterwerfung unter das Ganze nicht wohl vertrug. Preußen war aus einer kleineren Macht durch Friedrich den Großen zu einer Großmacht herangewachsen, die nach Kaiser und Reich nicht viel fragte, wo es Preußens Größe galt. Der Kaiser fühlte sich längst mehr als österreichischer denn als deutscher Kaiser. Der Reichstag in Regensburg war langweilig, schläfrig, ein alter sterbensmüder Leib, den kein lebendiger Geist durchdrang. Das Reichskammergericht in Wetzlar konnte die Prozesse nicht zu Ende bringen, weil das Geld fehlte, um Besitzer zu ernennen, und der Reichshofrat in Wien wollte sich diesem obersten Gericht gleichstellen, so dass doppeltes Recht im Reiche galt. Es war keine Kraft, keine Einheit mehr im Reiche. Die alte Form stand noch, der Geist war daraus gewichen. Als die französische Revolution gegen Deutschland sich wandte, gab es wohl kühne Redner gegen die Eindringlinge, aber die am schnellsten in Worten gewesen, waren auch die schnellsten zur Flucht. Aus den Fürsten war der deutsche Sinn gewichen, wie sollten die Völker ohne Führung sich gegen den Erzfeind erheben? Arndt hatte nicht zu viel gesagt, wenn er die damaligen Fürsten beschuldigte, dass sie sich einander zu berauben suchten. Das hatte sich gezeigt in der Zeit zwischen dem Frieden von Lunéville, in welchem das linke Rheinufer an Frankreich abgetreten ward, und dem Reichsdeputations-Hauptschluss, in welchem die Entschädigungen der Fürsten für die Verluste auf dem linken Rheinufer festgestellt wurden. Denn diese Entschädigungen wurden den deutschen Fürsten aus Besitzungen anderer deutscher Fürsten, die sich nicht wehren konnten, und namentlich aus den deutschen Bistümern und Stiftern gegeben, die ihren geistlichen Herrn genommen wurden. Da gab's denn ein Feilschen um deutsche Quadratmeilen und deutsche Seelen, das offenbar machte: es war in dem deutschen Reiche keine Spur mehr von dem Geiste, der da spricht: Wo Ein Glied leidet, da leiden alle Glieder mit, und wo Ein Glied wird herrlich gehalten, da freuen sich alle Glieder. Und weil die Glieder nicht an das Haupt zusammenwuchsen zu einem kräftigen Leibe, ward Ein Glied nach dem andern von dem Erzfeind abgeschnitten und endlich das Haupt auch seiner Würde und Herrlichkeit beraubt.

Arndt hatte seinen „Geist der Zeit“ noch nicht beendigt, da kam die Trauerbotschaft, dass der letzte deutsche Kaiser von Napoleon bei Ulm und Austerlitz geschlagen sei. Es war an Arndts Geburtstag, am 26. Dezember 1805, da fügte sich Österreich in die von Napoleon gestellten Friedensbedingungen. Der deutsche Kaiser verlor Venedig an Frankreich, Tirol an Bayern, die schwäbischen Besitzungen an Baden und Württemberg, 1140 Quadratmeilen mit beinahe 3 Millionen Einwohnern, willigte darein, dass die ihm untergebenen Reichsfürsten, die Kurfürsten von Bayern und Württemberg, zu Königen durch Napoleons Gnaden ernannt wurden und ließ sich die Bestimmung gefallen, dass diese Könige und der Kurfürst von Baden, der seine Würde ebenfalls Napoleon verdankte, volle Souveränität und alle daraus fließenden Rechte genießen durften, und dass er nichts hindern wolle, was dieselben in Kraft ihrer Souveränität etwa zu tun gedächten. Schon damit stieg der Kaiser vom deutschen Kaiserthron herab und überließ die Oberherrschaft dem französischen Emporkömmling. Aber es kam noch schlimmer. Die neuen Souveräne unterdrückten die Fürsten und Städte, die einst mit ihnen im Reichstag gesessen, von Napoleon aber ließen sie sich gefallen, dass er ihre deutschen Länder aussog und zertrat. Der deutsche Reichstag in Regensburg musste es geschehen lassen, dass der französische Reiteroffizier Murat, weil er Napoleons Schwager und von diesem zum Großherzog von Berg ernannt worden war, in die ehrwürdige Reihe deutscher Reichsfürsten eintrat, dass der Kurfürst von Mainz, von Dalberg, einen französischen Kardinal Fesch zu seinem Nachfolger im Kurfürstentum und Amt des Reichserzkanzlers ernannte. Endlich war das Maß voll: Napoleon stiftete den Rheinbund, aus Bayern, Württemberg, Baden, Kurmainz, Hessen-Darmstadt, Kleve-Berg, Nassau und einer Anzahl kleinerer Fürsten bestehend, zu welchen später Sachsen und andere hinzutraten. Diese machten sich zu Oberherren, der in ihren Ländern wohnenden Fürsten, Grafen und Herren, dem Reich ward der Gehorsam aufgekündigt, dagegen Napoleon als Protektor anerkannt. Ein großer Teil von Deutschland, herrliche Länder, kräftige Volksstämme wurden jetzt an den Siegeswagen Napoleons gebunden, wohin der zog, mussten sie mit, wenn er befahl, mussten hinfort die deutschen Regimenter der französischen Trommel folgen. Die Gesandten der Rheinbundsfürsten zeigten dem Reichstag in Regensburg an, dass sie aus dem alten Reiche ausgetreten und unter den Schutz Napoleons getreten seien, „dessen Absichten sich stets mit dem wahren Wohl Deutschlands übereinstimmend gezeigt haben." Das geschah Anfang August 1806. Zehn Tage später legte der letzte deutsche Kaiser die Kaiserkrone nieder und entband alle Reichsstände ihrer Pflichten gegen das Reich. Konnte Deutschland tiefer sinken?

Es ist noch tiefer gesunken. Erst im Herbst des Unglücksjahres 1806 war die Frucht der deutschen Erniedrigung völlig reif und Napoleon konnte sie mit Leichtigkeit abschütteln. Preußen musste gedemütigt werden, damit in ganz Deutschland kein Widerstand mehr sei gegen den neuen Weltherrscher. Preußen hatte bisher unschlüssig hin- und hergeschwankt, weder den Mut gehabt, Napoleons Feind zu werden, noch den Mut, sich ihm zu ergeben. Feile Seelen wieder Minister Haugwitz und kühne Seelen wie der Minister Stein stritten um die Leitung des Staates. Endlich im Herbst 1806 drängten die Dinge zum Krieg gegen Napoleon. Der König war edel, aber bedenklich, von schlechten Ratgebern zu sehr eingenommen Die Generäle waren Greise, fast alle Stabsoffiziere über das kräftigste Mannesalter hinaus. In vielen jüngern Offizieren brauste eine übermütige Kriegslust, als ob vor der Armee Friedrichs des Großen Napoleons Heer wie Spreu zerstieben müsse. Die Soldaten waren nicht aus dem gesundesten Volkskern hervorgegangen, zum großen Teil angeworbenes Gesindel, durch Gassenlaufen und andre entehrende Strafen in Zucht gehalten, viele alt, durch Familiensorgen in der frischen Schlachtenlust gehemmt. In der ganzen Kriegsführung schien man von Napoleon noch nichts gelernt zu haben: so rasch, kühn, leicht dieser daherzog, so langsam, bedenklich, schwerbeladen zogen die Preußen ins Feld. Während Napoleon sich alles nahm in den Ländern, in denen er kriegte, brachten diese sich alles mit, ein Lieutenant sogar sein Klavier. Die Einsichtigsten waren die Bedenklichsten, die Törichtsten die Kühnsten im Reden. Vom Süden Deutschlands zog Napoleons Heer herbei und hing sich wie ein Gewitter über Thüringen. Kaum waren die Heere von beiden Seiten zusammengetroffen, so kam es zur Schlacht bei Jena und Auerstedt im Oktober 1806, und Preußens Heeresmacht stob in wilder, ungeordneter Flucht auseinander. Die alten Kommandanten überlieferten die Festungen. Die Offiziere ergaben sich in Menge, ohne das Letzte gewagt zu haben. Die Franzosen und Rheinbündler wälzten sich in das Land. Der König musste bis in den äußersten Osten seines Reiches sich flüchten. Nun lag Deutschland völlig zu Boden und im bittern Übermut, in dem auch kein menschliches Gefühl war, in welchem er sogar die edle Königin Luise von Preußen höhnte, zertrat Napoleon das deutsche Volk. Und doch – Gott schafft aus dem Nichts. Er demütigt, um zu erhöhen. Aus der Vernichtung lässt er neues Leben keimen. Auch aus der tiefsten Nacht jener Tage von Jena und Auerstedt und der darauf folgenden Monate leuchten Sterne. Scharnhorst, wie er das Heer Friedrichs des Großen vernichtet sah, wurde nun erst recht sicher, dass es neu geboren werden müsse aus dem Volke selbst, aus seinen besten Kräften. Gneisenau zeigte durch die Verteidigung Kolbergs, was heller Geist und hoher Mut vermöge. Blücher hieb sich bis Lübeck durch. York ergab sich nicht eher, als bis er gestochen in den Straßen Lübecks todmatt zusammengesunken war. Als er heimkam, in sein Haus, in sein Zimmer trat, krank, elend, innerlich und äußerlich gebrochen, ward er von seiner Frau, von seinen Kindern nicht wieder erkannt. Aber das Vögelchen im Käfig, das er vor dem Feldzug so treu gepflegt, flatterte wie vor Freuden hoch auf und fiel dann tot hin. Es waren dunkle Tage damals, in denen in den gewaltigsten Naturen furchtbare Kämpfe der neuen Geburt durchgekämpft wurden.

Was Arndt geweissagt, war eingetroffen. Wie stand es mit ihm selbst? Wir haben oben erzählt, dass er im Sommer 1806 auf der Regierungskanzlei zu Stralsund arbeitete. Um Michaelis war er mit der Arbeit zu Ende gekommen und weilte bei seinem Vater auf dem königlichen Gute Trantow an der Peene, das dieser gepachtet hatte. Bald drängte sich Feind und Freund an diesem Flusse. Sollte es Arndt darauf ankommen lassen, dass die Franzosen ihn noch fänden? Das wäre ein toller Streich gewesen. „Ich hatte nicht Lust", erzählt er selbst, „mich ebenfalls einfangen und wie einen tollen Hund von den Welschen totschießen zu lassen." Denn totschießen lassen, das verstand der neue Beschützer Deutschlands trotz Einem. Seinem Bruder Joseph, den er zum König von Neapel gemacht, hatte er nicht lange vorher geschrieben: „Laß die Lazzaronis ohne Erbarmen niederschießen, nur mit heilsamen Schrecken wirst du der italienischen Bevölkerung Achtung einflößen. Mit Liebkosungen gewinnt man die Völker nicht. Ich sehe mit Vergnügen, daß man ein Dorf der Aufständischen verbrannt hat. Solche Exempel thun Not." Wenn er so seine Volksgenossen, die Welschen, behandelt haben wollte, was durften die Deutschen von ihm erwarten? Es war gleich nach der Gründung des Rheinbundes, ein paar Wochen, nachdem die Erklärung in Regensburg abgegeben worden war, dass Napoleons Absichten sich stets mit dem wahren Wohl Deutschlands übereinstimmend gezeigt hätten, da erschien eine Schrift, in welcher das Bonapartsche Wesen mit deutschem Unwillen aufgedeckt ward, sie führte die Aufschrift: „Deutschland in seiner tiefsten Erniedrigung 1806". Der Verfasser war nicht genannt, aber mehrere Buchhändler, unter andern Palm in Nürnberg, hatten sie verbreitet. Sie war noch nicht verboten. Die Verbreiter kannten vielleicht den Inhalt nicht einmal. Rasch wurden sechs Angeklagte vor ein Militärgericht berufen, mit der bestimmten im Namen Napoleons gegebenen Weisung, dass die Schuldigen innerhalb 24 Stunden verurteilt und hingerichtet werden müssten. Es begann die Untersuchung. Alle wurden zum Tode verurteilt. Nur zwei waren eingefangen, einer wurde begnadigt, Palm aber am 26. August im Jahre von Deutschlands tiefster Erniedrigung erschossen, unschuldig, auf des fremden Zwingherrn Befehl, ohne dass der mächtigste Souverän des Rheinbundes, der König von Bayern, seinen Untertanen schützte oder schützen konnte. Wie recht hatte darum Arndt, dass er sich nicht wollte wie einen tollen Hund erschießen lassen, dafür, dass auch er Deutschlands Erniedrigung geschildert. Er ging über das Meer nach Schweden.

An seinem Geburtstag, dem zweiten Weihnachtstag 1806, kam er in Stockholm an. Bald hatte er Beschäftigung und Besoldung. Er ward bei der Überarbeitung und Übersetzung schwedischer Gesetze zum Nutzen und Frommen seines Heimatlandes Pommern und Rügen von der Regierung verwandt. In den folgenden Jahren half er auch in der Staatskanzlei in Verfassung von Ankündigungen und sonstigen Schriften, die sich auf die damaligen Welthändel bezogen. Fast drei Jahre blieb er der deutschen Heimat fern in dieser Stellung. Er hatte liebe Freunde genug in

Stockholm, Landsleute aus Pommern und geborne Schweden. Zu jeder andern Zeit wäre der Aufenthalt erträglich, ja lieblich gewesen, denn er genoss Liebe die Fülle. Aber diese Zeit war eine solche, dass kein deutscher Mann in ihr wahrhaft fröhlich sein konnte. Der Schmerz um das Vaterland folgte ihm in die Fremde, und selbst hier in Schweden geschahen Dinge, die seinen Hass gegen Napoleon steigerten, das Leben ihm verbitterten.

Arndt war, wie früher erzählt worden ist, königisch gesinnt und sein Vater hatte ihm von schwedischen Königen, namentlich Gustav III., Dinge erzählt, die ein jugendliches Gemüt zu entflammen vermochten. Jetzt saß auf dem schwedischen Throne Gustav der vierte Adolf, ein Mann, dessen wundersame Gemütsstimmung schon lange aus einen traurigen Ausgang seines Königtums hindeutete. Er war von Natur ernst, streng, schroff, eigenwillig, aber von hohen Gedanken, von tiefen Gefühlen mächtig ergriffen. Der gewaltsame, blutige Tod seines Vaters, der auf dem Maskenball erschossen worden war, schien dunkle Schatten in des Königs Gemüt zu werfen. Und die Zeit war nicht dazu angetan, ein düsteres Gemüt mit heitern Lichtern zu erfreuen. In Napoleon sah er von Anfang an einen Feind des Menschengeschlechts, einen Feind seines Königtums, und wenn alle sich beugten, wenn alle nach den Verhältnissen sich richteten, in der Hoffnung, später das Verlorne wieder zu gewinnen, er beugte sich nicht. Als im Reichstag zu Regensburg keine Stimme unter allen Gesandten der deutschen Stände laut ward gegen die Zerreißung des Reiches, wie sie Napoleon durch die Erhebung einiger Reichsfürsten zu Souveränen ohne Verpflichtung gegen den Kaiser vollzog, da erklärte König Gustav, es sei unter seiner Würde, länger an einer Versammlung Teil zu nehmen, deren Entschließungen unter dem Einfluss der Usurpation und Selbstsucht ständen. Er hatte eine tiefe Ahnung dessen, was durch Napoleon noch aus der Welt werden würde, einen sittlichen Abscheu gegen den Zwingherrn – aber das war Alles. Es fehlte die Tatkraft, die Klugheit, die Beweglichkeit, um das Staatsschiff durch die furchtbaren Brandungen hindurchzusteuern. Er beschwor Ungewitter über sein Land herauf durch seine starre Überzeugung, aber er tat nichts, um dem Verderben zu wehren. Von Jahr zu Jahr ward das Unheil größer. Der Verlust Finnlands an Russland, den er 1808 erlitt, machte ihn nicht klüger, nicht tätiger. Eine furchtbare Erbitterung ging durch das Land, Schweden fing an, den König als das Unglück seines Volkes anzusehen und für die Franzosen Bewunderung zu fassen. Das Volk spaltete sich in Parteien. Endlich im Frühjahr 1809 bemächtigte sich der Volksaufruhr des Königs, zwang seinen Oheim die Regierung anzutreten und setzte den unglücklichen Gustav gefangen. Da hat er alsbald ruhig sich gefasst und in der Bibel fortgefahren zu forschen, in welcher er schon vorher gefunden, dass der Apollyon der Offenbarung Johannes kein anderer sei als Napoleon, und dass dieser böse Geist gestürzt werden würde durch den Arm des lebendigen Gottes.

Arndt wurde von diesen Ereignissen schmerzlich ergriffen. Wenn er auch mit angesehn hatte, dass der unglückselige Gustav sich selbst das dunkle Schicksal bereitete, so tat ihm doch dieser Ausgang des Königsgeschlechtes weh, zumal der tief gewurzelte Widerwille des Königs gegen Napoleon mit seinen Überzeugungen so wohl zusammenstimmte. Noch weher tat ihm aber, dass nun auch in Schweden die Franzosenbewunderung immer allgemeiner ward. Es war das Jahr 1809, das Jahr, in welchem Hoffnungsstrahlen über Deutschland hinblitzten. Österreich hatte sich aufgerafft gegen Napoleon, in den Tiroler Bergen knallten Hofers Büchsen mit weithin hallendem Echo, Schill hatte sich erhoben, war freilich bald in Arndts

Heimat, in Stralsund, gemordet worden. Arndt brannte es unter den Füßen. Er machte sich auf mit doppeltem Pass, verbarg die eigentliche Richtung seiner Reise, tat, als führe er nach England, fuhr aber über die Ostsee nach Pommern. Er kam nach Kolberg, gedachte der hier Gefallenen, seine Stimmung war trüb wie Deutschlands Lage. Zu Wasser und zu Land, unter mancherlei Fährlichkeiten, gelangte er endlich unter dem Namen eines Sprachmeisters Allmann in die Heimat zurück, nach Trantow. Die Eltern sah er nicht wieder. Die Mutter war schon vier Jahre begraben, das Leben des Vaters hatte der Sturm der Zeit im vorigen Sommer geknickt. Aber sein achtjähriger Sohn war fröhlich aufgewachsen und die Geschwister empfingen ihn mit alter Liebe und Treue.

Sechstes Kapitel

Geist der Zeit. Zweiter Teil

Wir müssen langsam gehen, da wir von einer Zeit berichten, die Jahr für Jahr Ungeheures geboren, Ungeheures zerstört hat. Wir dürfen uns auch nicht begnügen, raschen Schrittes zu erzählen, wo und wie Arndt gelebt, was er für eine Stellung in der Welt gehabt, wie er in dieser argen Zeit sein Lebensschifflein durch die empörten Wogen gesteuert hat. Wir müssen, wenn wir ihn recht kennen lernen wollen, ihm in sein Herz schauen, in die Kämpfe, die er da durchkämpft, in die Leiden, die er duldet, und in die Hoffnungen, die wie Schimmer der Morgenröte aus der Nacht hervorbrechen. Wir müssen seiner Rede lauschen, und ob Deutschland jetzt in seiner Erniedrigung ist, und seine Geschichte uns zur tiefsten Trauer stimmt, wir dürfen über diese Zeit nicht wegeilen, um bald die Jubelklänge der Erhebung anzuhören. In die Nacht der Schande soll der Deutsche noch heute hineinschauen, damit die deutsche Ehre in ihm zur Flamme werde, die solche Schande für die Zukunft unmöglich macht. Das Weizenkorn bringt keine Frucht, es sei denn in der Erde erstorben. Der Mensch wird in großen Schmerzen ans Licht der Sonne geboren. Auch für die neue Geburt aus dem Geiste gilt die Regel: Stirb und werde! Und ein Volk muss wie der Einzelne durch den Todesschmerz der Buße hindurch, will es ein neues freies Volk werden.

Was Arndt in den Jahren von 1806–1809 in der freiwilligen Verbannung gefühlt und ausgesprochen, das hat er im zweiten Teil des „Geistes der Zeit“ in die Welt gerufen. Die Not war auf den höchsten Gipfel gestiegen, so ist auch die Rede vom schärfsten Stahl, von heißester Glut.

Er tritt im Geiste vor sein deutsches Volk hin und sieht, wie es dem welschen Zwingherrn zu Füßen liegt, und fragt: Wie ist das alles so geworden? Da erscheinen ihm wieder die deutschen Sünden als die giftigen Wurzeln des Todes, die Zwietracht, die Schlaffheit, die Genusssucht, kalter Verstand, feiges Gefühl, ohne den heißen Sporn der Tat, ohne den Todesmut, der Alles für das Vaterland hingibt. Er beklagt, dass Deutschland, als von Frankreich der Sturm herüberbrauste, dastand mit einer morschen Verfassung, ohne Halt, ohne Geist, ohne Leben. Ihn jammert die Uneinigkeit der deutschen Fürsten, zumal dass Österreich und Preußen nicht zusammenstanden und zusammenhielten. Was hätte Frankreich vermocht, selbst mit Napoleon an seiner Spitze, wenn ihm der deutsche Kaiser und der Erbe des Reiches Friedrichs des Großen wie Brüder eines Hauses die Spitze geboten hätten? Auch die deutschen Edelleute tadelt er, dass sie ihres alten Berufs, des Vaterlandes Ritter und Retter zu sein, so sehr vergessen. Wer könnte sie zwingen, für Napoleon zu streiten, wie jetzt geschieht, für Napoleon die Staaten Deutschlands einzurichten auf französischen Fuß, wenn sie nicht wollten? Scharfe Pfeile schleudert er gegen die geistigen Führer des Volks, die Gelehrten, die Denker, die Schriftsteller, die durch ihre Bücher seit langem die deutsche Nation eingeschläfert haben, dass sie berauscht von einem Gedanken an eine Allerweltsbildung, eine Allerweltsfreiheit, ein Allerweltsbürgertum den nächsten von Gott angewiesenen Beruf vergessen, das Deutsche zu pflegen, deutsch zu sein in Sinn, Wort, Sitte, Gesetz und Freiheit. Am schärfsten dringt er an die Elenden heran, die, wenn ein Furchtbares, und wäre es auch ein Teuflisches, geschehen ist, schnell hinterher sind und mit lauter Lügen und Klügeleien es darstellen als etwas Gutes, Heilsames, Göttliches, an die Knechtesseelen, die ihre Rede und Schrift an Napoleon verkaufen und ihn als den politischen Messias der sein Reich als das große Weltreich des allgemeinen Friedens und Glückes preisen. „Laß den Satan von der Hölle herausfahren", ruft er entrüstet aus, „und König der Deutschen werden, sogleich werden hundert und tausend Federn in Bewegung sein und aus allen möglichen Gründen mit Vorder-, Hinter- und Mittelsätzen, ja, wo möglich mit Hinterhinter- und Vordervordersätzen beweisen, daß es ein Glück der Welt und besonders ein Glück des deutschen Volkes ist, daß Herr Satanas ihm das Regiment über sie belieben läßt." Und weil die Häupter und Führer des Volkes den starken Mut nicht in der Brust hatten, das vergängliche Dasein der eigenen Person für das Vaterland in die Schanze zu schlagen, wie sollte die Masse des Volks sich aus dem niedern Dunstkreis in die lichte Höhe der Vaterlandsliebe emporschwingen? „O ihr Deutschen", ruft Arndt aus, „geliebte Landsleute und Brüder, bei deren Erinnerung mein Herz oft in Stolz sich erhob, jetzt in Wehmut versinkt, zu euch spreche ich ein ernstes und letztes Wort, das Testament meines brechenden Herzens, die letzte Stimme einer unendlichen Liebe. Der Hohn der Sieger, die Verachtung der Fremden, der Vorwurf der Feigheit und Nichtswürdigkeit, die Anklage der tiefsten Ehrlosigkeit, selbst eurer eignen Männer und Schriftsteller Verdammung, die ich so oft mit Verzweiflung vernehmen muß, zerreißen mir das wunde Herz. Ihr seid nicht mehr die Alten, nicht mehr die Gewaltigen, auch euch hat die allmächtige Zeit zum Nichtigen abgeschliffen; aber ihr seid ebenso stark, ebenso tapfer, ebenso gut, als eure Tadler und Verhöhner. Nur Eintracht mangelt euch, nur ein großes Männerherz fehlt euch, das euch aus der Not emporheben, begeistern und zu unsterblichen Mühen für das zerfleischte Vaterland führen könnte. Daß kein gemeinschaftliches Gefühl, keine tiefe Liebe für das Vaterland, kein Verein der Stärke und Begeisterung unter euch ist, daß ihr eure eignen Brüder in Schlachten mordetet, daß ihr nach Indien und Afrika verkauft wurdet, daran waret ihr unschuldig. Aber die Zeit ist eine, wo ihr begreifen lernen müsset, was ihr waret, was ihr nicht mehr sein dürft, und was ihr künftig sein sollt. Ist euer Ohr taub für die warnende Stimme der Zeit, für das Jammergeschrei eines zerrissenen Vaterlandes, für die Klage der Freiheit, welche Sklaverei fürchtet, so verachte ich euch auf das tiefste und werde mich selbst und eure Sprache und die Stelle, wo ich geboren bin, zu vergessen suchen."

Deutschland lag zu Boden. Seine nationale Ehre war dahin. Sollte das deutsche Volk als Nation nicht wieder auferstehen? Nicht wert sein, unter andern Nationen stolz und stattlich dazustehen? Schon fingen in Deutschland feile Stimmen an zu rufen, als ob Deutschland kein Klang sei, der erheben könne. Napoleon hatte es in seiner Schlauheit verstanden, kleinen Stammfürsten ein Gefühl der Größe einzuhauchen, damit sie nach dem Ruhm, des ganzen Volkes Führer zu sein, nicht begehren möchten. Wie er im Lande, wo es ursprünglich nur einen deutschen König gegeben hat, einen bayerischen und württembergischen König geschaffen hatte, so fing man an von einer bayerischen und andern Nationen in Deutschland zu reden. Das Einzelne, Besondere ward gepflegt, gehätschelt, damit das Große und Ganze vergessen werde. O wie flammt da Arndts deutscher Sinn auf in der Flamme des edelsten Stolzes! Er führt die Blödsichtigen hin vor die deutschen Herrlichkeiten, welche durch die Jahrtausende leuchten, ob sie auch noch etwas davon sehen und spüren. Er zeigt ihnen, wie mitten im Herzen des deutschen Landes unter Anführung Hermanns des Befreiers das Volk zwischen

Elbe, Rhein, Harz und den thüringischen und fränkischen Bergen den römischen Koloss zerschmettert hat. „Es war noch die Zeit, wo die Menschen nichts lieber hatten als Freiheit und Unabhängigkeit, als eigenes Recht und eigene Sprache, als Sitten und Weisen, die bei ihnen geboren und ihnen gleich waren; es war noch die Zeit, wo der Mann verabscheut war, der seine Waffen wegwarf und litt." „Deutsche", ruft Arndt aus, „vergesset Hermann nicht; flehet die Vorsehung an um einen solchen Mann und Befreier; weist eure Mitwelt und Nachwelt darauf hin, und er wird kommen und ihr werdet ein Volk sein und ein freies und starkes Volk." Und von jener uralten Zeit an, wann ist das deutsche Volk nicht ein großes Volk gewesen? Hat es, da die Völker mehrere Jahrhunderte später in Bewegung kamen, sich nicht im Herzen Europas als ein weitgebietendes festgesetzt? Sind nicht seine Blutsverwandten Briten und Schweden und Holländer? Hat es nicht den hinsterbenden Völkern in Spanien, Frankreich, Italien von seiner Kraft mitteilen müssen? War es nicht Jahrhunderte lang in der glorreichen Kaiserzeit das herrlichste Volk der Welt? Hat es nicht Helden des Krieges? Ist es nicht in allen Tugenden und Künsten des Friedens voran? Verlangt euch Reichtum, Handel und alle Tätigkeit eines regen Städtelebens zu sehen – denkt an die Hansa! Begehrt ihr Männer der Kunst und Wissenschaft, Dichter und Weise, Erfinder und Entdecker zu sehen – kein Volk kann größere aufweisen, als das unsere! Uns gehören die großen Kaiser des Mittelalters, uns gehören die herrlichen Sachsenfürsten zur Zeit der Reformation, uns Tell und Winkelried, uns gehören die Maler Dürer und Kranach, die Dichter Schiller und Goethe, uns Händel, Gluck, Mozart, die Meister der Töne, uns Luther und Gutenberg, Melanchthon und Zwingli! Soll alle deutsche Herrlichkeit in den Schlund des Weltreichs hinabstürzen, das Napoleon aufgerichtet hat?

O leider, es fehlte nicht an solchen, die ja zu sagen wagten und sprachen: es ist der Finger Gottes, die Vorsehung will es so, man muss sich dem Gewaltigen unterwerfen. Es fehlte nicht an solchen, die solcher Unterwerfung einen lieblichen Schein zu geben suchten, indem sie Napoleon als den Heiland hinstellten, der das Böse, Alte zu zertrümmern und ein neues glückliches Reich aufzurichten bestimmt sei. Arndt lässt den Fürchterlichen nicht aus dem Auge. Er kennt ihn längst, er zeigt immer bestimmter, wer er ist. Dass er eitel ist, das hat er früher bewiesen. Dass er unedel ist, das hat er noch jüngst gezeigt durch die Verunglimpfungen, die er sich gegen die edle Königin Luise von Preußen herausgenommen. Dass er keinen Willen achtet, als den eignen, dass er in ungebändigter Herrschsucht alles niedertreten möchte, das ist täglich offenbarer geworden. „Der Mann hat gehört, daß man ihn Wiederhersteller, Friedensstifter, Befreier, Gleichwäger der Staaten und Völker genannt hat… Er ist klug wie alle Italiener, deswegen merkt er sich Namen und bethört damit lange die große Menge. Aber wir wissen jetzt, was er ist; wir kennen ihn; er ist so stolz geworden, daß er sich nicht mehr verhüllt; der erwachsene Übermut spricht sich jetzt sinnlos und offen vor der ganzen Welt aus… Herrschsucht und Stolz war von jeher sein Charakter, List und Betrug seine Lust, Zerstörung sein Element… Seine Kühnheit und Geschicklichkeit, seine List und Schlauheit haben ihm die Welt und Thronen und Völker zu Füßen gelegt. Er erklärt nun geradezu, daß er der Herr ist… Mag es sein, daß er nicht anders sein kann, als er ist, daß eine rastlose Unruhe ihn von einer Verwüstung zu der andern treibt, daß ein tiefer Aberglaube in seiner Brust ihm vielleicht sagt, daß er der geborene Liebling des Glückes und der auserwählte Sohn der Vorsehung zu ihren großen Verrichtungen ist – das alles mag ich nicht entscheiden. Ich weiß auch nicht, was die Vorsehung mit dem Schlangenzahn und Krokodilrachen will, aber wer wundert sich, wenn ich vor der Schlange Abscheu und vor dem Krokodil Schrecken empfinde? ... Angeborne Größe und Geschwindigkeit kann ihm nicht abgeleugnet werden. Dazu hat er eines von den großen Organen der Herrschaft auf der Erde ergriffen; er ist vollkommen böse. Nie ist der böse Dämon so ausgesprochen worden als in diesem Zeitalter. Ich sehe auch nicht, was der gute damit anfangen sollte: der böse muß ihm erst den Weg räumen. Denn wer auf Erden herrschen und groß sein will, der sei entweder weise und gut im höchsten Sinn, oder listig und böse in ebendem Grade. Diese Lehre geht durch die Weltgeschichte. Alles Halbe und Mittelmäßige wankt in mittelmäßigen Zeiten und fällt in gefährlichen zusammen. Ruhig und fromm aber, mäßig und edel kann dieses fürchterliche Gemüt nimmer werden, in rastloser Unruhe, in unersättlicher Herrschsucht wird es hinfahren, Großes thun und Kleines machen wie alle Eroberungsseelen... Nein, nimmer, Bonaparte, wie groß und gewaltig du sein magst, nimmer wirst du der Zukunft gebieten, und der Riesengeist, der dir unbewußt durch die Zeit dahinfährt, wird deinem Soldaten den Weg weisen, den er gehen soll. Siehe! er wird zu seiner Zeit dein kleines Werk, das dir so groß deucht, mit Sturmesflügeln fassen und es auseinanderwehen wie Spreu, daß man die Spur davon nicht mehr kennt. Vergebens suchst du das Alte und Erbärmliche mit neuem Glanz aufzufrischen und es für Neues zu verkaufen; vergebens suchst du deinen hinterlistigen Despotismus, deinen blutigen Eigensinn, deine grausame Verachtung aller Freiheit und Hoheit des Menschengeschlechts mit schönen Namen und neuen Titeln zu verlarven; der Tod, der unvermeidlich in allem Alten liegt, wird auch deine Herrlichkeit vertilgen... Auch du und deine Arbeiten werden endlich beweisen, daß kein Vorwand und keine Schlauheit hinreicht, das Allmächtige zu hemmen, was dunkel durch alle diese Greuel, Umkehrungen und Revolutionen geht. – So fahre denn hin in deinem unstäten und nichtigen Sinn! Wenn die Arbeit gethan ist, wird die Vorsehung das Instrument zerbrechen."

Was wäre aus Deutschland geworden, hätten nicht seine besten Männer, eine kleine Schar unter der großen Masse, auch in der tiefsten Erniedrigung den Glauben bewahrt, dass Gott das deutsche Volk wieder erhöhen könne, wenn es nur, durch die furchtbare Demütigung geläutert, wieder sich selbst aufraffe zu einem des göttlichen Beistandes würdigen Entschluss? Arndt gehört zu denen, die nicht glauben mögen, dass ein so edles Volk auf die Dauer unter der Knechtschaft der oberflächlichen Franzosen bleiben werde. Er schüttelt die Schlafenden mit einer Rede auf, die durch Mark und Bein geht. Er möchte, dass die Regimenter, die Bonaparte aus den Staaten des Rheinbundes nach Spanien führt, ein freies Volk zu unterjochen, sich gegen Napoleon selbst kehrten, den Rhein wieder frei machten und das ganze deutsche Land, und dass das deutsche Volk sich um Österreich und Preußen in neuer Verfassung scharte. Er hofft, da jetzt eben Preußen zu schwer darniederlag, auf Österreich. „Noch ist es Zeit, die letzte, köstlichste Zeit. Noch stehet etwas Wirkliches, woran wir uns anschließen können, noch haben wir einen Vereinigungspunkt unter etwas, das mehr ist als Schatten Und Namen. Österreich ist noch da, ihr könnt es aufrichten und stärken; ihr könnet euch an ihm und durch dasselbe zu einem deutschen Volke erheben; ihr könnt eure Unehren abwaschen und eure Schimpfe rächen. Das Alte ist dahin; ihr könnet nicht Sachsen, ihr könnet nicht Bayern, ihr könnet nicht Würtemberger sein, als eigene Völkchen, ihr müsset Deutsche sein wollen. Bleibet ihr bei dieser Thorheit, so bleibet in Gottes Namen Franzosenknechte, und gebt mir ein

Schwert, daß ich darein falle und die einige Schmach meines Volkes nicht länger sehe…“

„Noch einmal, deutsche Männer und Landsleute, ein Wort des tiefsten Ernstes zu euch. Soll ich alles für Aberwitz halten, was ich deutsch geredet habe? Soll ich meinen Stolz, meine Zuversicht aufgeben auf mein Volk? Nein, das kann ich nicht… Es fehlt uns nicht an kühnen Herzen, nicht an geistvollen Köpfen, nicht an idealen Führern; aber alles steht vereinzelt, und so erkaltet das Edelste und Frischeste in seiner starren Einsamkeit… Weil wir die schönste, die unwiederbringlichste Zeit verträumt und verschlafen haben, weil wir auf den großen Punkt unserer Herrlichkeit und Stärke noch nicht hinwiesen, als noch kein Tyrann uns verbot, deutsch zu denken und zu reden, so bleibt uns jetzt nur das stille Einverständnis der besseren Herzen und Köpfe, daß innere Zwietracht zerstört, daß deutsche Verzweiflung beseelt, daß deutsche Begeisterung geweckt werde, damit die Gewalt von außen an uns zerbreche… Dahin strebe das Leben, dahin die Erziehung, damit unsre Söhne die Freiheit tapfer wiedergewinnen, die wir dumm hingegeben haben.

Gesindel wird schreien gegen mich – dummes, mattes, deutsches Gesindel wird schreien über den sprudelnden Tollkopf und hirnverbrannten Phantasten. Das Gesindel wird ihn des Hasses zeihen und des Ehrgeizes, und wird ihm mit milder und menschlicher Ansicht der Geschichte, mit ruhiger Abwägung der Dinge, mit frommer Hoffnung auf die Zukunft, mit erbaulichen Gleichnissen früherer Zeit entgegenkommen.

Schreie, Gesindel! schilt mich und verdamme mich, denn du hast recht. Ja, ich hasse, es ist meine Lust und mein, Leben, daß ich noch hassen kann; ich hasse innig und heiß… Wie sollte der Mann nicht hassen, der in der Welt etwas thun und wirken will? Denn welcher Mensch kann lieben ohne Haß? Und ich liebe mein Vaterland, seine Ehre und Freiheit über alles; ich liebe meine Freiheit; ich liebe die Heiligtümer, welche die vergangenen Jahrhunderte uns zu bewahren überliefert haben, ich liebe die Wissenschaft und das Licht, welche Despotismus von der Erde vertilgen möchte… Darum will ich Haß auf Leben und Tod, Haß, den einzigen, gewaltigen Retter und Helfer…"

„Ich brenne vor Ehrgeiz. Auch da saget ihr recht. Ja, ich brenne von einem edlen Geiz. Das Herz, das nicht nach Unsterblichkeit lechzet, als nach dem göttlichsten Besitz, wird nimmer Großes vollbringen. Ich liebe die Unsterblichkeit, darum liebe ich Freiheit, Licht und Gesetz. Aber ihr, die ihr klein denkt und richtet, wie ihr klein thut und leidet, gebt mir ein freies, glorreiches Vaterland, und nie mag mein Name genannt werden, als in meinem Hause und bei meinem Nachbar; gebt mir nur ein Plätzchen in Germania, wo die Lerche über mir singen darf, ohne daß sie ein Franzose herabschieße; gebt mir ein Häuschen mit einem Gartenzaun, wo mein Hahn krähen darf, ohne daß ein Franzose ihn bei den Fittchen fasse und in seinen Topf stecke, und ich will fröhlich singen wie die Lerche und krähen wie der Hahn, wenn auch ein Leinenkittel meinen Leib bedeckt.

Fahre denn hin Nichtigkeit! und Stärke lebe! Haß beseele, Zorn entflamme, Rache bewaffne uns! Laßt uns vorgehen für unser Land und unsere Freiheit, auf daß unsere Kinder ein freies Land bewohnen! Männer, auf! und seid gerüstet! Ihr dürfet nicht leben als Sklaven."

Siebentes Kapitel

Kreuz- und Querzüge

Arndt war im Oktober 1809 in der Heimat angelangt. Noch lag Deutschland zertreten. Die Erhebung Österreichs, die in diesem Jahre so fröhliche Hoffnung erregt hatte, war nicht zur Befreiung Deutschlands, sondern zu einem neuen schimpflichen Frieden mit Napoleon ausgeschlagen. Was Hofer in Tirol, Dörnberg in Hessen, Schill in Preußen zur Abschüttlung der Franzosenketten unternommen hatten, schien alles vergeblich gewesen zu sein. Von Süd nach Nord, von West nach Ost seufzte Deutschland unter dem Druck. Auch Pommern stand unter der Herrschaft der Franzosen. Mecklenburger, die nun auch Rheinbündler geworden waren, hielten das Land besetzt, französische Beamten und Späher streiften umher. Was für ein prächtiger Fund wäre es für diese gewesen, wenn sie auf Arndt gestoßen wären, diese gewaltige Posaunenstimme gegen die Zwingburg der Napoleonischen Herrschaft! Arndt saß in einem einsamen Stübchen des väterlichen Hauses versteckt und verborgen, den meisten Gehenden und Kommenden ein Geheimnis. Wenn die Nacht hereingebrochen war, dann erst wagte er sich hinaus und lustwandelte mit Bruder, Schwester oder Base im Baumgarten oder Wald. Einmal nur während dieses Aufenthalts ward ein Ausflug unternommen auf das Gut des ältesten Bruders. Da hielt es Arndt für notwendig, mit Mänteln und Mützen sich zu vermummen und zu verkappen und wie einen alten Mann auszustaffieren, auch den Bart vorher so lange wachsen zu lassen, dass, wie er sagt, der Teufel selbst ihn kaum gekannt haben würde. Unterwegs wagten sie wie Flüchtige nicht unter dem Dache wirtlicher Menschen, sondern nur unter schattigen Bäumen in den Tiefen des Waldes einzukehren.

Das Leben war ihm doch zu mönchisch und knechtisch, nicht frei und offen in die Welt treten zu dürfen, während das Herz in mächtigen Gefühlen bewegt war. Er ging nach Berlin. In der großen Stadt hoffte er zwar verborgen, aber doch frei leben und studieren zu können. Er hatte einen lieben Jugendfreund und Landsmann dort, den Buchhändler Georg Reimer, einen trefflichen deutschen Mann, der wie Arndt mitten in der Knechtschaft an die Freiheit glaubte und für dieselbe wirkte. Er war eine der starken Seelen, aus deren Tiefen damals die Hoffnung besserer Zeiten wunderbar aufblitzte; eines Bürgers Sohn, schlicht, fromm, treu, aufopfernd, klug, mutig, auf stillen Wegen und ohne Geräusch allezeit ein Wecker deutscher Gesinnung. An ihn hatte sich Arndt gewandt, dass er ihm eine Wohnung ausmache, und etliche Wochen vor Weihnachten kam er in Berlin an, einen Tag vor dem Einzug des Königs und der Königin in der Stadt. Die drei Jahre seit der Schlacht bei Jena, die Arndt hin und her gezogen war, hatte das Königspaar im fernsten Osten des Reiches zugebracht, und erst jetzt hatten die Franzosen wieder so viel Raum gemacht, dass es seinen Einzug in die Hauptstadt halten konnte. Arndt mischte sich auch unter die Weinenden und Jubelnden. „O mehr Augen waren naß vor Wehmut und Schmerz, als vor Freude", erzählt er. „Der schönen Königin, die sich dem begrüßenden Volke im Fenster zeigte, sah man an den rotgeweinten Augen den tiefen Gram in der Wonne an. Denn wo waren die alten siegklatschenden Adler hingeflogen? Meine Augen suchten Scharnhorst, der blaß und verschlossenen Blickes und vornüber gebückt sich von seinem Rosse unter andern Generalen ruhig forttragen ließ."

Der Königin brach bald darauf das Herz. Sie hat nur vom Himmel her schauen dürfen, dass ihr Deutschland, das sie so heiß geliebt, frei ward und in Tagen der Befreiung auch ihrer nicht vergaß. Und schon regte sich's mächtig im Volke; Preußen war daran, wiedergeboren zu werden, abzuwerfen das alte Wesen, das es bei Jena zu Fall gebracht, anzuziehen das neue, durch welches es über Napoleon siegte und nach Paris zog. Arndt kam mitten in das wunderbare Triebleben im damaligen Berlin. Der Minister vom Stein, jetzt freilich von Napoleon geächtet in Österreich lebend, hatte dem Staat neues Leben eingehaucht, indem er das Volk frei machte von allerlei Fesseln, indem er die Kräfte des Bodens hob und den Volksgeist belebte. Scharnhorst mit seinen Genossen hatte Grund gelegt zu einem neuen Heer, das aus dem Kern des gesamten Volkes hervorgehen und zu jeglicher Tüchtigkeit herangebildet werden sollte. Und dem Streben der Regierung kam die Lust und Liebe der besten Männer entgegen. Man hat in Deutschland in alter und neuer Zeit über deutsche Professoren gespöttelt, als über ein wundersam Völklein, das in seinen Büchern vergraben, in seinen hohen Gedanken eingesponnen, wenn es zum Handeln in den großen Gefahren des Vaterlandes komme, nicht zu brauchen sei. Man soll über keinen Stand spötteln, dem Gott einen Beruf angewiesen. Aber vor den deutschen Professoren, wie damals etliche in Berlin und sonst ihre Stimme erhoben, soll man den Hut in Ehrfurcht abziehen. Arndt war auch ein deutscher Professor, und in Berlin war Fichte, war Schleiermacher. Fichte, der mitten unter den Franzosen, von ihren Bajonetten bedroht, von ihren Lauschern umgeben, in öffentlicher Versammlung „Reden an die deutsche Nation" hielt, in denen er die Mittel und Wege andeutet, wie die Totengebeine des deutschen Volkes, durch einen Hauch von oben angefasst, wiedererstehen könnten zu einem lebendigen Leibe, der die Ketten abschütteln würde. Schleiermacher, der von der Kanzel Frömmigkeit in das entartete Geschlecht pflanzte und durch sein ganzes Reden und Handeln in Berlin den tüchtigen, mutigen deutschen Geist weckte. Und zu solchen Ministern und Generälen und Professoren gesellten sich damals schlichte Bürger, wie Reimer, stärkten sich die Herzen einander zum Hass und zur Liebe und übten sich in den Waffen, um zur rechten Stunde losbrechen zu können. Arndt ward von Reimer in das Schützenhaus mitgenommen und hier und sonst freute er sich, wie ein neues Deutschland unter dem Schutte des alten zu keimen begann.

Um Ostern 1810 verließ Arndt Berlin. Pommern war an Schweden zurückgegeben und Arndt in seine Stelle als Professor in Greifswald wieder eingesetzt. Er trat sie noch einmal an, nicht mit der Lust auf ihr auszuharren. Aber es tat seinem bürgerlichen Ruf gut, dass er wieder einmal in ein festes Amt trat, auch hatte er in seinen Haus- und Familiengeschäften mancherlei zu ordnen. Er ordnete aber seine Angelegenheiten sogleich so, dass er zu jeder Zeit wieder wandern könnte. Schon im Sommer 1811 war er so weit; er hatte seine Entlassung, packte Bücher und Gerät und ging nach Trantow. Es waren in Greifswald keine hellen Zeiten gewesen. Zwar fehlte es an Freunden nicht, die mit ihm in dem Hass gegen Napoleon, in der Liebe zu Deutschland zusammenstimmten. Wie manchmal haben die Männer, in der Hoffnung besserer Zeiten, auf die tapfern Spanier und Wellington angeklungen, der in Spanien dem Heere Napoleons Blatt um Blatt aus seinem Ruhmeskranz zerpflückte! Aber die Franzoserei hatte auch in Greifswald um sich gegriffen und liebste Menschen, wie sein alter Freund Kosegarten und sein Schwiegervater Quistorp, waren von Napoleon bezaubert. Arndts Söhnlein war zu einem echt deutschen Jungen herangewachsen. Als er aber einst gesagt: „Die großen Deutschen sollten die kleinen Franzosen alle totschlagen", züchtigte ihn der Großvater mit den Worten: so ein kleiner Naseweis müsse das Maul halten. Arndt hielt es in Greifswald nicht länger aus. Er harrte in Trantow der Dinge. Es war ihm gelungen, Empfehlungen an den russischen Gesandten Grafen Lieven in Berlin zu erhalten. Russland und England standen damals allein noch als selbstständige Staaten. Gleich nach Neujahr 1812 fuhr er nach Berlin hinüber und erhielt von dem Grafen einen Pass für Russland. Dann kehrte er nach Trantow zurück. „Vierzig Jahre bin ich alt und darüber", schrieb er damals an Charlotte von Kathen, „und wer weiß, was aus den fünfzehn, zwanzig Jahren wird, die ich etwa noch mit Saft und Kraft leben könnte? Doch kann ich nicht wanken von meinem Willen und meinem Glauben und auch nicht wanken von der Hoffnung, die mich doch nur selten verläßt!" Er bedurfte der Hoffnung, denn die Zeit war böse. Es war am 26. Januar 1812, da saß Arndt an der fröhlichen Tafel des Propstes Barkow in Boitz. Eine neue Kirchenorgel war eingeweiht worden und der Propst hatte liebe Freunde, darunter Arndt, seine Brüder und seinen Schwager, zu einem festlichen Mahle geladen. Da kommt ein reitender Bote, von einem Freunde in Greifswald gesandt: die Franzosen rückten ins Land. Die Gäste erblassten und Arndt ergrimmte. Mit einem Freunde, der mit beim Feste war, dem Freiherrn Munk, fährt er in derselben Nacht gen Stralsund, Gelder einzukassieren und schläft bei ihm in Brandshagen bei Stralsund die folgende Nacht. Am andern Morgen schied er von dem Freund, und seine treffliche Gemahlin gab ihm beim Abschied drei Dukaten mit den Worten: Da lieber Freund, das ist gut zu einer Pistole! Und nun ging's über Greifswald, wo es schon von Franzosen wimmelte, nach Trantow zurück, teils auf Schlitten, teils zu Fuß auf unbetretenen Pfaden. Durch eine Hintertür schlüpfte er ins Haus, in welchem schon französische Offiziere und Gemeine eingekehrt waren, aber von Arndts Brüdern mit Wein und Branntwein beschäftigt wurden. Die ganze Nacht ward zwischen den Papieren gekramt und gepackt. In der Morgenfrühe eilte er wieder zur Hintertür hinaus in den Garten. Seine alte Base, die geliebte Schwester, sein Sohn hingen sich an ihn, er musste sie abschütteln und wegschieben und eilte fort. Und als er ein Stücklein gegangen war, kam sein Kind weinend und heulend hinter ihm hergelaufen, und es tat ihm süß und wehe, und er segnete und fluchte zugleich. Dann drückte er sein liebes Kind noch einmal an die Brust und schritt über den knirschenden Schnee nach der Peene und über den gefrornen Fluss ans preußische Ufer. Da betete er zu Gott für sein Land und bat um eine ganz helle Sonne als ein Zeichen, und siehe, die Sonne ging hell auf am Himmel wie ein großes Feuerrad und er freute sich sehr, stand stille und betete noch mehr. Zwei schöne Wochen verlebte er bei einem Freunde in Klempenow an der Tollense. „Nur Not und Verderben", schrieb er von dort an Charlotte von Kathen, „kann uns von den Sklavenfesseln dummer Gewohnheit erlösen, damit wir die Augen und Herzen zu etwas Höherem erheben und uns in kühner Gefahr an Bande festgreifen, die zum Himmel erheben, aber auch vom Himmel herunterfallen lassen können. Beten Sie für die Sache der Freiheit." Und für diese Sache kam er Mitte Februar nach Berlin.

Da war dasselbe Leben, das er schon vor zwei Jahren dort kennen gelernt, nur bewegter, denn man stand vor einer großen Entscheidung. Ein furchtbares Gewitter hatte sich wieder über Europa zusammengezogen. Der französische Kaiser konnte es nicht länger leiden, dass es einen russischen Kaiser gebe, der noch ein selbstständiges Dasein hatte. Napoleon hatte gegen Russland Krieg gerüstet, und in Preußen waren alle Herzen gespannt, auf welche Seite der König sich stellen würde. Die Tapfersten und Mutigsten waren längst voll Lust loszuschlagen, in aller Stille hatte sich in dem gebeugten Volke eine furchtbare Macht nicht bloß des Hasses in den Herzen, sondern auch wohleingeübter Streiter gebildet. Aber noch einmal hatte der König sich mit Napoleon verbinden müssen. Viele der besten Offiziere begehrten ihren Abschied und der König gewährte ihn gnädig. Die meisten wandten sich nach Russland. Arndt, dessen Bleiben in Berlin auch nicht war, ward von dem Obersten Grafen Chazot nach Breslau mitgenommen.

Das war Mitte März 1812. Dort war es nicht minder lebendig als in Berlin. Namentlich trafen in der Stadt viele der bedeutendsten Männer des Heeres zusammen. Dort sah Arndt zuerst Blücher, den Greis in der Kraft und Glut des Jünglings, heiter und scherzend bei fröhlichen Gelagen, aber doch im tiefsten Grund voll Ernstes und Zornes, der in Jahresfrist ausbrechen durfte gegen die Franzosen. Dort wurde er aufs freundlichste von Scharnhorst, dem Neuschöpfer des preußischen Heeres, aufgenommen und verlebte mit ihm und seiner Tochter Julie und deren Gemahl, dem Grafen Friedrich zu Dohna, keimkräftige Stunden, in welchen die Hoffnung des Vaterlandes immer aufs Neue besprochen wurde. Es sah nun wieder so traurig aus – und doch in Jahresfrist wird von Breslau die Freiheit Preußens und Deutschlands ausgehen.

Endlich musste Arndt auch von hier weiter, da Napoleon schon von Dresden aus gen Russland sich wandte. Er richtete seinen Lauf gen Prag. Zu Fuß wanderte er über das Riesengebirge. Wie gut kam es ihm jetzt zu statten, dass er sich in seiner Jugend abgehärtet hatte, dass er mit wenig Schlaf und geringer Kost sich allezeit rüstig auf den Beinen hielt. Am 15. Juni verließ er Breslau und wanderte in den Tagen, da die Natur in der ganzen Fülle des Wachstums strotzt, in den lieblichen prächtigen Gegenden diesseits und jenseits des Riesengebirges umher. Täglich sechs, sieben Meilen, abends ein Lager auf dem Heu, von welchem die Hähne ihn früh wieder weckten – das minderte seine Lust nicht. Da er eines Tages die Ärmel in der Sonnenhitze heraufgezogen hatte, verbrannte er sich die Arme, dass sie dick anschwollen und ihm lange Schmerz verursachten. Aber er blieb fröhlichen Mutes. Er trank aus der Quelle der Elbe und betete inniglich zu Gott, dass der Trunk ein Trunk der Freiheit sein und der Strom von einem Ende bis zum andern bald ganz entfesselt fließen möge. Er lag auf der Schneekoppe eine Stunde und schaute in die Welt hinab und träumte und pflückte Blumen, sie denen zu senden, die seine Seele lieb hatten. Auch begegnete ihm auf diesen Wanderungen eine lustige Geschichte. Sie erinnert an die Schweizerjünglinge, die mit Luther zu Jena im Bären ein Glas Bier getrunken, ohne ihn zu kennen und kurz darauf ihn bei Philipp Melanchthon in Wittenberg wieder fanden und nun erst merkten, wem sie damals Bescheid getan. In Adersbach saß Arndt bestäubt an Lenden und Füßen bei einem Schöppchen Ungarischem. Zwei preußische Offiziere mit wehenden Federn auf dem Hut kommen auf prächtigen Pferden, einen Diener hinter sich, angaloppiert, befehlen Brot und Wein und beginnen Arndt, den sie für einen Handwerksburschen halten, mit vornehmen Einfällen und Fragen zu foppen. Arndt stellt sich anfangs sehr dumm und gibt Antworten, die unter dem Handwerksburschen sind. Allmählich aber geht er in einen andern Ton und Sprache über. Die Herren werden verlegen – und wie staunen sie, als sie wenige Tage darauf ihre ehrerbietige Aufwartung bei General Scharnhorst in Bad Kudowa machen und der Handwerksbursche neben dem Feldherrn sitzt! O du Fußwanderglückseligkeit! ruft da Arndt aus, o du göttliche Freiheit und Gleichheit des Lebens auf der Landstraße, wo man alles und nichts ist! Zuletzt aber musste diese Glückseligkeit, damit die Reise rascher vorangehe, doch noch mit der Post vertauscht werden. Arndt kam am 8. Juli nach Prag.

Hier traf er den preußischen Polizeipräsidenten Gruner, einen Franzosenfeind, der Berlin verlassen gemusst und nun hier in Prag während des russischen Krieges dem Napoleon hinter dem Rücken zu schaden suchte durch Anknüpfung von Verbindungen gegen den Tyrannen in ganz Deutschland, bis ihn die Österreicher, abermals mit Napoleon verbündet, aufhoben und in eine ungarische Festung brachten, aus der ihn erst die Siege über Napoleon wieder befreiten. Gruner wartete sehnlich auf Arndt, denn der Minister vom Stein, jetzt im Rat des Kaisers Alexander in Petersburg, verlangte den Mann zu sich, der so tapfere Bücher gegen Napoleon geschrieben hatte. Da durfte denn nicht gesäumt werden. Aber wie nach Russland kommen, nun der Krieg erklärt und schon im Gange war? Sie trieben einen kleinen Kaufmann auf, einen gebornen Wiener, der gewohnt war als Schmuggler in jenen Ländern hin- und herzufahren und eben eine Reise nach Brody in Galizien vorhatte. Arndt erbot sich, die Reisekosten zu bezahlen, wenn der Kaufmann ihn als seinen Diener auf den Pass setzen lasse und mitnehme. So geschah's. Der Kaufmann als Herr lebte auf Arndts Kosten herrlich und in Freuden und dieser als bescheidener Diener blieb manchmal im Regen auf der Straße mit einem Butterbrot um den Wagen beschäftigt, nur dass er nicht erkannt werde. In Russland reiste er dann in Gesellschaft eines Grafen von der russischen Gesandtschaft, der später Napoleon als Wächter nach St. Helena zu begleiten hatte. Es war eine lange beschwerliche Fahrt. Die Hitze war groß, die Zahl der

Flöhe mehr als Legion. Manchmal stiegen die Reisenden aus, gingen in den ersten besten Wald oder Busch, sich fast nackt auszuziehen und das Ungeziefer abzuschütteln. Oft war das Essen schlecht und immer unmäßig teuer. Aber Arndt, der Land und Leute gern beobachtete, sah doch viel Ergötzliches, in den Provinzen, da die Juden in großer Zahl wohnen, jüdische Aufzüge und dann im eigentlichen Russland kriegerische Bilder. So ging's nach Kiew, der alten Russenstadt, so nach Smolensk, wo sie mitten in das Kriegsgetümmel kamen. Da fand Arndt wieder gute deutsche Herzen und Degen, seinen Landsmann Gustav Barnekow aus Rügen, Leo Lützow und vor allen den Grafen Chazot, der ihn mit an die Tafel des Generals Herzog von Württemberg nahm und ihm nachts gerne einen Raum auf der Streu neben sich gönnte. Von Smolensk ging's weiter nach Moskau, wo Arndt den Statthalter Rostopschin kennen lernte, der im Winter darauf die Stadt in Flammen aufgehen ließ und Europa ein Feuerzeichen nahender Freiheit gab. Die letzte Fahrt, von Moskau nach Petersburg, Tag und Nacht, war die beschwerlichste, denn der Wagen rollte über Knüppeldämme und gab gewaltige Stöße. Und wollten die müden Augen sich dennoch schließen, so verbot es die Wachsamkeit. Denn das Volk dort war diebisch, und sollte Arndt von seinen Dukaten noch etliche mit nach St. Petersburg bringen, so musste er die Augen darauf lassen. Ende August fuhr er in der russischen Hauptstadt ein und sogleich geradewegs zur Burg des Ministers Freiherrn vom Stein. Welche Wanderung und Wandelung von der Flucht aus dem väterlichen Hause bis zum Eintritt in die Wohnung dieses Gewaltigen!

Achtes Kapitel

Stein

Arndt hatte in den Jahren, da Napoleon Deutschland gefesselt hielt, manchmal auf einen Mann gehofft und geweissagt, der durch Geist, Mut und Kraft die deutschen Herzen gewinnen, die deutschen Hände ineinander fügen, das deutsche Volk mit einer lichten Begeisterung durchflammen würde zum Kampf gegen den Unterdrücker. Gott hat ihm Hoffnung und Weissagung erfüllt. Wie viele tapfere Männer in der Stunde der Entscheidung zusammengestanden haben, Deutschland zu befreien – der Gewaltigste unter ihnen, des Rechtes Grundstein, des Unrechtes Eckstein, des deutschen Volkes Edelstein, wie ihn die dankbaren Deutschen genannt haben, ist Stein. Vor ihm stand nun Arndt, von ihm war er berufen, die Kraft seines Wortes in dem Kampf gegen Napoleon einzusetzen, mit ihm hat er gemeinsam gewirkt in den Jahren, da Napoleons Stern unterging. So lange Stein lebte, war er Arndt in herzlicher Liebe zugetan, und Arndt hat bis in die letzten Jahre seines langen Lebens dem deutschen Volke immer aufs Neue Stein hingestellt als den herrlichsten Mann, den uns Gott in den Tagen der Not und Errettung gegeben.

Heinrich Friedrich Karl vom Stein war am 26. Oktober 1757 zu Nassau an der Lahn aus einem alten reichsfreiherrlichen Geschlecht geboren, das dort Stammsitz und Güter hatte. Unter der Hut eines kräftigen, redlichen, ritterlichen, deutschen Vaters, unter der Pflege einer frommen, tätigen

Mutter von hellem Geiste und warmem Herzen wuchs der Knabe auf. Seine Heimat ist eine der waldesfrischen Gegenden, an denen Deutschland so reich ist, und auf den bewaldeten Bergen, die an den Ufern der Lahn sich erheben, hat der Knabe sich wacker getummelt, den Leib gekräftigt, die Seele erfreut und die Heimat herzlich lieb gewonnen. Dabei versäumte er nicht, etwas Tüchtiges zu lernen und den jugendlichen Geist mit der besten Geistesnahrung zu stärken. Früh hatte er besondere Lust, die großen Vorbilder, welche die Geschichte vergangener Zeiten aufweist, zu betrachten. Der Wunsch, seinem Vaterlande als ein tüchtiger, redlicher Mann zu dienen, glimmte in ihm und ward zur rechten Zeit zur lodernden Flamme. In den Jünglingsjahren besuchte er die damals berühmteste Hochschule Deutschlands, Göttingen, machte sich in den Wissenschaften heimisch, die am meisten zum Staatsdienst befähigen, und in inniger Gemeinschaft mit gleichgesinnten Freunden nährte er den Sinn, der nicht darauf gerichtet ist, vor allem der eigenen Person ein behagliches Dasein zu schaffen, sondern darauf, dass das Vaterland groß, frei, glücklich unter den Völkern stehe.

Gelegenheit zu einem behaglichen Dasein war schon dem Jüngling gegeben. Obwohl der zweitjüngste unter zehn Geschwistern, war er doch von den Eltern zum Haupterben und Stammhalter der Familie bestimmt, offenbar, weil sie ihn für den Geeignetsten hielten, die Ehre und den Besitz der Familie zu erhalten. Er hätte nun auf seinen Gütern bleiben und denken können, die Verwaltung derselben, die Sorge für seine Untergebenen sei Beruf genug für ihn. Aber er suchte einen größeren im öffentlichen Dienste. Wo sollte er sich hinwenden? An der Kleinstaaterei hatte er keine Freude und die Luft der kleinen Höfe Süddeutschlands, wie sie damals war, gefiel ihm schlecht. Der Spross eines Reichsrittergeschlechts, das keinen andern Herrn über sich hatte, als den Kaiser, hätte am liebsten dem Kaiser und Reich gedient. Aber der Kaiser war schon damals ein mehr österreichischer als deutscher Kaiser, und das alte deutsche Reich war morsch geworden und hatte keine Stelle, wo ein junger, großherziger Mann mit voller Lust seine Kraft hätte einsetzen können. Er besuchte das Reichskammergericht in Wetzlar, den Reichstag in Regensburg, den Reichshofrat in Wien: überall alte Schläuche, die für den jungen Most nichts taugten. Aber aus dem Norden Deutschlands glänzte damals ein heller Stern, Friedrich der Große, der Preußen aus einem kleinen Staate zu einer Weltmacht emporgehoben hatte. Dorthin wandte sich Stein und fand, was er suchte: eine tüchtige Arbeit im Dienste eines großen deutschen Staates. Zunächst ward er in Bergwerkssachen verwandt, als ob Stein, der schon fest war wie Granit und scharf wie Eisen, durch die Beschäftigung mit dem Steinreich sich immer mehr hätte kräftigen und schärfen sollen. Mit außerordentlichem Fleiße und Geschick hat er sich in diesen Zweig des Staatsdienstes hineingearbeitet, unermüdlich aus den besten Büchern sich unterrichtet, durch Reisen sich Erfahrungen gesammelt. Dabei war es eine günstige Fügung Gottes, dass er seine ersten Ämter zu Wetter an der Ruhr, zu Kleve, zu Minden bekleidete, in Gegenden, wo seinem eigenen Wunsche, ein freies, selbstständiges und selbsttätiges, frommes und sittliches Volk zu erziehen, der Volksgeist entgegen kam, der auf freie Einrichtungen in Kirche und Staat und Gemeinde gerichtet war, mit der treusten Hingebung an den König das Gefühl selbstständiger Kraft verband, das der deutsche Mann überall haben soll.

Wie mächtig die Liebe zum deutschen Vaterlande in Steins Herzen brannte, das zeigte sich zuerst recht offenbar,als die Franzosen im Jahre 1792 plötzlich in dem schlecht verteidigten und rasch übergebenen Mainz einrückten Er war damals Kammerdirektor in Kleve und auf einer Reise in die Heimat begriffen, als er die Nachricht erhielt. Alsbald trat er mit seinem Bruder, dem preußischen Gesandten beim Kurfürsten in Mainz und mit dem hannöverschen Feldmarschall Wallmoden in Gießen zusammen, um zu beraten, was zu tun sei. Er schaffte Geld, die Angelegenheiten weiter zu betreiben, er drang in die Landgrafen von Kassel und Darmstadt, dass sie Soldaten stellten, schloss sich dann dem Zuge seines Königs, Friedrich Wilhelm II. an, um das ebenfalls von den Franzosen genommene Frankfurt zu befreien. Er war Zeuge, wie die tapfern Hessen das Eschenheimer Tor stürmten, er hatte die Freude, dass das Land gegen Mainz hin wieder gesäubert und die Wiedereinnahme von Mainz betrieben ward. Als die Dinge in dieser Gegend sich befriedigend gestalteten, eilte er den Rhein hinab und fand die Franzosen schon der Festung Wesel gegenüber, schon im Besitz der Insel Büderich und in der Festung schon eine Stimmung, die von Übergabe sprach. Da geriet Stein in einen mächtigen Zorn, bewaffnete die Trainknechte, die ihm zur Verpflegung des Heeres untergeben waren, steckte sie in Uniform, stellte sich an ihre Spitze und trieb die Franzosen von der Insel hinweg. Preußen trat schon im Jahre 1795 durch den Frieden von Basel aus der Reihe der Mächte, welche gegen Frankreich kämpften. Stein diente in den folgenden Jahren, namentlich als Oberpräsident in Minden, seinem König in einer unermüdlichen, ausgebreiteten Tätigkeit für Hebung des Volkes. Und wenn, so lange Preußen Frieden hielt, seine Lust, gegen Frankreich zu kämpfen, zurückgedrängt werden musste, so blieb doch in seiner Brust die Flamme der Liebe zum Vaterlande lodernd, die nichts mehr wünschte, als Deutschland von dem französischen Einflusse und der französischen Herrschaft befreit zu sehen. Im Jahre 1804, um dieselbe Zeit, als Napoleon sich die Kaiserkrone aufsetzte, ward Stein als Minister nach Berlin gerufen. Hier hat er mit andern auf eine offene, mutige Politik Preußens gegen Frankreich gedrungen, aber zunächst ohne Erfolg. Er musste die Tage von Jena und Auerstedt erleben. Stein rettete, als die französischen Scharen sich in das Land wälzten, die Kassen und eilte nach Danzig. Er hielt treu in diesen Tagen des größten Unglücks an dem König und suchte durch kräftige, mutige Ratschläge zu retten, was noch zu retten war. Aber Stein war rasch zufahrend, der König bedenklich, Stein wollte die durchgreifendsten Mittel angewandt haben, der König hielt gern gemesseneren Schritt als sein Minister, Stein sah nur auf den großen Zweck, dass das Vaterland gerettet werden müsse, der König bedachte zu viel das Einzelne. Das führte zum Bruch zwischen dem König und seinem Minister, in einer Zeit, wo jener diesen am nötigsten brauchte, dieser jenem am liebsten diente. Der König sagte Stein auf gut Deutsch seine Meinung, Stein antwortete auf gut Deutsch und nahm seine Entlassung. Statt mit dem König nach Memel zu gehen, kehrte er auf seinen Stammsitz Nassau zurück.

Das war im Frühling 1807. Aber schon im Sommer kamen Briefe, die den herrlichen Mann in des Königs Dienst inständig zurückriefen. Und er zögerte nicht, vergaß alles, was ihm bitteres geschehen war, und eilte wieder zu seinem König. Dieser kam ihm nun vertrauensvoll entgegen, und Stein ward vergönnt, in etwas mehr als einem Jahre Außerordentliches zu tun für die Wiedergeburt des preußischen Staates und damit für die Abwerfung der französischen Ketten. Er war von der Überzeugung durchdrungen, dass das Volk frei sein müsse in sich selbst, wenn ihm zugemutet werden solle, für die Befreiung von dem Nationalfeind große Opfer zu bringen. Es müsse fühlen, dass es sich nicht nur um eine Sache des Königs, sondern um eine Angelegenheit des ganzen Volkes handle. Darauf arbeitete nun Stein hin, dass alte Fesseln, welche das Volk hemmten, seine ganze Kraft zu entfalten, weggenommen würden. Die Leibeigenschaft und Hörigkeit ward abgeschafft und dem Bauer freier Grund und Boden gegeben. Die Gemeinden erhielten Ordnungen, ihre Angelegenheiten selbst zu verwalten. Sein Ziel war, dem gesamten Volke eine Vertretung zu schaffen, die dem Könige helfend zu des Volkes Wohlfahrt zur Seite stünde. Was Scharnhorst für das Heer tat im Einverständnis mit Stein, das tat dieser für das ganze Volk. Es sollte äußerlich gehoben werden durch Verbesserung seiner materiellen Lage, innerlich durch bessere Erziehung, durch Pflege der Religion, durch alle Mittel, welche einen frommen, gesunden, kräftigen und freien Volksgeist zu erwecken imstande sind. Und Alles was Stein zur Erneuerung des Volkes tat, das tat er in dem Gedanken, dass das erneuerte Volk die Franzosen aus dem Lande jagen würde. Wie in Arndt, so brannte in Stein der Hass gegen Napoleon unauslöschlich. Als nun aber französische Spione einen Brief aufgefangen hatten, in welchem Stein offen seine Hoffnung ausgesprochen, es werde das deutsche Volk sich noch einst gegen Napoleon erheben, da wurden die französischen Machthaber, die in Preußen schalteten und walteten, wütend, und Stein bat, damit das Land nicht um seiner Person willen größeres Unglück erfahre, um seine Entlassung. Der König zögerte damit lange und gab sie endlich, nachdem er Steins Ratschläge angenommen und in Gesetzen und Verordnungen dem Staat hatte zugutekommen lassen. Gleich darauf kam aus Madrid, wo Napoleon sich damals aufhielt, den Kampf gegen Spanien zu erneuern, ein Dekret, in welchem der übermütige Zwingherr den deutschen Minister, weil er Unruhe in Deutschland zu erregen suche, zum Feind Frankreichs und des Rheinbundes erklärte und befahl seine Güter weg- und seine Person, wo sie getroffen würde, fest zu nehmen. Der französische

Gesandte in Berlin erhielt mit dem Dekret den Auftrag, mit Preußen zu brechen, wenn Stein sich noch im Lande oder gar im Dienste befände.

So war denn Stein in Acht und Bann und musste über die Grenze in kalter Winterzeit zu Anfang des Jahres 1809 nach Böhmen fliehen. Nun, nachdem ihn Napoleon vor der ganzen Welt mit seinem Hasse gezeichnet hatte, stand Stein vor dem deutschen Volke erst recht als des Rechtes Grundstein und des Unrechtes Eckstein. Das Volk fragte: warum verfolgt Napoleon einen einzelnen Mann mit einem so grimmigen Hasse? Und gab sich die Antwort: weil dieser einzelne Mann für Tausende gilt im Kampf gegen den Zwingherrn. Die Freunde Steins jauchzten ihm zu als dem Märtyrer für die deutsche Sache, und viele, die zuvor seinen Namen nicht gehört, waren nun für den herrlichen Mann begeistert. Gleich im ersten Jahre seines Aufenthaltes in Böhmen und Mähren raffte sich Österreich auf, das französische Joch abzuschütteln. Da hatte Stein Herzensfreude an dem guten Geiste, der die Völker Österreichs durchdrang und benutzte seine Verbindungen in Preußen und im übrigen Deutschland, den Anstrengungen Österreichs Nachdruck zu gehen. Noch einmal diente die Erhebung gegen Napoleon nur zu größerer Demütigung. Stein musste ein paar Jahre in Acht und Bann bleiben, und in dem Schmerze über das Vaterland hatte er nur die Erquickung, dass er seine Lieben um sich sah und mit ihnen ein friedlich schönes Leben führen konnte. Endlich, als Napoleon gegen Russland sich aufmachte, ward Stein in ein großes, tätiges Leben hineingerufen. Der Kaiser Alexander schrieb ihm im Frühling 1812 und bat ihn inständigst, ihm seine Ratschläge für den Kampf gegen Napoleon schriftlich mitzuteilen, oder lieber selbst zu kommen. Stein ging nach Russland. Er nahm keine feste Anstellung an, sondern stand ein freier Mann dem Kaiser zur Seite, besonders von der Hoffnung erfüllt, im Laufe des Krieges für Deutschlands Befreiung wirken zu können, eine Hoffnung, die sich reichlich erfüllte. Kaum war er angekommen, so übergab er dem Kaiser schon seine Vorschläge. Darunter war der, Arndt herbeizurufen, dass er durch Flugschriften und Lieder die Deutschen entflamme, deren eine große Anzahl sich in Russland zum Kampfe gegen Napoleon eingefunden hatte und einen neuen Abdruck von Arndts „Geist der Zeit", zweitem Teil zu veranstalten, der mit einer erschreckenden Wahrheit geschrieben sei und den Gruner von Prag aus über Deutschland verbreiten könne.

Arndt war auf Steins Ruf gekommen, und stand vor ihm, der Bauernsohn vor dem Reichsfreiherrn, der Schriftsteller, der nichts hatte als das in Liebe und Hass volle Herz und die mächtige Mannesrede, vor dem hochgebietenden Minister und vertrauten Rat des Kaisers. O herrliche Zeit, wo die Not des Vaterlandes und der Drang es zu retten, die Gewaltigen und die Schlichten über alle Unterschiede der Geburt und der Stellung zu inniger Freundschaft rasch zusammenführte! Sie waren sich ebenbürtig. Wie kam's, dass Stein unter allen deutschen Namen den Namen Arndt so fest im Gedächtnis hielt und den Träger des Namens zu sich durch alles Kriegsgetümmel hindurch ins ferne Russland rief? Stein hatte Arndt erkannt, hatte die Flamme seiner Seele verstanden, den grimmigen Hass gegen Napoleon, die unauslöschliche Liebe zu dem deutschen Volke. Und wie Arndt Stein verstanden hat, das liegt zutage in den herzerquickenden Schilderungen seines Helden aus den verschiedensten Zeiten. Man hat Stein den politischen Luther genannt, und wenn man in Arndts Schriften tiefer sich einlebt, muss man sagen, dass auch er von Luther, den er so oft preist, manchen Zug an sich trägt. Das Richtige mag der getroffen haben, welcher nach Arndts Tode in einem Nachruf gesagt hat: „die Wahrheit ist, man muss

Stein und Arndt zusammen nehmen, um das vollständige Bild des großen Reformators zu haben. Zu diesem Bilde gehört zuerst das Scharfe, das Rücksichtslose, das Niederwerfende, Vordringende, Thatenlustige, es gehört nicht minder dazu das Sinnige und Gemütliche, das Fröhliche, Menschliche, Volksmäßige. Wie Stein würde Luther gehandelt, wie Arndt würde er gelebt und geliebt, gesprochen und gedichtet haben." War Luther ein ganzer deutscher Mann und ein ganzer Christenmensch, hatte in ihm Volkstum und Evangelium einen innigen, unauflöslichen Bund gemacht, so sind auch darin Stein und Arndt Luther nicht unähnlich. Ja, darum gerade stehen Stein und Arndt als so leuchtende Vorbilder vor dem deutschen Volke, weil es fromme deutsche Männer gewesen sind. Fromm, aber nicht deutsch, deutsch, aber nicht fromm – so soll es bei denen nicht heißen, die von den Befreiungskriegen, von Stein und Arndt, etwas gelernt haben wollen. Fromm und deutsch, deutsch und fromm – so klingt es aus jenen Tagen, so haben's die Besten gemeint, die uns Gott geschenkt, um Napoleon zu verderben.

Die beiden haben sich verstanden und haben sich lebenslang geliebt. Wie manchmal, als in Deutschland das „Kiwi" nicht mehr schallte und Stein wieder ruhig auf der Burg der Väter wohnen durfte, hat er Arndt zu sich eingeladen und mit ihm an Krieg und Sieg sich erinnert! Als Arndt verfolgt ward um der Dienste willen, die er einst dem Vaterland getan, wie treu hat Stein bei ihm ausgehalten und Fürsprache für ihn eingelegt! Nichts geht aber über die Liebe und Treue, mit welcher Arndt seinem Helden angehangen. Als Stein heimgegangen war aus seinem wechselvollen Leben zu seines Herren Freude, hat ihm Arndt einen Nachruf gewidmet und er selbst wollte nicht eher heimgehen, als bis er in seinen „Wanderungen und Wandelungen" mit Stein, die er als ein Achtundachtzigjähriger herausgab, dem deutschen Volke noch einmal alles erzählt, was er von ihm wusste. Und wenn er in seinen Liedern die Helden preist, ist ihm unter den Besten der Beste, unter den Liebsten der Liebste allemal Stein. Er hat im Jahre 1816 einen Lobgesang gedichtet: „Meine Helden". Da tritt zuerst auf „der Stillste, der Größte, den Gott dem Volk als reinstes Opfer weihte", Scharnhorst, dann Blücher, „des Auge so kühnlich blitzet durch der Schlachten Wetterwogen", dann Gneisenau, „der Geschwinde, der über wüste Länder, über Wogen voll falscher Winde so rastlos ist der Freiheit nachgezogen", der Vierte darauf Boyen, „ein Held im Streiten, von Mildheit der Gebärde gleich dem Kinde", der Fünfte: Grolmann, „der von Jünglingstagen bis zu des Mannes schönster Sonnenreife geschlagen, wo gegen Welsche Trommel klang und Pfeife". Dann aber kommt der Letzte:

Den alle kennen,
Den Säuglinge an Mutterbrüsten preisen,
Darfst du, Gesang, nicht nennen,
Noch ihn entzückt dem ganzen Volke weisen;
Mit Donnerkeilen
Laß alle sieben Himmel niederschmettern,
Er steht ein Fels in Wettern,
Die stärkste von des Vaterlandes Säulen.
Als schwarze Schanden
Der Knechte und der Buben uns beschmutzten,
Als Könige nicht trutzten,
Ist er bestanden.
Drum der das Reine
Und Tapfre zum Gerät sich hat erkiesen,
Gott hat sich groß erwiesen

In diesem Steine.
So lange solche
Noch trägt die deutsche Erde,
Sind welsche Dolche
Der Freiheit nicht von tödlicher Gefährde.

Und noch vierzig Jahre später umschweben ihn die alten Heldenbilder in jugendfrischer Erinnerung. Er preist den Größten – Scharnhorst, den Edelsten – Gneisenau, den Frommsten – Hiller, den Stillsten – Boyen, den Mutigsten – Blücher,

Den Stärksten – O der Starke der Starken
Der herrlich schließet den Heldenreih'n,
Der Gewaltigste war in des Vaterlands Marken,
Der Stärkste der unzerbrechliche Stein.
So lange klinget von deutschen Lippen Gesang,
Wird klingen des mächtigen Namens Klang.

Neuntes Kapitel

Von St. Petersburg bis Dresden

Arndt erhielt nun unter Stein eine feste Anstellung und Besoldung, auch Vergütung seiner Kosten auf der Reise von Prag nach St. Petersburg. Was hatte er zu tun? Stein gebrauchte ihn in allerlei Schreibereigeschäften, er musste wichtige Briefe in Staatsangelegenheiten abschreiben, die Stein nach Wien, nach London und andre Orte gerichtet, er musste ankommende Briefe, die zum Teil um des Geheimnisses willen in einer Zeichensprache geschrieben waren, entziffern. Das waren aber die kleineren Geschäfte, die freilich die meiste Zeit ausgefüllt haben mochten. Wichtiger war, was er auch hier zur Erweckung des Volksgeistes gegen Napoleon tat, namentlich unter den Deutschen, die in Russland sich gesammelt hatten, dann aber von dem fremden Lande aus durch die geflügelte Schrift unter den Deutschen in der Heimat, die sehnlich verlangten, dass endlich die schweren französischen Ketten zerbrochen werden möchten. Eine Hauptaufgabe, die sich Stein gestellt hatte und zu deren Lösung auch Arndt das Seinige beitragen sollte, war die Errichtung einer deutschen Legion. Viele, namentlich preußische Offiziere, waren beim Beginn des Feldzuges gegen Russland dorthin gezogen, um unter fremden Fahnen gegen Napoleon zu streiten und so an ihrem Teile dem Feinde der Deutschen Abbruch zu tun. Ein Teil derselben hatte in dem russischen Heere Aufnahme gefunden, andere weilten in St. Petersburg und sollten aus deutschen Gefangenen, Überläufern und Freiwilligen eine deutsche Legion bilden, welche Fahnen und Schwerter erheben sollten, wenn Gott Sieg verleihen und der Siegeszug nach den Grenzen des deutschen Vaterlandes sich hinbewegen würde. Es war nicht leicht, das Werk zustande zu bringen, weil die Russen wenig Verstand davon hatten, die es doch unterstützen sollten. Arndt suchte ihm Vorschub zu leisten und hatte oft Gelegenheit, zwischen den Offizieren und Stein die Vermittelung zu bilden. Und in den Kreisen der deutschen Legion fühlte sich Arndt wohl. Da war der edle Graf Chazot, der ihn aus Berlin mit nach Breslau genommen, da war Dörnberg, der 1809 den Aufstand gegen den König Hieronymus in Kassel gewagt, da war Clausewitz, einer der Schöpfer des Landsturmes und der Landwehr, die im nächsten Jahre losbrechen sollten, da waren die Grafen Dohna, für Deutschlands Befreiung hochbegeisterte Männer. Da hat Herz am Herzen sich entzündet, und die edle Glut, die dort Arndt beseelte, sie glüht noch fort in einem Büchlein, das er in jenen Tagen in St. Petersburg verfasst und das in den folgenden Jahren, an verschiedenen Orten wiedergedruckt, Deutschland von einem Ende zum andern durchflog und überall den rechten Sinn der Kriegsführung gegen Napoleon weckte.

Dies Büchlein ist der „Katechismus für den deutschen Kriegs- und Wehrmann, worin gelehret wird, wie ein christlicher Wehrmann sein und mit Gott in den Streit gehen soll“. Was war das wieder von Arndt für ein schöner, volksmäßiger Gedanke, dem Soldaten in seinen Tornister zu anderm Nützlichen die geistliche Waffenrüstung zu geben! Denn geistlich ist das Büchlein, obwohl es vom Kriege spricht und zum Kriege auffordert. Es ist ja ein gerechter Krieg, um den es sich handelt, ein Krieg um die höchsten Güter, und das gerade will Arndt erreichen, dass dieser gerechte Krieg geführt werde, wie sich's für christliche Kriegsmänner ziemt. „Fürchte dich nicht, liebes Land, sondern sei fröhlich und getrost, denn der Herr kann große Dinge thun“, mit diesem Trostwort des Propheten Joel eröffnet Arndt seine Unterweisung an den Kriegsmann. Dann belehrt er ihn vom Bösen und vom Übel, von Zwietracht und Krieg, von der Menschen Herrlichkeit und Verworfenheit, vom gerechten und ungerechten Krieg. Da muss er wieder von Napoleon reden. Er ruft mit dem Propheten aus: Wehe dir, du Verstörer! meinst du, du werdest nicht verstört werden? und du Verächter, meinst du, ich werde dich nicht verachten? wenn du das Verstören vollendet hast, so wirst du auch verstört werden; wenn du des Verachtens ein Ende gemacht hast, so wird man dich wieder verachten. Es ist ein heiliger Zorn, in welchem er hier gegen den Zwingherrn losfährt: „Es ist ein Ungeheuer geboren und ein blutgepfleckter Greuel aufgestanden, und heißt sein Name Napoleon Bonaparte, ein Name des Jammers, ein Name des Wehs, ein Name des Fluchs der Witwen und Waisen… Doch haben viele ihn angebetet und zum Götzen ihrer Herzen und Gedanken gemacht, und haben ihn genannt Heiland und Retter und Befreier und den Mann, der da kömmt im Namen des Herrn, daß er die Welt erlöse. Und doch kenne ich ihn nicht, spricht Gott, und habe ihn verworfen und werde ihn verwerfen, und ist kein Heil und keine Rettung und Freiheit in ihm und hat er kein Zeichen, daß man ihn nenne nach Gott. Sondern durch Lügen ist er gewaltig geworden und durch Mord und Verrat hat er seinen Stuhl gebaut… Aber ich werde die Missethat zerschmettern und die Falschheit zeigen und die Lüge zerstören, daß die Welt sich freue. Wann die Sünde erfüllt ist, dann werfe ich ihn weg; wann des Unglücks genug ist, dann offenbare ich, wie schändlich er war. Und ich rufe es aus mit starker Stimme, mit Worten des Grimms, die Feuerflammen sind; ich rufe es aus zu den

Völkern überm Meer und zu denen, die im fernen Lande wohnen: Auf ihr Völker! Diesen erschlaget, denn er ist verflucht von mir, diesen vertilget, denn er ist ein Vertilger der Freiheit und des Rechts. Und sie werden sich versammeln von den Inseln und von den Bergen, die ferne stehen, und die Völker werden zuhauf strömen und mit ihm treffen, und wird sein viel Blutvergießens und Arbeit, bis das Heil komme. Doch sie sollen nicht faul sein mit dem Eisen, damit bei ihren Enkeln die Freiheit blühe und Gerechtigkeit um die Hütten der Redlichen schwebe."

Und wie soll der Kriegsmann gegen diesen von Gott Gezeichneten zu Felde ziehen? Das sagt ihm Arndt in den Kapiteln vom Vertrauen auf Gott, von der Liebe und Verträglichkeit, von Soldatenehre, von Bescheidenheit und Demut, von Güte und Milde, von der Mannszucht, von der Gottesfurcht, von der Hingebung.

„Es war die Liebe von euch gewichen und der Haß hatte die Herzen erkältet und wußten nichts mehr von Deutschland und vom Vaterlande und von der alten deutschen Ehre und Freiheit, und ließen der eine von dem andern, und gingen ein jeglicher seinen eigenen Weg und trachteten nur nach Gold und wie sie des Tages am besten gebrauchten ... Und weil du nun siehest, woher dein Unglück gekommen und wie deine Schlechtigkeit und Zwietracht die Fremden zu deinem Herrn gemacht, so mußt du zuvörderst wieder schauen auf Gott und dem vertrauen, von welchem alle Dinge sind. Denn der Glaube an Gott thut noch täglich Wunder und die Zuversicht auf den Himmel überwindet die Hölle. Und den Menschen hilft keine Kraft ohne Gott und eitel bleibt, was auf sterblichen Künsten gebauet wird ... Und dann mußt du Gott bitten, daß er dir gebe einen stillen freundlichen und festen Geist, einen Geist des Friedens und der Liebe, daß du alle deine deutschen Brüder zu dir versammeln magst, und sie weinen, daß sie geschieden waren in ihren Herzen... Und sollet es alles zum besten kehren, auch wo etwas ungleich und ungerad ist, und gegen die Irrenden sanftmütig und gegen die Thörichten liebreich sein... Und sie werden rufen: Hie Papst! hie Luther! hie Calvin! ... Und sie möchten euch gern verwirren und die alten Streite über die Religion erneuern und euch die Hände in Brüderblut baden lassen, damit sie die Herren bleiben. Ihr aber sollet nicht hören auf diese, sondern bedenken, daß ich der ewige Gott bin und daß mir alle gefallen, die reines Herzens sind und mit einfältigen Sinnen sich zu mir wenden... Und soll der christliche Soldat mild sein wie ein Lamm und mutig wie ein Löwe. Wer stark und gewaffnet ist, dem ziemet die Freundlichkeit. Das ist der rechte Soldat, der in der Schlacht brennt wie eine verzehrende Flamme und niederreißt wie ein schwellendes Wasser, der aber in friedlichen Häusern friedlich ist, wie ein fröhlicher Frühlingsregen und mild, wie die Abendsonne des Sommers... Der Soldat soll ein Christ sein. Ein frommer und gläubiger Mann hat das rechte Panzerkleid um die Brust gelegt und die rechten Waffen angethan: das kindliche Vertrauen auf einen allmächtigen Gott und das feste Gewissen in einer treuen Brust. Wer Gott fürchtet, über den ist niemand; denn die Furcht Gottes geht über alles... Der Christ allein weiß, was ist und was sein wird, und die leeren Schrecken bewegen seine Seele nicht; denn die Furcht des Herrn machet das Herz fröhlich und giebt Freude und Wonne ewiglich... Auf denn, deutscher Mann! Auf mit der Freiheit und der Treue gegen die Knechtschaft und Lüge! Auf mit dem alten deutschen Stolz, mit der Tapferkeit und Redlichkeit deiner Väter! und fürchte diese Franzosen nicht, welche nicht ehrlich durch die Waffen, sondern bübisch durch Hinterlisten und Lügen deine Herren geworden sind. Wahrlich, die Franzosen haben nur Schimmer, du aber hast Flammen; sie haben nur Geschmeidigkeit, du hast Kraft; sie haben nur Lüge, du hast Treue; sie haben nur Prahlerei, du hast Ehre; sie haben nur Schein, du hast That. Darum fürchte sie nicht, sondern schaue kühnlich über sie hin, als die da viel schlechter sind als du. Du wirst sie verwehen, wie der Wind Stoppeln verweht, wenn dein Geist in dir mächtig wird; sie haben kaum die Geistlosen besiegt."

Der Geist, der aus diesem Büchlein spricht, wehte in den Kreisen von Männern, in welchen Arndt am liebsten sich bewegte. Es war nicht einerlei Geist in St. Petersburg, es waren Schwache, Feige, Mutlose dort, die nur daran dachten, wie mit Napoleon Frieden geschlossen werden könne, und solche, die um keinen Preis den Frieden anzunehmen, die um jeden Preis Napoleons Herrschaft zu brechen dachten. Der feste Halt, auf welchen die Mutigen sich stützten, war Stein. Diese Mutigen ließen sich auch durch den Brand Moskaus nicht erschrecken, ja erkannten bald in ihm das Feuerzeichen für den Aufstand Europas gegen Napoleon. Die Nachricht dieses Unglücks, so erzählt Arndt, verbreitete in St. Petersburg die größte Bestürzung. Am Morgen des Tages, an welchem sie eintraf, saß Stein und aß sein Frühstücksbrötchen und erging sich anfangs in gewöhnlichen Gesprächen. Dann kam er auf Moskau. „Sie wissen", wendete er sich zu Arndt, „die Stadt hat an allen Ecken gebrannt. Flüchtlinge sind schon genug angekommen. Es kann sein, daß wir nach Orel oder nach Orenburg die Fahrt werden antreten müssen. Ich habe schon zwei- dreimal im Leben mein Gepäck verloren; was thut's? sterben müssen wir ja doch einmal." Und er war den Mittag beim Mahl unbeschreiblich fröhlich und stieß unter andern mit dem braven Dörnberg auf Spanien und England an.

Bald offenbarte sich, was Gott über Napoleon beschlossen hatte. Er war siegreich bis Moskau vorgedrungen. Dort saß er einen Monat lang von Mitte September an. Als aber der Friede mit Russland, den er gewünscht, nicht zustande kam, und der Winter näher heranrückte, da musste der Übermütige den Rückzug antreten und auf diesem hat ihn der Arm des richtenden Gottes vernichtet. Es war ein Gericht, wie die Weltgeschichte kein schrecklicheres gesehen. Die Erschlagung der Heerscharen des Königs Sanherib von Assyrien, von der die Bibel berichtet, erscheint klein gegen die Vernichtung der Macht Napoleons in Russland. Mit einer halben Million war er in das Land hineingezogen, er hatte große Pläne in seinem Kopfe, Russland sollte gedemütigt werden, von da sollte es nach Konstantinopel, von da übers Meer nach Asien gehen, in Persien sollte der Feldzug gegen Indien gerüstet werden, England sollte seine Züchtigung an seinen ostindischen Besitzungen empfangen – und jetzt in einem Schlitten, heimlich, unkenntlich, lässt er die Trümmer seines Heeres im Stich, eilt durch Deutschland, furchtsam, es möchte ihn irgend eine rächende Hand auf dem Wege erschlagen, nach Paris. Wie Könige waren die französischen Marschälle in den Krieg gezogen, gefolgt von langen Wagenreihen, welche ihre Bequemlichkeiten und Genüsse ihnen nachfuhren, und zu Fuß, in Tüchern gewickelt, wanderten die Frierenden rückwärts. Und von dem ganzen Heere, darunter leider 200.000 Deutsche, fanden wohl nur 50.000 die Heimat wieder und gaben Bericht, wie die ganze Straße bis Moskau ein schreckliches Leichenfeld sei. „Der Gott, der lange drein gesehen, hat endlich dreingeschlagen. Nun dürfen wir's wagen, auch aufzustehn!“

Die Russen verfolgten die Franzosen. Es war Aussicht, dass es nach Deutschland hineinginge. Stein und Arndt fuhren am 5. Januar 1813 von St. Petersburg ab. Sie waren am folgenden Abend zu Pleskow am Peipussee. Da lag Graf Chazot krank am Nervenfieber. Er war hierhergeeilt zu allerlei Deutschen, Gefangenen und Überläufern, um sie in die deutsche Legion einzufügen. Die Unglücklichen hatten die Feldpest und Chazot ward angesteckt. Stein und Arndt eilten an sein Lager, er lag in den Phantasien des Fiebers und erkannte sie nicht mehr. Bald darauf ist er gestorben. Arndt hat ihm ein schönes Lied ins Grab nachgesungen. Und wie die beiden weiter fuhren im Schneegestöber durch das weite Land, da ging das Bild des Sterbenden mit ihnen, der Deutschland so lieb gehabt und kaum das erste Schimmern der Freiheitsmorgenröte sehen durfte. Und von den traurigen Gedanken, die im Gemüte spielten, wurden sie zu traurigen Bildern um sie her geführt.

Sie fuhren ja über ein Leichenfeld, auf allen Wegen lagen Tote und Sterbende, die Pferde vor dem Schlitten witterten die Wölfe, die schon herankamen, die Leichen zu zerfleischen – es waren Bilder namenlosen Elends. Sie kamen am 11. Januar nach Wilna. Von hier fuhr Stein voraus und Arndt blieb einige Tage in der Stadt zurück, um auf das Gepäck zu warten. Das war ein trauriger Aufenthalt. „Allenthalben ein scheußlicher Schmutz und Gestank; schmierige Juden; einzelne unglückliche Gefangene, meistens Verwundete, oder Halbwiederhergestellte, jämmerlich daherschleichend; alle Straßen in garstigen Rauch und Dampf gehüllt, denn fast vor jedem Hause hatte man allerlei brennbare Sachen, selbst nur gewöhnliche Misthaufen, angezündet, um die Pestluft der vielen Lazarete und Seuchen zu zerstreuen, und diese Haufen dampften Tag und Nacht; auf den Straßen hie und da französische Kokarden, beschmutzte Federbüsche, zerrissene Hüte und Tschakos liegend und in der Demut des Staubes und der Zertretung an den Trotz derer erinnernd, die vor fünf Monaten in ganz anderer Gestalt mit ihnen durch Wilna stolziert waren. Ich ging aus dem Thore hinaus und schlenderte ein paar grauenvolle Stunden durch die Vorstädte... Welche Greuel! Jene Zeichen, die ich in der Stadt gesehen, immer dichter nebeneinanderliegend, allenthalben noch einzelne ganz nackte Leichen, tote Pferde, Ochsen, Hunde, treue und unglückliche Genossen dieses ungeheuren Jammers; viele Häuser ganz wüst, ohne Dielen, Fenster und Öfen, manche nur Brandstätten; unter diesen greulichen Denkmälern der Verwüstung einzelne Schatten von Gefangenen und Genesenden umherschleichend, und hin und wieder am öden Gemäuer in sich zusammengekrümmt und frierend ein armes verlassenes Pferd stehend und kümmerlich einige Büschel Heu auflesend." Wie Arndt am andern Tage wieder ausging, boten sich den Augen neue Gräuel dar; er fand ein klosterartiges Gebäude, das bis an die Fenster des zweiten Stockwerks mit aufgetürmten Leichen, wohl tausend an der Zahl; ausgefüllt war, und kein Mensch weit und breit, nur ein Hund schnoberte an der Tür. Und Ähnliches sah er auf der weiteren Reise. Er holte seinen Herrn, Stein, wieder ein und überschritt mit ihm die preußische Grenze. Im Städtchen Lyck hatte er zuerst wieder die Freude, unter lieben Deutschen zu sein, dann genoss er in Gumbinnen das Wiedersehen zwischen Stein und dem Präsidenten Schön und endlich am 25. Januar 1813 langten sie in Königsberg an.

Königsberg ist eine altberühmte Stadt. Aber der schönste Zweig ward ihr zu Anfang des Jahres 1813 in den Kranz ihres Ruhmes geflochten. Da leuchtete sie allen deutschen Städten, ja dem ganzen deutschen Volke voran durch eine herrliche Begeisterung und Opferwilligkeit für die Befreiung des deutschen Vaterlandes. Hier ward damals der Anfang gemacht zu der glorreichen Erhebung Deutschlands gegen seine Dränger, welche mit dem Einzug in Paris endigte. Stein war nach Königsberg gekommen mit einer Vollmacht des Kaisers Alexander, die Kräfte des Landes aufzubieten gegen Napoleon – und doch war der König des Landes noch immer Napoleons Bundesgenosse.

York war ebenfalls in der Stadt eingetroffen und mit großem Jubel begrüßt worden, weil er sein Heer von den Franzosen getrennt und mit Russland einen Vertrag abgeschlossen; aber das alles hatte er getan ohne Einwilligung des Königs und stand nun da wie einer, den der König um dieser Tat willen verurteilt hatte. Der Präsident Schön glühte in Lust, endlich Preußens Schwert gegen Napoleon zu schwingen, aber der König hatte dazu keinen Befehl gegeben Der Adel des Landes, an der Spitze die Grafen Dohna, die Beamten, Gelehrten, Bürger, Bauern, sie alle waren bereit, gegen die Franzosen loszuschlagen, Landsturm und Landwehr sollten aufgeboten werden – sie warteten nur darauf, dass der König ein Wort sage, dann wollten sie die letzten Kräfte aufbieten. Aber dies Wort blieb lange aus. Indes taten die wackern Männer alles, auch ohne des Königs Befehl, weil sie wussten, dass der König im Herzen gesinnt sei wie sie, und als endlich der Befehl kam, zu waffnen, als York mit Ehren angenommen ward, als der Bund mit Russland geschlossen war, da standen die Männer Ostpreußens schon schlagfertig da, ein leuchtendes Vorbild für das deutsche Volk. Das waren schöne Tage, die Arndt in Königsberg verlebte. Da war er Zeuge, wie alle Stände einmütig und einhellig das große Ziel ins Auge fassten, das Vaterland zu retten, wie diese Provinz, die vor allen seit Jahren am meisten gelitten hat, die größten Opfer brachte. Der Geist, der damals in Königsberg wehte, er haucht uns noch mit seiner Frische an, aus einer kleinen Schrift: „Was bedeutet Landsturm und Landwehr?“, die Arndt in Königsberg zuerst drucken ließ.

Arndt zeigt in dieser Schrift, wie die Bewaffnung aller waffenfähigen Männer eines Landes doch viel besser sei zur Abwehr der Feinde als die stehenden Heere. Dadurch haben die Franzosen in den neunziger Jahren schon so große Erfolge über die Deutschen davon getragen, dass sie die ganze begeisterte Jugend Frankreichs gegen Deutschlands Söldnerheere aufgeboten. Und wo dem Napoleon ein tüchtiger Widerstand geleistet worden sei, in Spanien, in Tirol, zuletzt in Russland, da sei überall nicht der bezahlte Soldat, da sei das Volk in heißer Glut der Vaterlandsliebe gegen den Feind angegangen. Darum solle jetzt Napoleon, den Gott geschlagen, nicht dennoch wieder mächtig werden, indem er das Volk der Franzosen aufraffe, so müsse das deutsche Volk sich bewaffnen. Dies geschieht durch Landsturm und Landwehr. „Die Landwehr besteht aus den jungen Männern vom zwanzigsten bis dreißigsten oder fünfunddreißigsten Jahr, sie ist ordentlich soldatisch geübt und bewaffnet, sie zieht auch aus, um das wirkliche Kriegsheer zu verstärken, wenn ein feindliches Volk mit zahlreichen Scharen sich heranwälzt und das Vaterland zu unterdrücken droht. Der Landsturm dagegen besteht neben und außer der Landwehr aus allen waffenfähigen Männern ohne Unterschied des Alters und Standes. Er ist blos bestimmt, die Landschaft und den nächsten eigenen Herd zu beschützen und wird nicht aus der Landschaft in entfernte Grenzen geführt. Er steht auf, wenn der Feind herannaht; wenn die Gefahr vorüber, geht jeder wieder heim an sein Geschäft. Zu solchem Volkskriege soll sich nun das ganze Deutschland vereinigen, damit die alten deutschen Grenzen, so weit Gott in deutscher Zunge angebetet wird, wieder erobert werden. Alle Eifersuchten, alle Zwiste, alle Unterschiede der verschiedenen Stände sollen sich in dem einen Gefühl aufheben, und darin untergehen, daß nur einmütige Liebe und Begeisterung den Kampf siegreich machen kann und daß derjenige vor Gott und Menschen der Würdigste und Glücklichste sein wird, der zum hohen Dienste des Vaterlandes der Demütigste und Freundlichste ist. Der Krieg, nicht für Raub und Eroberung, sondern für Freiheit und

Vaterland geführt, ist ein heiliger Krieg, denn nur durch Frömmigkeit und Treue wird Verruchtheit und Treulosigkeit besiegt.

Wenn also der Landsturm die Glocke läutet gegen den Feind und auszieht, so soll das große Werk mit Gottesdienst und Gebet begonnen werden, denn die Herzen gehen desto mutiger in den Streit.

Bei der Landwehr aber wäre folgende Zucht wohl löblich:

Sowie die junge Mannschaft eines Kreises versammelt ist, wird feierlich Gottesdienst gehalten, und es wird den Jünglingen ausgelegt, was Krieg überhaupt und Krieg für das Vaterland und gegen die Franzosen bedeutet, und wie sie ein viel besseres Volk sind als die Franzosen und also nicht leiden dürfen, daß diese ihre Herren bleiben; es wird ihnen erzählt und vorgehalten, wie ihr Land sonst glücklich und ruhmvoll gewesen und wie es durch ihre Tugend und Redlichkeit das wieder werden soll; es wird ihnen eingeschärft, daß der Tod für das Vaterland im Himmel und auf Erden ein großes Lob ist; es wird durch Reden und Predigten und durch geistliche und kriegerische Lieder ihr Gemüt zu Treue, Ruhm und Tugend entzündet.

Das auch ist eine fromme und christliche Sitte, daß jeden Tag nach geschehenen Kriegsübungen die Mannschaft sich feierlich in Reihen stellt, und, ehe sie auseinander geht, ein geistliches Lied singt; das geschehe auch vor und nach der Schlacht unter offenem Himmel. Solches giebt Mut und Freudigkeit und bewahrt vor vielem Bösen …

Beim Eintritt in die Landwehr wird ein teurer und fester Eid geleistet, immer aber in großer Gemeinschaft, so daß einige Hunderte oder Tausende zugleich schwören, und vorher feierlicher Gottesdienst und Einsegnung ist.

Auch werden die Fahnen mit christlichem Gebet und ernster Andacht eingeweiht.

Zieht eine Landwehr aus der Heimat gegen den Feind, so ist feierlicher Gottesdienst und Einsegnung; die ganze Mannschaft empfängt das heilige Abendmahl zu christlichem Gedächtnis und zu christlicher Freudigkeit, und geht so mit Gott, wie er es will, in den Sieg oder in den Tod."

Mit Gott sind die deutschen Kämpfer dieses und die folgenden Jahre in den Sieg oder in den Tod gegangen. Auf den Schlachtfeldern klangen die frommen Lieder der alten Zeit und die neuen, welche Arndt, Schenkendorf, Körner gedichtet. Das Büchlein vom Landsturm und von der Landwehr hat das Seine dazu geholfen, dass der Krieg mit einem frommen Sinn begonnen, und der Sieg mit Jubel und Dank genossen ward.

Um Frühlingsanfang fuhr Arndt aus Königsberg. Es war eine beschwerliche Reise, auf welcher er die schmutzige polnische Wirtschaft wieder reichlich zu empfinden hatte. Doch über allen Schmutz der Erde trug damals die deutsche Begeisterung mit kräftigem Flügelschlag hinweg. War doch der Bund zwischen Alexander und Friedrich Wilhelm jetzt eben geschlossen, von Preußen an Frankreich der Krieg erklärt, hatte doch der König den Aufruf an das Volk erlassen, sammelten sich doch in Breslau um ihn Tausende, die freiwillig zum Kampfe sich stellten. Auf der Fahrt von Kalisch nach Breslau begegnete Arndt in leichtem Wagen dem Wagen des Königs, der den Kaiser in Kalisch besuchen wollte. Arndt richtete im Wagen sich auf und entblößte sein Haupt. Aber fast wäre durch Schuld des polnischen Fuhrmanns der Wagen des geringen Mannes von dem königlichen gefasst und zerbrochen worden. In Breslau fand nun Arndt wieder ein wunderbares Wogen der Begeisterung. Der Professor Steffens, der kurz vorher seine Zuhörer aufgefordert hatte, die Waffen zu ergreifen und selbst in Reih und Glied getreten war, nahm Arndt sofort auf einen Ball mit, der ein Fest der vaterländischen

Begeisterung sein sollte. Da ward er von einer schönen Jungfrau, der Tochter des königlichen Leibarztes Hufeland, gleich beim Eintritt aus lauter deutscher Begeisterung mit dem allerherzhaftesten und herzlichsten Kusse vor allem Volke begrüßt. Es war eine Zeit, wo die Flamme und Glut fürs Vaterland die Schranken gewöhnlicher Sitte durchbrach. In einem süddeutschen Dorfe hat, wie dem Schreiber sein alter Oheim erzählt hat, in demselben Jahre 1813 im Herbste, eine Bauernmagd, die in einem Wirtshaus diente und der Franzosenwirtschaft müde war, das Gelübde getan, den ersten Kosaken, der käme, zu küssen, und sie hat das Gelübde zu großer Rührung des bärtigen Mannes gehalten, der vom Pferde herabsprang und die umherstehenden deutschen Kinder liebkoste und herzte. Arndt weilte ein paar Tage in Breslau und zog dann weiter gen Dresden.

Zehntes Kapitel

Geist der Zeit. Dritter Teil

In Dresden fand Arndt einen Monat lang erwünschte Ruhe. Er bedurfte sie um das volle Herz in Worten auszuschütten, die über Deutschland mahnend hinfliegen sollten. Wie musste es in ihm gären und glühen! Welche Schauer vor der Majestät des richtenden Gottes hatten ihm die Jammerbilder eingeflößt, welche das übermütige französische Heer auf seiner Flucht darbot! Wie beseligend war er von dem Geiste angehaucht worden, der Preußens Volk in Königsberg zum Kampfe scharte! Was für ein Frühlingswehen umspielte seine Brust, als er zwischen Kalisch und Breslau den König sah, der endlich sein Volk aufrief, als er in Breslau unter den Tapferen weilte, welche die Ketten abzuschütteln brannten! Er sehnte sich nach ruhigen Tagen, um auszusprechen, was ihn erfüllte. In Dresden hatte er darum alsbald den dritten Teil seines „Geistes der Zeit", zu welchem er unterwegs schon gesammelt, vollendet.

Was wollte und was tat Bonaparte? Wie kam er nach Russland? Wie kam er aus Russland heraus? Diese Fragen beantwortet Arndt zuerst und entwirft ein schauerliches Gemälde des Gerichtes, das Gott, der Herr, in Russland über Napoleon und sein Heer hat kommen lassen. Diese Blätter, darauf die Jammergestalten der aus Russland Fliehenden gezeichnet sind, sollen die spätesten Enkel noch lesen und daraus zwei Dinge lernen: zuerst, welch ein schreckliches Übel der Krieg ist und sodann, wie furchtbar

Gott diejenigen straft, welche in frevelndem Übermut den Fuß auf den Nacken glücklicher Völker zu setzen wagen. Die Weltgeschichte ist das Weltgericht – das will Arndt mit diesen Schilderungen seinem Volke einprägen. Aber nicht das allein. Die Weltgeschichte ist auch das Herzensgericht – auch die deutschen Herzen, die durch ihre Selbstsucht, Feigheit, Weichlichkeit das Vaterland geschwächt und nachher seinem Zertreter das Schmeichellied gesungen, dass er der neue Heiland der Welt sei, auch sie sind durch die Flucht aus Russland und die grauenvolle Niederlage und Vernichtung streng gerichtet worden. „Die feste Gottesfurcht, die ernste Treue, die zornige Gerechtigkeit – eure weinerliche ist keine – war von uns gewichen; die Furcht vor dem Tode war größer als die Furcht vor der Schande; die Lust an der Richtigkeit des Lebens war mächtiger als die Sehnsucht nach der Unsterblichkeit des Lebens – deswegen sind wir so unglücklich und beschimpft worden, als es heute am Tage liegt, und Glück und Sieg, ja die Geschichte hat sich von uns zu besseren Völkern gewendet. Die Weltgeschichte ist das Herzensgericht, wir haben den verdienten Lohn unserer kleinen Herzen empfangen."

Und was haben die großen Mächte jetzt zu tun? so fragt Arndt weiter. Sie haben die unterdrückten Länder, namentlich Deutschland, zu befreien. Mit den Mitteln eines gewöhnlichen Krieges ist dies nicht zu erreichen. Die Franzosen und Bonaparte sind nicht so leicht besieglich, als etliche sich einbilden, am wenigsten durch bloß irdische Waffen besieglich; erst wenn man die himmlischen Waffen gegen sie zückt, wird man sie besiegen. Welche sind diese himmlischen Waffen? Sie heißen Glaube an Gott, Glaube an das Volk, Glaube an die unvergängliche Ehre.

„Nicht das gewöhnliche Soldatische, nicht die gewöhnlichen Berechnungen und Künste menschlicher Klugheit, nicht auf das geschickteste zusammengesetzte und gebrauchte physische und mechanische Hilfsmittel und Kräfte werden die Franzosen besiegen; Bonaparte und seine Franzosen sind glücksfest gegen die kleine Gesinnung; sie müssen fallen durch die hohe Gesinnung. Diese hohe Gesinnung heißt Zuversicht auf Gott, Liebe und Treue zum Vaterlande, und der Stolz, für die Ehre zu leben und zu sterben; diese hohe Gesinnung heißt Glaube an die Tugend und an das Volk. Nur wenn man dem deutschen Volke mit dem edelsten Sinn den großen Gott und die unsterbliche Pflicht zeigt: wenn man die Namen Vaterland und Ehre zu seinen heiligsten Namen macht; wenn man, was von Kraft und Frömmigkeit und Hochsinn in ihm lebt, mit in den großen Kampf ruft und edel walten läßt, wie es in so gefährlichen Zeiten walten soll, wenn man die uralte französische Arglist und Büberei gegen das deutsche Reich mit allen tausend Namen und Klängen ausspricht, womit sie ausgesprochen werden muß; und wenn dies alles nicht mit frömmelnder Gaukelei, sondern mit reiner Wahrheit gefühlt, gethan und ausgesprochen wird – nur dann ist die Gewißheit da, daß der deutsche Name von den tückischen Nachbarn wieder mit Zittern genannt und gehört werden wird.“

Damit aber das deutsche Volk fühle und merke, welch ein heiliger Krieg es sei, der nun geführt werde, so müsse er mit ganzem Ernste geführt werden. Erstlich geschehe nichts halb, man nehme das ganze waffenfähige deutsche Volk und wälze seine zerschmetternde Last auf den Feind. Zweitens brauche man der größten Geschwindigkeit. Denn wie die Stürme durch die geschwinde Zusammenrollung der Wolken Donner und Blitz in ihrem Schoße zünden, so schüret die geschwinde Bewegung alle frischen Geister zu dreifacher Flamme und lässt die faulen und wässerigen sich nicht auf die feurigen werfen. Drittens brauche man, so lange die Sache steht wie heute, keiner verderblichen Schonung und Gnade, keiner vergeblichen, ja gefährlichen Halbheiten; mit der ganzen vollen Kraft des deutschen Volkes muss für das ganze volle Glück Deutschlands jetzt gegen Frankreich gekämpft werden. Es ist keinem Fürsten, bei Verlust des Landes und der Ehre verstattet, von diesem Kampfe sich auszuschließen. Viertens strafe man im Namen Gottes und der ewigen Gerechtigkeit, wer das Land verraten hat oder ferner verraten will. Denn das ist der höchste Mut und Lohn der Guten, dass die Bösen gestraft werden. Lässt man allen Schmutz und Verrat im Volke, so wird er und sein Anhang immer noch im Finstern arbeiten. Mit einem solchen ganzen Ernste soll der Krieg geführt werden und er soll dazu dienen, Deutschland seine rechten Grenzen zurückzugeben. Den Rhein darf das unruhige und eroberungslustige Volk nimmer als Grenze behalten. Der Rhein mit seinem Knie in fremder Hand drückt gerade auf den Nacken Deutschlands und wird nicht weniger drücken, wenn man auch gelobt und bedingt, er soll mit weicher Wolle und Seide umwulstet werden. Die Deutschen wollen nur ihr Gebührliches wieder, die Menschen ihres Landes und ihrer Zunge, die ihnen unter Ludwig dem Vierzehnten und Fünfzehnten und in der letzten französischen Raubzeit entwendet worden sind. Diese uralte germanische Grenze steht an dem Vogesus, dem Jura und den Ardennen durch Art und Sprache des Volkes unverkenntlich und unverrücklich fest, und nichts Französisches, welches sie nur verderben würde, soll von den Deutschen je begehrt, noch genommen werden.

„Also ein geschwinder, tüchtiger Krieg gegen Frankreich, und diesen Krieg auf das geschwindeste und kräftigste über den Rheinstrom hinausgetrieben und nicht eher das Schwert in die Scheide gesteckt, als bis alle Menschen der deutschen Zunge, die bis in Lothringen, Elsaß, Luxemburg und Flandern hinein wohnen, von der französischen Herrschaft erlöst und wieder zu dem deutschen Reiche gebracht sind – dies ist die Aufgabe und das Ziel. Löst man diese nicht und trachtet man dahin nicht, so ist nichts gethan, und Gott hat den Deutschen umsonst ein Glück geöffnet, das er ihnen, wenn sie faul sind, wieder nehmen wird."

Und wenn nun Gott den Krieg mit seinem Segen krönt, wenn die jüngst und längst geraubten deutschen Provinzen von Frankreich wieder zurückgenommen werden – wie soll sich dann Deutschland gestalten? Es ist unmöglich, zu der Gestaltung zurückzugeben, welche es beim Ausbruch der französischen Revolution gehabt. Denn diese Gestaltung hat gerade mitgeholfen, dass es Napoleon als leichte Beute anheimfiel. Es muss also eine neue Verfassung erhalten. Welche soll das sein? Da kommt Arndt auf einen großen Zwiespalt in den deutschen Gemütern, der erst im großen Krieg von 1870 überwunden ward. Denn die einen sagen: Kleinherrschaft und Vielherrschaft muss in Deutschland sein. Sie ist echt deutsch, sie entspricht der deutschen Vielseitigkeit, sie ist die Mutter aller Freiheit und Gerechtigkeit gewesen, und hat in Deutschland jene allgemeine Bildung und weite Wissenschaftlichkeit erzeugt, wodurch es bis diesen Tag gepriesen wird. Die andern aber, und dazu gehörte Arndt, lassen das Gute gelten, was die vielen kleinen deutschen Staaten haben, wollen auch nicht in revolutionärer Wut die deutschen Fürsten wegschaffen, aber sie erinnern daran, dass die glorreichste Zeit des deutschen Volkes diejenige war, in welcher Ein Wille, der des Kaisers, der höchste war, dass die Erstarkung der Stammesfürsten gegenüber dem Kaiser dem Reiche seine Macht genommen, und dass die Feinde des Reiches, zuletzt die Franzosen, gerade in der Erstarkung der einzelnen Fürsten und in der Schwächung des Reichsverbandes die sicherste Gewähr der Erniedrigung Deutschlands erkannt haben. Es sind nun siebzig Jahre hingegangen, seit Arndt seinen Traum von der neuen Gestaltung des deutschen Reiches geträumt hat. Als einen Jakobiner sahen ihn damals wegen dieses Traumes selbst viele Deutsche an. Und die Völker, die Deutschland umwohnen, hatten, wenn sie das deutsche Volk so deutsch träumen sah'n, den argen Gedanken: Sehet, da kommt der Träumer her! kommt, lasst uns ihn erwürgen, da wird man sehen, was seine Träume sind! In Gottes Rat aber war der Traum von des deutschen Volkes Einheit und Kraft Weissagung. Und was Arndt kühnlich geweissagt, wir sehen's in Wirklichkeit.

„Damit ich zeige", schreibt Arndt, „daß nicht blinder Zorn meine Worte treibt, und daß mir alles recht ist, was dem lieben Vaterlande Sicherheit, Stärke, Freiheit giebt – noch einen schönen Traum von einer deutschen Eidgenossenschaft ... Ich zweifle aber, daß die Zeit Atem haben und daß ihre Mattigkeit Tugend gebären wird, diesen Traum je wirklich zu machen.

Wir nehmen an, Deutschland erwählt und erkennt wieder einen Kaiser aus seinen eigenen Fürsten.

Diesem Herrn wird eine viel größere Majestät und Gewalt gegeben, als die Kaiser in den letzten Jahrhunderten gehabt haben. Er ist der Oberrichter und Oberfeldherr in einem viel weiteren Sinne, als die späteren Kaiser es gewesen sind.

Die Fürsten bleiben Regierer ihrer Lande unter folgenden Bedingungen:

Ihnen bleiben ihre Lande, wie sie dieselben im Jahre 1792 vor dem Anfang des französischen Revolutionskrieges besaßen. Sie sind die ersten Richter und Verwalter ihrer Lande, auch die Feldherren ihrer Heeresmacht; doch schwöret das Heer zuerst dem Kaiser und Reiche, und dann ihnen.

Für jedes Land ist bestimmt, was es an Festungen, Waffen, Kriegsgerät, Kiegsvorrat und Mannschaft zum Dienste des Reiches immer geordnet und gerüstet haben muß.

Haben Kaiser und Reich Krieg erklärt, so verwalten der Kaiser und seine bestellten Feldherren die Heeresmacht ganz allein, und verfügen darüber, wie Bonaparte in den letzten Jahren über die Kriegsmacht seiner Vasallen verfügt hat; denn ohne Einheit des Kriegsbefehls ist deutsche Freiheit nicht mehr denkbar...

Die Lande behalten jedes ihre besonderen Einrichtungen und Gesetze, wie sie nach alter deutscher Weise vor der letzten allgemeinen Gewalt und Umkehrung waren; alles Neueste und Französische wird ausgetilgt als eine Erinnerung an die letzte Schande; neue mögen sie sich selbst nach deutscher Art in deutscher Freiheit stiften...

Die Stände von Adel, Städten und Bauern werden allenthalben, wo sie nicht mehr gelten, wiederhergestellt und ratschlagen über die Geschäfte; der Fürst ist nur ihr Haupt und Vorsitzer, gleichsam ein Oberstatthalter des Kaisers und Darsteller und Verwalter der Majestät und Gerechtigkeit.

Dem Adel wird ein höherer, festerer und mehr geschlossener Rang geordnet; er soll wirklich Adel sein...

Der deutsche Reichstag wird wieder eingerichtet, ernster und fester, und zugleich leichter und beweglicher, als die abgestorbenen Reichstage der letzten Jahrhunderte waren, und das lebendige und mutige Wort muß künftig mehr gelten, als die tote und zaghafte Schreibfeder.

Je alle drei Jahre erscheint der Kaiser in Person auf dem Reichstag, und dann müssen auch alle Fürsten erscheinen und seine und ihre und des Volkes Majestät zeigen und verherrlichen, wie es weiland geschah. Das bindet die Herzen, reizet die Seelen, wecket die Kräfte.

Öffentliche Spiele für alle Deutsche werden gestiftet und mit dem größten Glanz je alle drei oder fünf Jahre gehalten. Der König und die Fürsten sitzen dabei vor, das Gedächtnis herrlicher Thaten und Menschen wird gefeiert, alle Künste und Tugenden wetteifern miteinander usw. ...

Alljährlich reisen kaiserliche Großboten durch alle Lande Deutschlands und untersuchen, was die allgemeine Sicherheit, Gerechtigkeit und Heeresmacht des Reiches angeht und berichten an den Kaiser und an den Reichstag...

Für Halssachen und Ehrensachen werden die alten natürlichen Strafen und natürlichen Gerichte nach früherer deutscher Art wieder eingerichtet. Es ist Grundsatz, daß jeder deutsche Mann von seinesgleichen gerichtet wird, die Geschwornen sind ein Sproß altgermanischer Freiheit...

Ein allgemeines deutsches Oberreichsgericht für alle Lande wird mit dem Ansehen und der Majestät verordnet, wie es eines so großen und herrlichen Volkes würdig ist, auch werden die Gesetze des Vaterlandes durchgesehen und der Grundverfassung des Reiches, dem Gemüte des Volkes und dem Geiste der Zeit angepaßt... Vor allem aber verbinde man das heilige richterliche Amt, als welches ein höchstes Amt von Gott im Himmel ist, wieder auf das innigste mit der Religion, und stelle seine großen Feierlichkeiten und Handlungen unmittelbar mit Weisen und Ceremonien der Kirche zusammen."

Und damit für Deutschland ein neues Glück aufgehe – was müssen die Deutschen tun? Worte heiligen Zornes redet Arndt auch jetzt gegen die Vielseitigen, die sich auf ihre Allerweltsliebe etwas zu gute tun und im Grunde nichts sind als elende Knechte der fremden Eroberer, und wünscht allen eine recht deutsche Einseitigkeit, d.h. eine brennende Liebe zu dem eigenen Volk und seiner Art und einen brennenden Hass gegen das Fremde, welches die vaterländische Eigentümlichkeit fälschen und verderben will. Diese nichtswürdige Vielseitigkeit ist es gewesen, die sich feige in alles gefunden hat, was der Tyrann über Deutschland verhängt hat, ja die alles Schlimmste als sehr gut darzustellen und auszulegen wusste. Diese Gesinnung muss weichen, wenn Deutschland gerettet werden soll.

„Wahrlich ich sage dir", ruft Arndt seinem Volke zu, „zu lange, zu lange wandeltest du in diesem Irrtum und Unglück. Auf! ermanne dich! fasse dir eine deutsche und männliche Zuversicht und sieh über das Kleine hinweg und du wirst das Große gewinnen. Nicht mehr diese wässerigen und weibischen Gefühle! nicht mehr diese Gleichgültigkeit und Erbärmlichkeit! was sie Menschlichkeit nennen, das ist keine Menschlichkeit, es ist die nichtswürdige Geduld eines Sklaven; Gott hat Zorn und Rache geboten, wie er Freundlichkeit und Liebe geboten hat, und den Frevel zerschmettern und die Tyrannei vertilgen heißt keine Sünde. Darum hasse und liebe, belohne und strafe! oder du bleibst ein verächtliches Volk. Verfluche und verbanne aus dir die französischen Sitten und Moden, und die lüsterne und leichtfertige Sprache, welche alle edelsten Keime deiner Tugenden seit Jahrhunderten verwüstet hat. Dieses Geschnatter müsse verstummen in den Sälen deiner Fürsten und in den Kammern deiner Frauen! Denn es hat dir den einfältigen Sinn verdrehet und die deutsche Liebe in deinem Herzen erkältet. Verfluche und verbanne aus dir alle Schmeichler und Ausrufer und Verkündiger für Bonaparten und die Franzosen, und vertilge die Buben und Verräter, wie man Otterngezücht vertilgt; denn die jene preisen, verachten dich, und die ihnen Glück wünschen, wollen dich in der Schande der Knechtschaft erhalten ..."

„Auf! deutsche Menschen! auf! deutsches Volk! einst so ehrwürdiges, tapferes und gepriesenes Volk! auf! fühlet die große, zu lange vergessene Brüderschaft! fühlet die heiligen und unzerreißlichen Bande desselben Blutes, derselben Sprache, derselben Sitten und Weisen, welche die Fremden haben zerreißen wollen… Nicht mehr Katholiken und Protestanten, nicht mehr Preußen und Österreicher, Sachsen und Bayern, Schlesier und Hannoveraner, nicht mehr verschiedenen Glaubens, verschiedener Gesinnung und verschiedenen Willens – Deutsche seid, eins seid, wollet eins sein durch Liebe und Treue, und kein Teufel wird euch besiegen! …"

„Ich habe Frankreich gesehen, das wütende, verruchte und bluttriefende Frankreich, ohne Freiheit, ohne Gott, ohne Tugend; Frankreich ist durch einen Tyrannen gestraft, schon modert das Gebein seiner meisten Henker und Mörder, die Gebeine der übrigen werden in kurzem modern. – Ich habe Spanien gesehen, die verzehrende Rache, den brennenden Zorn, den leuchtenden, blitzenden, feurigen Mut, das Schwert und das Kreuz in gleichem Verein, Numantias Stolz, Saguntus' Trotz mit ihren heiligen Toten wieder erstehend, und Saragossas frische Trümmer, Geronas und Tarragonas blutige Mauern, und Palafox dich, und Contreras dich, und eures ermordeten Lebens rächende Geister – und sie sind nicht bezwungen die edlen Streiter, sie atmen noch frei, und schaffen aus blutigem Kampf sich herrlicheres Leben. – Ich habe Rußland gesehen, ich sah die unter dem heiligen Kreuze wimmelnden Jünglinge, sie jauchzten zum Streit wie zum Ringen, ich sah die an den Altären knieenden Greise und Frauen und Jungfrauen, ich hörte deine Aschen, heilige Smolensk, deine Flammen, ehrwürdige Moskau, röteten den Himmel meiner Brust; ihr Freien, ihr Tapfern, ihr Unsterblichen, bringt mich in euren Himmel mit empor! Ich habe Deutschland gesehen, der Germanen Land, das heilige Land, das freie Land, wo Hermann mit Römerleichen bedeckte das Feld, wo der Vogler auf die Hunnen die Wölfe und Raben lud – ich sah seinen Scepter gebrochen, sein Schwert verhüllt, oder mit dem Blute der Brüder getötet, tief senkte der doppelte Adler der Fittiche Kraft. Da hielt ich den Fluch oft schwer von der Lippe, den Dolch oft schwerer vom Herzen. Doch wirble du Staub! Doch tose du Schlacht! Doch brause du Flamme der fliegenden Zeit! Ich werde dich sehen, mein heiliges Land, mit Sieg bekränzt, mit Freiheit bekränzt, ich werde hören deines Adlers klingenden Flug; ich sehe dich schon, ich höre ihn schon, auch wenn mein Staub mit dem Staub der Geschlagenen verfliegt, von Gestirnen werde ich mein Germania sehen."

Elftes Kapitel

Hoffnungsreicher Frühling, schwüler Sommer, fröhlicher Herbst

Ein solcher Frühling war dem deutschen Lande und vornehmlich Preußen noch nicht aufgeblüht, wie der von 1813. Endlich war der starre Winter der Knechtschaft dahin und schwellendes Leben regte sich überall. „Meine Sache ist die Sache meines Volkes", hatte Friedrich Wilhelm der Dritte verkündigt. Und als diese Verkündigung vernommen ward, wer hätte dann nicht mit Freudigkeit auch die andere gehört: „Große Opfer werden von allen Ständen gefordert werden." Man brachte die Opfer mit heiligem Eifer. Das Volk stand auf, der Sturm brach los. Was waffenfähig war, eilte zu den Waffen. Männer in den Fünfzigern gürteten das Schwert um, und die Hörsäle der Hochschulen, die oberen Klassen der Gymnasien leerten sich, weil die Hörer und Schüler unter die Fahnen des Vaterlandes eilten. Da hat mancher Knabe heiße Tränen geweint, dass ihm ein Jahr fehlte zum kriegsfähigen Alter. Von den königlichen Prinzen bis herab zu den Bauern wetteiferten alle, in Reih und Glied zu stehen. Die Handwerker ließen den Meißel fallen, die Bauern den Pflug stehen, die Professoren eilten von den Büchern auf den Exerzierplatz. Steffens in Breslau, nachdem er Hunderte durch sein mächtiges Wort für den Kampf gewonnen, bot sich selbst seinem königlichen Kriegsherrn dar und zog mit von Breslau bis Paris. Karl von Raumer folgte seinem Beispiel. In Berlin griff der gewaltige Fichte, der vor fünf Jahren die Reden an die deutsche Nation gehalten, zu den Waffen. Er wollte nichts sein als ein Gemeiner, und wenn er keine größeren Dienste tun könne, wollte er wenigstens den Dienst verrichten, dass er immer vorwärts, nie zurückwiese. Arndts Freund, Georg Reimer, der Buchhändler, verließ Weib und Kind und zog ins Feld. Und so Tausende, darunter selbst Jungfrauen in Männerkleidern. Und die nicht mitziehen konnten, die rüsteten die Ziehenden aus. Es war eine Begeisterung des Gebens, wie sie die Welt nie schöner gesehen. Beamte, Offiziere, Pensionäre gaben ein Viertel, ein Drittel ihres Gehalts. Die Reicheren statteten ganze Scharen aus. Wer nicht Geld hatte, der gab, was er besaß – eine Jungfrau ihr schönes Haar. Goldne Trauringe wurden eingesendet und mit eisernen vertauscht, welche die Inschrift trugen: „Gold gab ich für Eisen 1813". Die Frauen, Steins Freundin, Prinzess Marianne, des Prinzen Wilhelm von Preußen Gemahlin, an der Spitze, waren unermüdlich tätig, für alle Bedürfnisse der Ausziehenden und Heimkehrenden zu sorgen. Das war Gottes Barmherzigkeit und Allmacht, dass er aus dem Herbst des Jahres 1806 einen solchen Frühling werden ließ.

Arndt hatte in Dresden eine Wohnung gefunden, in welcher er recht in dem herrlichen Anhauch der deutschen Begeisterung blieb, bei dem Oberappellationsrat Körner. Dieser treffliche Mann war einst Schillers treuer Freund und Helfer in der Not gewesen. Sein Sohn war Theodor Körner, ein Jüngling, dessen Lieder, dessen Leben und Sterben das Jahr 1813 aufs wunderbarste vergegenwärtigen. Der junge Körner hatte die letzte Zeit in Wien gelebt, im aufgehenden Glanze des Dichterruhms. Man durfte sagen: das Los war ihm aufs lieblichste gefallen! Er schwebte auf Fittichen der Dichtkunst über den Jammer der Erde, bräutliches Glück war ihm aufgeblüht, er hatte eine Stellung erlangt, die auch sein äußeres Leben behaglich gestaltete. Die Briefe, die er an die Eltern schrieb, atmen das schönste Glück. Da auf einmal, noch ehe der König den Aufruf erlassen, schreibt der junge Dichter an den Vater: „Deutschland steht auf; der preußische Adler erweckt in allen treuen Herzen durch seine kühnen Flügelschläge die große Hoffnung einer deutschen, wenigstens norddeutschen Freiheit. Meine Kunst seufzt nach ihrem Vaterlande – laß mich ihr würdiger Jünger sein! – Ja, liebster Vater, ich will Soldat werden, will das hier gewonnene glückliche und sorgenfreie Leben mit Freuden hinwerfen, um, sei's auch mit meinem Blute, mir ein Vaterland zu erkämpfen!" Er hat Wort gehalten. In dem schwülen Sommer des Jahres hat er sein Leben gelassen, ehe die Ernte angebrochen war. Jetzt im Frühling traf Arndt mit dem jungen Dichter in des Vaters Hause zusammen, die beiden, die mit Schenkendorf und Rückert die wunderbare Zeit in herrlichen Liedern gefeiert haben. O welche frischen Lebenstriebe waren in diesen Dichtern! Sie gebrauchten ihre Dichtergabe jetzt nicht zu leichtem Spiel, sie stellten sie vielmehr in den Dienst des Vaterlandes und riefen mit ihren Liedern auf, das lang geknechtete endlich zu befreien. Es galt jetzt Taten, zur Tat sollte auch der Gesang antreiben.

Bei Stein fand Arndt auch hier die völlige Glut und Schärfe, die nötig war, wenn die Ketten abgeschüttelt werden sollten. Stein war ein sehr mächtiger Mann geworden. Er war der Vorsitzer und oberste Lenker eines von Russland und Preußen gemeinsam eingesetzten Verwaltungsrates für die deutschen Angelegenheiten und die Verwaltung der wieder zu erobernden deutschen Länder. Arndt arbeitete unter ihm. Da waren wunderliche Anträge und Vorschläge zu beantworten, welche sich an den großen Minister herangewagt hatten, oft in der besten Meinung. Ein Professor wollte eine ungeheure, magnetisierte Batterie bauen, welche an des vaterländischen Heeres Spitze alle feindlichen Kugeln unschädlich heranziehen und zersplittern sollte. „Den Himmel selbst stürmen wir mit unserer Narrheit", sagte Stein da zu Arndt. „Schreiben Sie dem Narren, er solle mal herkommen und sich als Kugel in eine Kanone laden und gegen seinen Magnetberg schießen lassen, damit wir sehen, ob das Ding die Probe aushält!"

Endlich stand dem Heer der Verbündeten Napoleon mit einem neu geschaffenen Heere gegenüber, und der Kampf ward wieder aufgenommen. Ehe es zu großen Entscheidungen kam, starb zu Bunzlau in Schlesien am 23. April 1813 der alte russische Feldmarschall Kutusow am Nervenfieber. Da riefen viele: der alte deutsche Gott lebt noch! und Arndt rief: hier ist der Finger Gottes! Denn Kutusow war ein rechter Hemmschuh am deutschen Siegeswagen. An und für sich ein Zauderer, so dass ihn Alexander und Stein kaum über die Weichsel hatten bringen können, war er dazu eine hartnäckige russische Natur, welche die hohe deutsche Aufwallung und Begeisterung nicht verstand. Kutusow und Blücher – wie hätten die beiden in einem Heere befehlen sollen? Nun war der Zauderer tot und Arndt pries darin den Finger Gottes. Den sah er mit gläubigem Auge noch in gar manchem andern Ereignisse dieser großen Geschichte der Befreiung Deutschlands. Er hatte ihn in dem frühen Einbrechen des Winters im vorigen Jahre gesehen und er sah ihn bald nach Kutusows Tod in dem Tode Moreaus. General Moreau, einst wohl der Edelste der französischen Marschälle, war von Napoleon verbannt gewesen und kam nun, um im Heere der Verbündeten gegen Napoleon zu streiten. Aber eine der ersten Kanonenkugeln, die in dem wieder begonnenen Kriege bei Dresden flogen, raffte ihn weg. Da sagte Arndt aufs Neue: das ist der Finger Gottes! Denn wäre er am Leben geblieben, so hätten die Franzosen gesagt: wir sind durch den größten und edelsten unserer eigenen Feldherrn besiegt, aber nicht von den dummen Deutschen. Gott aber wollte die Franzosen durch die Deutschen schlagen.

Als der Krieg wieder begonnen hatte und nach den ersten unglücklichen Erfolgen Napoleon wieder in Dresden einzog, reiste Arndt mit kleinen Aufträgen Steins nach Berlin und besuchte von dort aus seine Freunde, Verwandte und vor allem seinen kleinen Sohn in der Heimat. Dann kehrte er nach Berlin zurück und verlebte dort den Junius unter seinen Freunden, die mit ihm in gleicher Stimmung waren, dass es jetzt gelte, alles an die Befreiung des Vaterlandes zu setzen.

In Berlin fühlte Arndt zuerst die Sommerschwüle des Jahres 1813 – die gedrückte, traurige Stimmung während des Waffenstillstandes. Anfang Mai hatte der Kampf wieder begonnen, die Verbündeten, vor allem die Preußen, darunter kaum eingekleidete Landwehrmänner, fochten wie die Löwen, aber die Schlachten bei Großgörschen und Bautzen nötigten dennoch zum Rückzug, machten sogar einen Waffenstillstand wünschenswert, damit die Heere vervollständigt, die Kräfte wieder gesammelt würden. Napoleon hatte seinerseits auch Gründe genug, auf einen solchen einzugehen. Er ward am 4. Juni abgeschlossen. Ein paar Tage darauf ging Arndt in Berlin unter den Linden spazieren mit Professor Reil, dem Arzte. Dieser Ostfriese, ein edler Mann, voll kräftigster Leidenschaft gegen Napoleon, voll heißester Liebe zu Deutschland, seit Jahren einer der mächtigsten Schürer des deutschen Feuers, stand mit Arndt unter einem Haufen Menschen, den das Gerücht, eine wichtige Nachricht sei gekommen, zusammengeführt hatte. Als die Kunde kam: es ist Waffenstillstand, da war Reil wie in den Boden hineingedonnert, erblasste einem Ohnmächtigen ähnlich, dann drückte er Arndt und den andern Freunden die Hand und die hellen Tränen strömten ihm über die Wangen. Es ist Waffenstillstand – das war eine schwüle Botschaft, denn man musste fürchten, dass die andere darauf folgen werde: es ist Friede, und das konnte nur, wie die Sachen nun standen, ein schimpflicher Friede sein ohne Freiheit. Um dieselbe Zeit kam die Nachricht, dass Hamburg, schon einmal befreit, den Franzosen wieder geräumt werden müsse, und mitten im Waffenstillstand der schmachvolle Angriff auf das Lützow'sche Freikorps, obendrein durch einen deutschen, württembergischen General mit deutschen Truppen im Heere Napoleons. Da wurden die besten deutschen Männer grimmig und kämpften in ihrem Herzen schwere Kämpfe durch. Wer die Schwere dieser innerlichen Kämpfe in der Zeit, da mit dem Schwert nicht gekämpft werden durfte, kennen lernen will, der lese die paar Lieder, die Körner in diesen Tagen gedichtet hat. Als die vereinigten Heere über die Elbe zurückzogen, da hat er den „letzten Trost" in dem gewaltigen Liede ausgesprochen: „Was zieht ihr die Stirne finster und kraus?" Darinnen sagt er:

Das Leben gilt nichts, wo die Freiheit fällt,
Was gibt uns die weite, unendliche Welt
Für des Vaterlandes heil'gen Boden? –
Frei woll'n wir das Vaterland wiedersehn,
Oder frei zu den glücklichen Vätern gehn!
Ja! glücklich und frei sind die Toten.

Drum heule, du Sturm, drum brause, du Meer,
Drum zittre, du Erdreich, um uns her;
Ihr sollt uns die Seele nicht zügeln!
Die Erde kann unter uns untergehn;
Wir wollen als freie Männer bestehn,
Und den Bund mit dem Blute besiegeln.

Und als der Waffenstillstand abgeschlossen war, dann sang er sich und den Brüdern abermals Trost:

Herz: laß dich nicht zerspalten
Durch Feindes List und Spott.
Gott wird es wohl verwalten,
Er ist der Freiheit Gott.

Laß nur den Wütrich drohen,
Dort reicht er nicht hinauf,
Einst bricht in heilgen Lohen
Doch deine Freiheit auf.

Die besten deutschen Herzen wurden nun angefochten wie das kananäische Weib, da ihm der Herr die Hilfe versagte. Aber sie hatten wie es ein gläubiges: und doch! Dennoch hielten sie fest daran, dass Gott sein deutsches Volk nicht werde untergehen lassen. Solcher Glaube musste die Krone empfangen: dir geschehe, wie du willst!

Arndt fuhr Anfang Juli von Berlin nach Reichenbach in Schlesien, wo Stein lebte und mit ihm viele Hohe und Gewaltige in dem Städtchen und der Umgegend. Denn hier wurden während des Waffenstillstandes die Unterhandlungen gepflogen, die alle tapfern Herzen bange machten, es könne Friede daraus werden. Arndt hatte in dem mit Gästen überfüllten Städtchen Not, eine Wohnung zu erhalten. Er musste um ein Eckchen, da er sein Haupt hinlegen konnte, kämpfen, erst mit einem russischen Oberst, dann mit einem Kosakenmajor, bis ihm als sicherer Besitz ein kleines Stübchen in der bröcklichten Stadtmauer bei dem Nachtwächter zuteil ward. Da saß er nun, und seine Seele träumte Vergangenes und Zukünftiges. Er ließ sein ganzes Leben an sich vorüberziehen und zeichnete die flüchtigen Bilder desselben und die Empfindungen, die ihm darüber kamen, in leichten Versen nieder. Sein liebes Rügen mit allen Freuden der Kindheit, das teure Elternpaar, der Sturm und Drang seiner Jünglingsjahre, die Liebe, die ihm als neues Leben aufgegangen war, das so flüchtige häusliche Glück – und dann der Schwur des Herzens, der deutschen Freiheit das Leben zu weihen und das unstete, freud- und leidvolle Leben, das ihm dieser Schwur eingebracht – das alles spielte vor seiner Seele wieder. Aber er musste sagen, dass Gott es gut mit ihm gemacht.

Bin ich nicht glücklich? Wie stehen in Kraft die mächtigen Berge
Fern in dem dämmernden Blau, Lehrer des Ewigen da!
Scheint nicht freundlich der Mond, der liebende Hort,
durch mein Fenster?
Leuchten die Sterne nicht lieb hier wie im Königspalast?

Bin ich nicht glücklich? Ich halte die grünende bräutliche Hoffnung,
Nehme sie stolzen Vertrauns mit mir hinab in das Grab;
Siegen wird Wahrheit und Recht und fallen die prunkende Lüge –
O ich glückseliger Mann! Solches hat Not neich gelehrt.

Rollt denn ihr Räder, die weiter mich tragt, und flattert ihr Segel!
Glaube und Liebe sind mit, Zorn fliegt fröhlich voran,
Vaterland klinget der Ruf, die Freiheit schwebt wie ein Engel,
Schwinget den leuchtenden Kranz über der staubigen Bahn!

Und wie er die Vergangenheit durchflogen und die Summe daraus gezogen, dass er glücklich sei, dann malt er der „Künftigen“ den Lebenstraum. Es scheint, dass er aus Berlin das Gefühl neuer Liebe zu einer deutschen Jungfrau mit in sein Kämmerlein gebracht. Er führt die Künftige zuerst nach Rügen und malt die Insel mit allen ihren starken und lieblichen Schönheiten, mit ihren mächtigen Erinnerungen und mit den treuen Menschen, die jetzt dort leben. Dann stellt er ihr die Wahl, ob sie dort die Hütte sich bauen wollen oder lieber am Rheinstrom, wo die Reben das Haus umranken und fröhliche Menschen in herrlichen Städten wohnen. Aber der Rhein weckt ihn aus seinen Träumen wieder auf, denn der deutsche Strom liegt noch in Fesseln.

O der zu glückliche Traum! wo fänden wir trauliche Stätte,
Welche nicht Schrecken und Wut mordischer Waffen umtost?
Dienstbar trauert der Rhein, der heilige Strom der Germanen,
Und auch mein heimisches Land heißet noch heute nicht frei;
Rings tobt Trug und Gewalt, ein grimmer Tyrann schwingt die Geißel.
Könige stehen gebückt, staunend gehorchet das Volk. – –
Sicher ist nichts, kein Thron und Palast, kein Berg und kein Eiland,
Sicher ist nichts als allein, was nicht Besitzes bedarf.
Dies laß uns halten, was tief im innersten Busen uns brennet,
Dies, was mit kühner Gewalt ferneste Fernen verknüpft.
Siehe, das Häuschen es steht, die Laube grünt und der Garten,
Mondschein schimmert darauf, Nachtigal klinget darin –
Erde vergeht, und Irdisches flieht, o laß uns den Busen
Dehnen zum himmlischen Raum, welcher es alles umfaßt! –

So hat Arndt die Stunden im Nachtwächterstübchen verlebt, bis ihn ein trefflicher Mann dort wegholte und in sein Haus führte, der Graf Karl von Geßler, Steins Jugendfreund, Theodor Körners Pate, ein Mann von ganzem deutschen Gefühl, in welchem er noch Jahre lang Arndts Freund und Gesinnungsgenosse war. Es war eine Überfülle berühmter Männer in Reichenbach und der Umgegend. Arndt war mit einem traulicheren Kreise öfter zusammen in der Stadt und in dem schönen Herrnhuter Flecken Gnadenfrei. Da fand sich das schöne Kleeblatt vaterländischer Sänger manchmal unter einem Dache; Arndt, Körner, Schenkendorf, und mit ihnen andere Tapfere. Und mit dem Grafen Geßler las er, die lange Zeit zu vertreiben, italienisch und griechisch. Und als endlich der Waffenstillstand gekündigt war, als endlich die Sommerschwüle vorüberging und eine schöne Spätsommerfreude und ein fröhlicher Herbst anbrach, da ging auch in Arndt ein neues Leben auf. In dieser Zeit lernte er den zornigen, mutigen Grafen als einen barmherzigen und milden zugleich kennen, wie ja der fromme Ritter beides vereinigen soll. Nach der Schlacht an der Katzbach, in welcher Blücher den Ton angab für das Lied, das nun gesungen werden sollte bis nach Paris hinein, kamen 18.000 französische Gefangene durch die Gegend, und in Reichenbach war ein Lazarett für Preußen. Da sorgte Geßler aufs treueste und fleißigste für die Verpflegung. Wie oft fuhr Arndt mit ihm hinaus auf sein Gut, von wo sie Kälber und Schöpse mitbrachten, die bald in Suppe und Braten für die Kranken verwandelt waren!

Die volle Herbstfreude war endlich da, der Leipziger Sieg. Da kam die Botschaft auch zu Arndt. Er fragte:

Wem ward der Sieg in dem harten Streit?
Wem ward der Preis mit der Eisenhand?
Die Welschen hat Gott wie die Spreu zerstreut
Die Welschen hat Gott verweht wie den Sand;
Viel Tausende decken den grünen Rasen,
Die Übriggebliebnen entflohen wie Hasen,
Napoleon mit.

Nimm Gottes Lohn! Habe Dank, Gesell!
Das war ein Klang, der das Herz erfreut,
Das klang, wie himmlische Zimbeln hell,
Habe Dank der Mär von dem blutigen Streit!
Laß Witwen und Bräute die Toten klagen,

Wir singen noch fröhlich in spätesten Tagen
Die Leipziger Schlacht.

Stein rief nach Leipzig und Arndt ging. Er sah Reil wieder, den Arzt. Er war von Berlin herübergekommen, der Lazarette sich anzunehmen. Ein sterbender Freund hatte ihm in Berlin schon das Verderben eingehaucht. Es lag ihm wie Blei in den Knochen und er konnte es nicht austreiben. In wenigen Tagen ist er der Krankheit erlegen und ist hingegangen in der Freude, dass sein Deutschland wieder frei sei. Im November zogen Herrscher und Heere und Stein mit ihnen nach Frankfurt. Arndt blieb in Leipzig und ließ kleine Schriften ausfliegen, darunter die trefflichste die Deutschen mahnte, nun den Rhein wieder frei zu machen.

Zwölftes Kapitel

Der Rhein, Deutschlands Strom, nicht Deutschlands Grenze

Ein heller Jubel durchklang die Seele Arndts in Leipzig. Das hat Gott getan! so rief's in ihm, so verkündigte er mit lauter Stimme. Gott gab er vor allem die Ehre, wie er's nachher in dem schönen Bundeslied ausgesprochen hat:

> Wem soll der erste Dank erschallen?
> Dem Gott, der groß und wunderbar
> Aus langer Schande Nacht uns allen
> In Flammen aufgegangen war.
> Der unsrer Feinde Trotz zerblitzet,
> Der unsre Kraft uns schön erneut,
> Und auf den Sternen waltend sitzet
> Von Ewigkeit zu Ewigkeit.

Er beugte sich demütig vor Gott, der solche Wunder der Rettung gewirkt, dann schaute er zurück und umher und fragte sich, welcher Werkzeuge sich Gott bedient. Da ward er veranlasst, ein Büchlein zu schreiben „über das Verhältnis Englands und Frankreichs zu Europa", in welchem er Frankreichs Missetaten zur Knechtschaft und Englands Hilfe zur Befreiung aufzählte. Am liebsten aber ruhte sein Blick auf dem tapfern Preußen. Man könnte sagen, Arndt ist in dieser Zeit ein Preuße geworden, wenn dieser deutscheste der Deutschen mit einem Sondernamen dürfte genannt werden. Zu Leipzig noch, einige Wochen nach der herrlichen Schlacht, ließ er drucken: „Das preußische Volk und Heer im Jahre 1813". Darinnen schildert er noch einmal alle die stille Arbeit, die in Preußen geschehen ist, um das Volk zur Abschüttelung des Joches fähig zu machen und dann das siegesmächtige Hervorbrechen der geheimen Rüstungen. „Die Aufgebote des Königs von Preußen wegen der Landwehr und des Landsturms waren Funken, die in ein Pulverfaß fielen. Man kann sagen, das ganze preußische Volk flog auf wie Pulver. Unvergeßlich jedem, dem ein deutsches Herz in der Brust schlägt, wird der Frühling und Sommer des Jahres 1813 bleiben. Wir können nun zu jeder Stunde sterben, wir haben auch in Deutschland das gesehen, weswegen es allein wert ist zu leben, daß Menschen in dem Gefühl des Ewigen und Unvergänglichen mit der freudigsten Hingebung all ihre Zeitlichkeit und ihr Leben darbringen können, als seien sie nichts..."

„Das ist die Gewalt des überschwänglichen Geistes, die Gewalt Gottes, die über die Menschen kömmt, daß sie aus ihnen selbst heraus und über sich selbst empor gehoben werden und dann nicht mehr fühlen, wer sie gewesen sind, ja kaum fühlen, wer sie sind, wenn das Höchste sie beherrscht. Ihr tapfern und frommen Kämpfer, wie habt ihr in Erstaunen selbst ausrufen müssen: das haben wir nicht gethan, das waren wir nicht, das hat Gott gethan, das war Gott! Gott gab uns die Kraft, Gott gab uns das Glück, Gott wollte, wir haben wollen müssen.

Ja, brave Männer, ihr redet und glaubet recht. Gott war in euch und ist in euch und wird in euch und mit euch sein. Gott hat sich gegen den Lug und Trug erhoben, Gott will die Schande und den Frevel verderben und die Welt wieder herstellen. Vor jenem heiligen Kreuze, womit ihr gezeichnet auszoget, sind die zahllosen Scharen des gewaltigen

Unterdrückers, der Fürsten und Völker in Spanien und Rußland in den Staub gesunken und haben die Wölfe und Raben gefüttert; vor diesem göttlichen Zeichen sanken die trotzigen Legionen, die sich die Weltbezwinger nannten, auch auf Deutschlands entweihten Gefilden in das Nichts. Gott gab euch das Glück und den Sieg, von Gott kömmt es her, und von niemand anders, daß ihr so fromm, so geduldig, so züchtig, so menschlich seid. Vertrauet diesem euren gewaltigsten Hort, vertrauet diesem euren mächtigsten Bundesgenossen, betet zu ihm, daß er euch im Glück bescheiden und mild erhalte, wie ihr im Unglück tapfer und unerschütterlich gewesen seid – und ihr werdet glücklich hindurchführen, was ihr euch als den Preis so herrlicher Mühen und Arbeiten vorgesetzt habt…“

Und was war der Preis dieser Mühe und Arbeit, der Preis so vielen edlen Heldenblutes? Das ganze Deutschland frei und groß! Der österreichische Minister, Fürst Metternich, unfähig zu einem großen deutschen Aufschwung, bot schon Anfang November, vierzehn Tage nach dem Leipziger Sieg, Frankreich den Frieden an – mit dem Rhein als Naturgrenze! Darum musste, da das siegreiche Heer nunmehr dem Rhein zuzog, mit doppeltem Eifer die Losung ausgerufen werden:

Der Rhein, Deutschlands Strom, nicht
Deutschlands Grenze!

Es ist eine der französischen Tollheiten und Frechheiten, dass sie immer wieder das viel gesungene Lied anstimmen: der Rhein ist Frankreichs natürliche Grenze! „Der Rhein ist Frankreichs Naturgrenze, bewies Sülly im Jahre 1600 und 1610; der Rhein ist Frankreichs Naturgrenze, rief Richelieu in den Jahren 1625 und 1635; der Rhein ist Frankreichs Naturgrenze, erklärte der Graf d’Avaux in den

Jahren 1640 zu Münster in den heiligen Orten, wo Herman der Cherusker den Römern weiland andere Erklärungen gegeben hatte; der Rhein ist Frankreichs Naturgrenze, klangen in den Jahren 1670 bis 1700 Louvois und Colberts Reden im Staatsrat Ludwig des Vierzehnten und sangen die Hofpoeten Boileau und Racine im Vorzimmer; der Rhein ist Frankreichs Naturgrenze, schrieen die Ungeheuer an der Seine vom Jahre 1790 bis 1800." Und wir dürfen das Register Arndts vervollständigen und sagen: der Rhein ist Frankreichs Naturgrenze, so sang Thiers 1840 das alte Lied in neuer Weise. Der Rhein ist Frankreichs Naturgrenze, so sangen die Höflinge des dritten Napoleon mit ihren falschen Stimmen. Tat es nicht not, dass ganz Deutschland mit einem Munde und unter Schwerterklirren die volltönige Antwort gab: „Sie sollen ihn nicht haben, den freien deutschen Rhein"?

Der alte Arndt, der auf dem linken Rheinufer sich nach den Kriegsstürmen sein Haus gebaut und dem Deutschland auf dem linken Rheinufer ein Denkmal der Ehre gesetzt hat, ist der rechte Mann, uns die Losung immer ins Herz, in den Mund und auf das Schwert zu schreiben: Der Rhein, Deutschlands Strom, nicht Deutschlands Grenze.

Er sagt zuerst ein Wort über die Frage: Was sind die Naturgrenzen eines Volkes? Er antwortet: Die einzige gültige Naturgrenze macht die Sprache. Die Verschiedenheit der Sprachen hat Gott gesetzt, damit nicht ein großer, fauler und nichtswürdiger Sklavenhaufe auf Erden wäre. Die verschiedenen Sprachen machen die natürliche Scheidewand der Völker und Länder, sie machen die großen innerlichen Verschiedenheiten der Völker, damit der Reiz und Kampf lebendiger Kräfte und Triebe entstehe, wodurch die Geister in Lebendigkeit erhalten werden. Nur einzelne Teile eines Volkes, die von andern Völkern umschlossen als ein kleinerer Teil in einem größeren Ganzen wohnen, müssen sich natürlich bequemen, dem größeren Staate anzugehören und nicht dem entfernten Stammlande. So gehört das slavische Böhmen zu Deutschland, so das deutsche Siebenbürgen zu Ungarn. Das übrige, was beisammen wohnt und einerlei Sprache spricht, gehört auch von Gott und Natur wegen zusammen, und diese weisen Verwalter des menschlichen Glücks haben es meistens so eingerichtet, dass eine Sprache selten das Maß der Grenze überschreitet, innerhalb welcher ein Volk von einer Regierung übersehen und verwaltet werden kann. Nächst der Sprache machen nach der Erfahrung der Zeiten Gebirge und Meere Naturgrenzen, nicht an sich selbst, sondern weil sie Sprachgrenzen sind und also die Völker durch Verschiedenheit und Ungleichheit, ferner auch durch daraus entspringende Abneigung und Hass absondern. Das Meer verbindet zwar die Menschen, aber die einzelnen, die auf den Wegen des Handels usw. gehen, nicht die Völkermassen. Und wie Berge und Meere, so werden auch große Wüsten und Sümpfe Naturgrenzen, weil sie die Verbindung des einen Landes mit dem andern erschweren. Aber Ströme sind nie Naturgrenzen gewesen und können es auch nie werden. Ströme fließen in der Regel durch fruchtbare Ebenen, wo die meisten Menschen wohnen, die reichsten Felder prangen, die fettesten Herden weiden. Was hindert ein glückliches wohlhabendes Volk, Brücken über den Strom zu schlagen, Fähren beständig hinüber und herüber fahren zu lassen und selbst alle Tage in großen Haufen zu Geschäften oder zu Festen von einem Ufer aufs andere zu gehen? Selbst ein Heer kann ein anderes schwerlich hindern, den Strom zu überschreiten, wenn nicht künstliche Mittel, Festungen hinzukommen. Im Frieden kommen die Menschen auf das leichteste an beiden Ufern zusammen und teilen einander Sprache, Sitten, Art mit, sie werden und bleiben ein Volk. Im Krieg gibt ein Strom nur künstlich eine Verteidigungsgrenze, wenn er mit Festungen besetzt ist; eine solche Kunstgrenze aber kann man auch anderswo machen.

Was soll nun nach diesen vorläufigen Erörterungen die Losung bedeuten: Der Rhein, Deutschlands Strom, aber nicht Deutschlands Grenze? Das soll heißen: Die beiden Ufer des Rheins und die umliegenden Lande müssen deutsch sein, wie sie sonst waren, die entwendeten Lande müssen dem Vaterlande wieder erobert werden. Ohne den Rhein kann die deutsche Freiheit nicht bestehen.

Vier Zeugen stellt Arndt auf für die Wahrheit dieser Behauptung: Das Recht, die Politik, die Ehre und die Treue des deutschen Namens.

Zuerst tritt das Recht auf und spricht geradezu: So weit im Südwesten Deutschlands flamländisch (eine Mundart der großen deutschen Sprache) gesprochen wird, war alles von jeher deutsch und muss wieder deutsch werden. Meine deutsche Grenze gegen Frankreich geht in gerader Linie von Dünkerken südlich unter Mons und Luxemburg hin, läuft von da auf Saarlouis, dann folgt sie längs der Saar und dem Vogefus der deutschen Zunge bis Mömpelgard und zieht sich von da auf die Rheinbucht bis Basel. Das Recht beweist, dass von Anfang an deutsche Stämme diese Länder besessen haben und dass sie durch Unrecht von Deutschland losgerissen worden sind.

Die Politik ist der zweite Zeuge und sagt aus: Seit Jahrhunderten haben die Franzosen geschrien: der Rhein gehört natürlich zu Frankreich, ohne den Rhein hat Frankreich keine Rundung und Grundfeste der Macht, mit dem Rhein aber ist seine Grenze auf immer bestimmt und beschlossen, und weiter will und darf es nicht streben. Aber das war nur eine arge List; nicht den Rhein, sondern durch den Rhein wollen die Franzosen die Oberherrschaft über ganz Deutschland. Vom Rhein aus haben sie weiter und weiter gestrebt. Ist das übermütige Volk nicht über die

Weser und Elbe und Oder hinausgeschritten? Die Politik verlangt, dass Deutschland durch den Besitz des Rheins und der gesamten Rheinlande gestärkt werde gegen Frankreich. Der Rhein ist ein vorgebeugtes Knie, das Frankreich, wenn es ihm gefällt, auf Deutschlands Nacken setzen und womit es dasselbe erwürgen kann. Wir haben den fürchterlichen Druck dieses Knies gefühlt und holen kaum erst Atem. Hat Frankreich den Rhein, so liegt ihm alles Land offen bis zur Elbe, und gegen Osten kann es seine Heere ungestraft vorstoßen bis an den Lech und die Quellen des Mains und der Saale; die gute Hälfte Deutschlands liegt abhängig vor ihm und die übrige Hälfte muss dem dienenden und zitternden Teile bald nachfolgen. Frankreich behält das Übergewicht über Deutschland und damit über Europa. Europa muss streng gegen Frankreich sein, denn sein Übergewicht über Deutschland wird durch drei Stücke recht offenbar. Erstlich: Frankreich hat eine ausgezeichnete, geschützte Lage, durch den atlantischen Ozean, die Pyrenäen, das Mittelmeer und die Alpen ist es gegen fremde Anfälle mit Bollwerken umgeben. Nur ein Achtel seines Umfangs gegen Deutschland hin bedarf des künstlichen Schutzes durch Festungen. Hingegen Deutschlands ganze Ostgrenze gegen Ungarn und Polen, ein Teil seiner Nordgrenze gegen Dänemark und der größte Teil seiner Südwestgrenze gegen Frankreich liegt von Natur offen und muss durch Kunst verteidigt werden, d.h. die Hälfte der Grenzen Deutschlands ist leicht zugänglich. Zweitens: Frankreich ist eine einzige ungeteilte Monarchie, stark durch die Einheit. Deutschland dagegen hat eine bündische Verfassung, und ist schwach durch die Vielheit seiner Staaten. Drittens: das deutsche Volk ist kein Eroberervolk, es ist still, mäßig, gerecht, eher zu ruhig, als zu wild. Seine Geschichte beweist, dass es immer lieber das Seine behalten, als das Fremde erobern will. Das französische Volk dagegen ist leichtsinnig, unstet, unruhig, ungerecht. Weil sie sich durch ihren eigenen Willen nicht beherrschen können, müssen sie einem Fremden blind gehorchen. Sie sind ein Eroberervolk, und nie werden die Nachbarn vor ihnen Ruhe haben. Darum verlangt die Politik, dass jetzt, da Gott den Deutschen die Gelegenheit bietet, die Rheinlande den Franzosen abgenommen und sie dadurch zum Gleichgewicht mit Deutschland zurückgebracht werden.

Der dritte Zeuge tritt auf: die Ehre, und vermahnet also: „Wenn ich, die ich Ehre genannt werde, noch bin, die ich vormals war, wenn ihr Deutsche mir noch mit freiem offenem Auge ins Angesicht blicken wollt, so müsset ihr das Schwert nicht in die Scheide stecken, ihr habt denn eure alten Grenzen und eure abgerissenen Brüder wieder gewonnen. Jetzt, da ihr bekennet, ja, da ihr fühlet, ihr seid in dem gerechtesten Kriege, den ihr je geführt, gegen die grausamste Treulosigkeit und Unterdrückung aufgestanden – jetzt, da ihr Gott zum Zeugen und Bundesgenossen genommen habt, jetzt wolltet ihr noch zweifelnd vor dem Halben stehen bleiben? jetzt wolltet ihr noch fragen und fragen lassen, ob mit dem Rhein als Grenze der Arbeit und des Blutes nicht genug sei? Nein! nimmermehr, euren ganzen Stolz müsset ihr euch nehmen, euren ganzen Stolz müsset ihr aussprechen, daß ihr das Eigene ohne alle Bedingungen wieder verlanget... Sprechet den großen Grundsatz aus und lehret ihn euren Kindern und Kindeskindern als das heiligste Gebot eurer Größe und Sicherheit, daß ihr nie fremde Völker erobern wollet, daß ihr aber auch nimmer leiden wollet, daß man euch nur ein Dorf von euren Grenzen abreiße...“

Die deutsche Treue kommt als letzter Zeuge und hat ihre Schwester, die Liebe, an der Hand. Sie ist grau geworden vor Gram und stumm vor Schweigen. Sie war von dem Volke ausgestoßen, und wo sie in einer Versammlung erscheinen wollte, als eine Landläuferin behandelt. Ihre Augen sind trübe von Weinen, ihre Gestalt ist abgezehrt, ihr Schritt ist schwach und wankend; sie ist nicht mehr die alte fröhliche und stolze Kriegerin, die in die Posaune blies und rief: Hie Deutschland und Sieg! aber wer sie hören will, zu dem spricht sie: „Wie, ihr deutschen Fürsten und Völker, das könnet ihr? das wollet ihr? eure Brüder wollet ihr so leichtsinnig und herzlos verlassen als den Raub eines fremden Volkes und fremder Sprachen, Sitten und Gesetze, die ihnen sonst die verhaßtesten waren? ihr wollt diese kräftigen, tapfern, freiheitliebenden Männer zu Franzosen werden lassen? ihre Kinder und Enkel sollen von euch, vom deutschen Namen, von deutscher Ehre und Freiheit, nicht mehr wissen? ... Die unter römischer Tyrannei germanisch blieben, weil ihre Herzen das Fremde verabscheuten, die sollen endlich beinahe 2000 Jahre nach Julius Cäsar doch eine Art Römlinge, sie sollen Franzosen werden? Die Enkel der Trevirer, Nervier, Aduatiker, Eburonen, Sigambern und Franken sollen Knechte der Fremden werden, sollen die Freiheit als einen fernen Klang der Vorzeit nur mit den Ohren kennen, nicht mehr mit dem Herzen? – Denn wo Franzosen gebieten, mag keine Freiheit wohnen. – Und die Enkel der Bataver und Friesen, dieses edle und große Volk, das unter dem Panier der Freiheit und der Nassaue ein Jahrhundert für die Selbstständigkeit Europas gestritten hat, das Helden und Gesetzgeber und Erfinder und Künstler gehabt hat, denen Völker mangelten, die zwanzigmal mehr Umfang haben, als sie, auch die Holländer wollet ihr in der Knechtschaft lassen? ... Und wenn diese euch fremd dünken, so blicket auf die nächsten, welche zwischen dem Rhein und der Mosel und Saar wohnen, welche die Ufer der Roer und der Maas beweiden, und errötet, wenn ihr nicht hoffet, daß sie wieder Deutschlands Kinder werden sollen, ja wenn ihr nicht vor Gott und der Welt gelobet, daß ihr sie wiedergewinnen wollet? Werfet eure Augen auf diese Ströme und Länder, o wendet auch eure Herzen dahin! was sehet ihr? was fühlet ihr? ihr sehet das Land, das euch an die herrlichsten Arbeiten und Kämpfe eurer Väter mahnet, ihr sehet die Ursprünge und Anfänge eures Volkes, die ältesten und heiligsten Erinnerungen des Reiches der Deutschen, die Wiege eurer Bildung, die Städte, wo eure Kaiser gewählt, gekrönt und gesalbt wurden, die Grüfte, wo eure Erzkanzler und Erzbischöfe schlafen, die Denkmäler eures Ruhms und eurer Größe, wohin ihr blicket, wohin ihr tretet – und ihr könntet den Gedanken ertragen, daß dieses Älteste, dieses Ehrwürdigste, dieses Deutscheste französisch werden sollte? wahrlich mit dem Gedanken ertraget ihr auch die französische Sklaverei. Aachen, Straßburg, Mainz, Köln, Trier, Lüttich, Speier, Worms, den deutschen Königsstuhl bei Renfe, die Schlachtfelder, wo ihr so oft gegen die Franzosen siegreich waret, das tapfere, lebendige und geistreiche deutsche Geschlecht, das diese gesegneten Lande bewohnt, dieses echteste, älteste Kleinod eures Namens – alles dieses könntet ihr den Fremden lassen? Jene Denkmäler, welche eure ehrwürdigen und frommen Väter in Köln, in Antwerpen, in Straßburg und Amsterdam dem Ewigen erbaut haben, das Gedächtnis eurer grauen Heldenzeit und so viele andere Heiligtümer eurer Art und Kunst wolltet ihr denen lassen, deren Blicke nie nach oben gehen und welchen diese Herrlichkeiten nichts Ewiges verkündigen? – O nein! nein! das wollet ihr nicht, das könnet ihr nicht wollen. Wahrlich, die Gebeine eurer Väter würden sich in ihren Gräbern umkehren und wehe! wehe! rufen über euch und das Vaterland, das ihr verlasset! …“

Und wenn Rheinland französisch würde, was sollte aus dem übrigen Deutschland werden? „Wenn die Franzosen am Rhein herrschen“, sagt Arndt, „so herrschen sie in dem Kern unsers Volkes, sie greifen uns in unserm innersten und eigensten Leben an, sie zerstören uns in dem Keimen unsers Wesens. Deutschland könnte durch eine Gunst der Umstände, die sich freilich nicht erwarten, aber doch denken läßt, in seinem Osten vielleicht noch eine Zeit lang mächtig sein, selbst wenn die Franzosen das von uns geraubte Gebiet behielten; als ein deutsches Volk wird es gewiß nicht lange mächtig sein, es wird überhaupt nicht lange ein deutsches Volk bleiben, wenn den Franzosen am Rhein die Herrschaft bleibt. Der Rhein und seine umliegenden Lande und die nächstliegenden Lande von Schwaben, Franken, Hessen, Westfalen und Braunschweig sind der Kern und das Herz des deutschen Volkes, woraus sein rechtes Lebensblut und seine lebendigsten Lebensgeister in alle Adern, ja in die äußersten Glieder seines Leibes ausgegossen werden; dort, wenn sie nicht überhaupt ein Traum ist, lebt die rechte Deutschheit... Das ist wahr, daß eine gewisse Lebendigkeit, ein gewisses erfrischendes Leben, ein gewisser geistiger Atem, den ich rein germanische Luft nennen möchte, dem deutschen Norden aus seinem Südwesten kommen muß und immer gekommen ist... Auch am Riemen, an der Oder und der Donau ist Deutschland, aber hier ist das ursprüngliche Deutschland, weiland der Mittelpunkt und die Stärke des Reiches, immer noch der Mittelpunkt deutschen Lebens und deutscher Sitte; hier ist von deutscher Sprache und Geschichte ein unerschöpflicher Schatz niedergelegt, wovon die fernsten deutschen Brüder zu holen kommen und welcher doch nie ausgeleert werden kann. Wenn nun das Unglück bleibt, daß die Franzosen den Rheinstrom behalten, so wird der Deutsche in seinen Keimen vergiftet und erstickt; Deutschland kann seinen Namen noch Jahrhunderte behalten, aber Deutschland ist dann bald nicht mehr...“

„Ich habe meine Worte über unsern Rhein gesprochen. Ich könnte sagen: ich habe meine Seele gerettet; aber Ruhe giebt das nicht, daß man geredet hat. Behalten die Franzosen den Rhein, so habe ich mein deutsches Vaterland verloren: dann muß ich thun, wie die Störche von Aquileja, als Attila die Stadt belegt hatte und auf ihre Mauern stürmte, ich muß meine Flügel schwingen und in ein anderes germanisches Land fliegen, weil mein Deutschland und meine Liebe dann dahin ist: denn Halbfranzosen sollen meine Kinder nicht werden ..."

Der alte Arndt hat seine Kinder am schönen lieben Rheinufer erziehen dürfen. Wir aber wollen, so oft von Frankreich her die falsche Stimme singt: der Rhein ist Frankreichs Naturgrenze, die Hand am Schwert, einmütig hinüberrufen: der Rhein, Deutschlands Strom, nicht Deutschlands Grenze!

Dreizehntes Kapitel

Wanderungen durch das befreite Deutschland

Bald lieferten die deutschen Heere vor ganz Europa den Beweis, dass der Rhein Deutschlands Strom, nicht Deutschlands Grenze sei, indem sie ihn überschritten, die Franzosen von seinen Ufern verjagten und vor sich her nach Frankreich hineintrieben. Der Feldmarschall Blücher dachte, es müsste für die deutschen Brüder am linken Rheinufer ein köstliches Prost Neujahr sein, wenn auf einmal deutsche Regimenter über den Rhein kämen, und setzte den Übergang auf die Neujahrsnacht fest, in welcher das Siegesjahr 1813 dem Siegesjahr 1814 den Platz einräumte. In derselben Nacht ging sein Heer auf drei Punkten, bei Mannheim, Kaub und Koblenz über den Rhein. An dem mittleren Punkte war er selbst dabei. Dort bricht sich der starke Strom mit mächtigen Wellen Bahn zwischen gewaltigen Felsen, die auf beiden Ufern emporstarren. Gar heimlich ward alles geordnet. Der Feind, der am linken Ufer Wache hielt, merkte nicht, wie die deutschen Scharen sich durch das Tal hinter Kaub herabwälzten und bei dem Städtchen aufstellten, wie mit dem Brückenschlagen begonnen ward und wie einstweilen der Graf von Brandenburg 200 Füsiliere auf Kähnen über den Strom führte. Die Nacht war sternhell, aber doch so hell nicht im Flusstal, dass die Franzosen eher etwas gemerkt hätten, als bis die deutschen Soldaten ans Ufer sprangen und gegen den Befehl in der Freude des Herzens, ein lautes Hurra erschallen ließen. Der Feind, ohnedies schwach, sah, dass gegen dieses deutsche Hurra am linken Rheinufer nichts auszurichten sei und floh. In den ersten Tagen des neuen Jahres gingen die Truppen alle über und schritten rüstig über Schnee und Eis Frankreich zu.

Natürlich blieb Arndt, da die siegreichen Heere, mit denen er von St. Petersburg bis Leipzig gezogen war, zum Rhein und über den Rhein vordrangen, nicht länger in Leipzig zurück. In den ersten Tagen nach Weihnachten ging er nach Frankfurt a. M., nicht über Fulda, weil auf der großen Heerstraße keine Pferde aufzutreiben waren, sondern über den Thüringer Wald. Hoch auf dem Gebirge stürzte er auf dem spiegelglatten Schnee- und Eisfelde auf eine fürchterliche Weise mit Pferden und Wagen kopfüber, kam aber mit einer tüchtigen Beule und einem wackligen Zahn davon. Mit Freuden zog er in Frankfurt a. M. ein. War doch die alte freie Reichs- und Krönungsstadt, eine Zeit lang die Residenz des Primas der Rheinbundsfürsten, jetzt wieder befreit, schwangen sich doch die kühnsten Gedanken bis zu der Hoffnung empor, dass bald wieder ein deutscher Kaiser in ihr werde gekrönt werden! Hier in Frankfurt, unter deutsch gesinnten Männern verlebte Arndt den Winter, machte im Gemüte mit durch, was die Heere im Feldzug gegen Frankreich durchmachten, Zorn, dass man gegen Frankreich, von dem doch alle Unruhe ausgegangen, die Sprache gar zu großer Milde und Langmut führte, Sorge, wenn Friedensunterhandlungen den geschwinden Schritt gen Paris hemmten, zuletzt aber Jubel, dass der alte Marschall Vorwärts die andern sich nachriss und Paris einnahm. Freilich jetzt erst, nachdem die Hauptstadt des unruhigen Franzosenvolks, die Quelle des Elends, in welches Deutschland versetzt worden war, den Herrschern zu Füßen lag, jetzt erst fühlte das deutsche Herz recht schmerzlich, dass auf Frankreichs Stimme mehr gehört ward als auf die Stimme Deutschlands, dass man sich scheute, den Räubern auch nur die Kunstschätze wieder abzunehmen, die sie aus Deutschland fortgeschleppt, geschweige dass Elsass und Lothringen, Straßburg und Metz, die alten deutschen Länder und Städte, wieder dem deutschen Reiche wären zugeteilt worden. „Denn trotz aller Widerwärtigkeiten", so konnte er aus Frankfurt an Frau Charlotte von Kathen schreiben, „habe ich mir aus der Zeit die schöne Lehre geholt, daß es kein besseres Volk gibt als das meinige und daß die deutsche Art und Natur gar nicht zu verwüsten ist. Wenn ich dies so recht mit Freuden und Anbetung fühle, komme ich mir oft viel besser vor als ich bin." Aber für dies Volk hatten die Federn verdorben, was die Schwerter gut gemacht.

Arndt war im Frühling nach Koblenz hinabgegangen, in der Hoffnung, bei der Verwaltung des Mittelrheins, die jetzt unter Gruner stand, eine Stelle zu finden. Daraus ward nichts und er begab sich wieder auf die Wanderung. Er wanderte den Rhein auf und ab und lernte jetzt Land und Volk in diesen Gegenden erst recht kennen und lieben. Mehrmals war er in Straßburg – wenn er dann von dem Turme des herrlichen Münster in die schöne Welt hinaussah, westwärts nach den Vogesen, südwärts nach dem Jura, ostwärts nach dem Schwarzwald und bedachte, dass dies alles ursprünglich deutsche Lande waren und doch zum Teil dem französischen Volke nicht wieder abgenommen, welch ein Schmerz kämpfte da mit der Lust an all der Herrlichkeit! Er durchstreifte die Gegenden, wanderte im Schwarzwald umher mit seinen Bergen, Schlössern, Wäldern, brausenden Wasserfällen und rauschenden Bächen, er kehrte in Speier und Worms ein und betrachtete die gewaltigen Dome. Wie musste da die Losung in ihm immer wieder lebendig werden: der Rhein, Deutschlands Strom, nicht Deutschlands Grenze! Und überall fand er ein kräftiges, munteres, hoffnungsvolles Geschlecht, und auch im

Elsass unter der französischen Herrschaft Lust genug, wieder deutsch zu werden, wenn nur aus Deutschland etwas Großes und Ganzes gemacht würde. Er zog rheinabwärts, nach Köln, nach Düsseldorf und in die Berge des Herzogtums Berg. Da fand er Männer, fest und tüchtig, glühend und sprühend wie das Eisen, das sie mit Feuer zu bändigen gewohnt sind. Zwischendurch war er in der Nähe seines Herrn, wie er ihn gern nannte, Steins, in Frankfurt a. M. vor dem Eschenheimer Tor, wo oftmals der damalige Kronprinz Ludwig von Bayern an des Ministers Tische in lauter, freier Rede seine deutsche Gesinnung aussprach, und im August war er einige Tage auf Steins Schloss zu Nassau an der Lahn. Da lernte er die Lieblingsschwester seines Gönners kennen. Marianne, die Dechantin eines adligen Stiftes zu Homberg in Kurhessen, deutsch, feurig, mutig, witzig wie der Bruder, nur feiner alles und geistiger. Sie hatte auch ihr Teil an Deutschlands Erniedrigung getragen, denn Napoleon hatte sie einst im Jahre 1809, weil sie beschuldigt ward, dem General Dörnberg zu seiner Erhebung gegen die französische Herrschaft eine Fahne im Stift gestickt zu haben, mit Gendarmen nach Mainz, und von da nach Paris bringen lassen, in Schimpf und Not und Entbehrung. Jetzt war ein lichtes Leben in dem alten Stein'schen Stammsitz aufgegangen: die drinnen wohnten, die Gäste, die aus- und eingingen, die Eingesessenen der Herrschaft vom Beamten bis zum Arbeiter herab, sie alle waren voll Freude, dass der Zwingherr gestürzt war. Als Stein nach Wien gegangen war, wo die Herrscher der Welt eine neue Ordnung für die zerrüttete schaffen wollten, im Herbste 1814, wanderte Arndt gen Norden. Es muss ein seliges Gefühl gewesen sein, damals all die deutschen Gaue, die noch jüngst von frechen Eroberern zertreten und ausgesogen waren, wieder zu sehen im Freudenscheine der Freiheit, ein Gefühl, das Max von Schenkendorf in dem Lied ausgesprochen:

Wie mir deine Freuden winken
Nach der Knechtschaft, nach dem Streit!
Vaterland, ich muß versinken
Hier in deiner Herrlichkeit.
Vaterland, in tausend Jahren
Ward dir solch ein Frühling kaum,
Was die hohen Väter waren,
Heißet nimmermehr ein Traum!

Ein Jahr war vergangen seit der Leipziger Schlacht; in Erinnerungen an diesen großen deutschen Sieges- und Ehrentag wanderte Arndt seine Straße, zu Fuß, den Säbel an der Seite, den Stab in der Hand. „O es geht keine Lust und Freiheit über die Lust und Freiheit des Fußgängers", ruft er noch als Greis aus, wenn er der damaligen Reise gedenkt. „Und wer die Sitten, Arten und Weisen der Menschen und Völker recht erkunden will, soll, wo Wüsten und Räuber es ihm nicht verbieten, nimmer anders pilgern. Wer in Kutschen mit Vieren dahergefahren kommt, schließt den Leuten den Mund oder öffnet ihn nur dem Lügner und Schmeichler; dem Fußgänger aber gehört die Welt, er ist des Bauers und Bürgers Gleicher, und jeder steht ihm Rede und gewinnt ihm Rede ab, und so wird ihm auch die Lust, durch die Gefühle und Gedanken der Menschen frei durchzuspazieren." Er wanderte denn durch die Wetterau, Hessen und Westfalen lustig hin. Er besah sich den Teutoburger Wald, in welchem einst Hermann die Römer geschlagen, er freute sich an der Porta Westfalica, wo die Weser sich durch schöne Berge Bahn bricht, in Bückeburg ruhte er ein paar Tage bei dem Doktor Faust, nicht dem alten, geheimnisvollen, von welchem die deutsche Volkssage wunderliche Dinge zu erzählen weiß, sondern bei dem biedern Arzt, dem Volks- und Kinderfreund, der für des Volkes und der Kinder Gesundheit durch einen

Gesundheitskatechismus gewirkt hat und die Leute mit der Schutzpockenimpfung aussöhnte durch Brezeln, die er zur Erinnerung an die Einführung der Impfung alljährlich unter einen jubelnden Kinderhaufen verteilte.

Er kam nach Berlin und blieb da den Herbst und Winter bis zum Frühling 1815. Preußen sah er jetzt als seine Heimat an. In einer deutschen Provinz, unter schwedischem Zepter geboren, hatte er immer für ganz Deutschland seine Stimme erhoben. „Das ganze Deutschland soll es sein", das war dieser Stimme Klang immer gewesen. Aber irgendwo in Deutschland musste er doch seine besondere Heimat haben, festgewurzelt sein, wenn er nicht unstet und irre umherflattern sollte. Als Preußen, der Staat, welcher unter Friedrich dem Großen der ganzen Welt trotzen durfte, nach der Schlacht bei Jena so schrecklich zusammenbrach, da fing Arndt an, eine rechte Liebe zu ihm zu spüren, wie man einen liebt, der die Kraft zu Großem und Hohem in sich trägt, aber vorübergehend einem widrigen Geschicke erliegt. Als aber dies Preußen sich erhob, als Arndt in Königsberg sah, wie das neue Preußen in Landsturm und Landwehr sich rüstete, als er den Löwenmut auch in den unglücklichen Schlachten des Frühjahres 1813 erkannte, als er dann Blücher an der Katzbach, Bülow bei Dennewitz, York bei Wartenburg siegen sah, als er merkte, wie viel bei Leipzig die Preußen getan und wie sie es waren, welche nach Paris stürmten, da ward er mit ganzem Herzen ein Preuße, da ward ihm der preußische Staat der feste Punkt, von welchem er hinfort für das ganze Deutschland zu wirken gedachte. Und mit den Augen eines Preußen, mit dem Stolze eines Angehörigen des Preußenvolks, das am meisten zur Befreiung Deutschlands beigetragen, sah er denn auch die Verhandlungen des Wiener Kongresses an. Ach, da haben abermals die Federn verdorben, was die Schwerter gut gemacht – da gab's ein Streiten und Zerren um die Länder, ein Umschleichen und Überlisten, dass einem deutschen Mann das Herz wohl unmutig werden konnte. Wer weiß, was noch geschehen wäre, hätte nicht der alte Gott seine Zuchtrute noch einmal losgelassen und die Streitenden wieder zusammengetrieben. Plötzlich erscholl die Kunde: Napoleon ist wieder von Elba nach Paris gekommen! Die Herrscher rüsteten wieder Krieg, die deutschen Augen und Herzen waren wieder gen Westen gerichtet. Und Arndt zog wieder dem Rheine zu. Dort war er den großen Ereignissen näher, dort hoffte er auch endlich an der hohen Schule, die zu Bonn gegründet werden sollte, ein festes Amt zu erhalten.

Zunächst ging Arndt nach Aachen, um sich das Kriegsgetümmel und die Bewegung in Belgien ein wenig in der Nähe zu betrachten. Von da fuhr er nach Lüttich, sah und hörte dort einen seiner Helden wieder, den alten Blücher. Es war eine Geschichte vorgefallen, die wie ein Messer durch das deutsche Herz schneidet. Auf dem Wiener Kongress war Preußen durch einen Teil von Sachsen für gehabte Verluste entschädigt worden, und es sollten nun die königlich sächsischen Bataillone zwischen Sachsen und Preußen geteilt werden. Das gab einen Aufruhr, ein Haufe wollte den Palast Blüchers erstürmen. Aber die Brüder der wild Erregten, auch sächsische Soldaten, welche die Wache hatten, hielten Stand gegen ihre eigenen Kameraden, verteidigten die Tore aufs mannhafteste, dass Blücher, Gneisenau und die andern sich davon machen konnten. O was wäre es für ein grausiges Unglück gewesen, wenn diese Helden auf dem Zug gegen Napoleon von deutschen Soldaten wären gemordet worden! Blücher versammelte die Sachsen und Preußen und sagte ihnen: „Nein, die Franzosen sollen sich nicht freuen, daß sie ihren Bonaparte wieder geholt, daß sie hier vom Aufruhr der Deutschen gegen ihren General gehört haben. Wir sind vor ihnen und an ihren Grenzen keine Sachsen und keine Preußen, wir sind alle Deutsche, wollen Deutsche bleiben, und als Deutsche siegen oder sterben. Ich habe es geschworen, und ihr schwöret es mit mir, ich komme nur als Leiche oder als Sieger über den Rhein zurück." Gott sei Dank, dass keine Uneinigkeit unter den deutschen Stämmen ihn hinderte, als Sieger zurückzukommen. Zum Krieg und Sieg rüstete sich Deutschland nun in jenen Gegenden. Als Arndt von Aachen nach Köln gezogen war, spürte er noch immer das Getümmel des Krieges. Er hatte nun seinen Sohn bei sich. Als er einst mit lieben Bekannten, die als Freiwillige auf dem Wege zum preußischen Heer durch Köln kamen, am Ufer des Rheines wanderte, lief der vierzehnjährige Knabe, schlank und schön, mit langen, fliegenden, blonden Locken, fast jungfräulichen Aussehens, neben her und trug in Knabenlust einem der Männer den schweren Säbel. Da liefen die alten und jungen Weiber zu seinem großen Ärger hinter ihm her und schrien: „Wahrhaftig, es ist ein Mädchen! ein hübsches Mädchen, und läuft mit den Husaren?" Andre riefen: „Das arme junge Blut! was will der schon mit im Krieg?" – Arndt lebte dann den Sommer in Köln in lebendigem Verkehr mit allerlei deutschen Männern, auch Stein kam ein paarmal und er durfte an seinem Tische sich wieder erfrischen an seinem unerlöschlichen Mute.

Die Schlacht bei Waterloo war geschlagen, Paris zum zweiten Mal eingenommen, Napoleon auf die traurige Felseninsel St. Helena festgebannt. Etwas besser ging's jetzt für die deutsche Ehre. Die Franzosen mussten wenigstens eine Entschädigung bezahlen für die ungeheuren Kriegskosten, die sie verursacht – aber was war das gegen die Erpressungen, die sie so lange Jahre in Deutschland gemacht! Sie mussten 150.000 Mann Soldaten etliche Jahre im Lande lassen, sie mussten die Kunstschätze, die sie geraubt, zurückgeben, aber Elsass und Lothringen,

Straßburg und Metz blieben bei Frankreich! So lange Blücher allein in Paris war ohne die Monarchen, machte er den Parisern tüchtig Angst, wie sie's verdienten. Die Brücke, die sie nach der Schlacht, welche Preußen ins Unglück gebracht, die Jenabrücke nannten, drohte er in die Luft sprengen zu lassen. Die Leute jammerten, der Minister Talleyrand, ein Ausbund welscher Pfiffigkeit und Treulosigkeit, legte Fürsprache ein. Aber Blücher antwortete, es bleibe dabei und es wäre ihm ganz lieb, wenn sich Talleyrand vorher auf die Brücke setzte und mit in die Luft flöge. Wie die Monarchen kamen, ward die Brücke erhalten und nur ihr Name musste geändert werden. Nun gingen wieder die Künste und Listen an, in welchen die Franzosen so oft den Deutschen voran gewesen. Preußen stand zuletzt ganz allein, es musste wie die andern wollten. Abermals war das Werk nur halb getan; die Franzosen waren nicht hinlänglich geschwächt worden, und so hatte Europa bis vor kurzem keine Ruhe durch dies Volk.

Arndt blieb den Herbst 1815 und den darauf folgenden Winter in Köln. Er gab eine Zeitschrift heraus: „Der Wächter". Er wollte am Rhein Wache halten, dass der französische Einfluss nicht wieder schwäche. Im Frühling 1816 brachte er seinen Sohn aufs Gymnasium zu Düsseldorf; dann ergriff er wieder den Wanderstab und zog den Rhein hinauf bis Mainz und über Frankfurt und Kassel nach Berlin. Von da besuchte er seine liebe Rügensche und Pommersche Heimat, hielt sich auch eine Zeit lang in Dänemark auf. Im Herbst und Winter packte er seine Sachen, die in der Heimat geblieben waren, um ganz an den Rhein zu ziehen. In einem Briefe an Charlotte von Kathen dankt er, auf sein Leben zurückblickend, für die Liebe Gottes und der Menschen. „Ihm kann ich auch nie genug danken für alle Gnade, die er von Kind auf an mir gethan hat, und am wenigsten für die Gnade, daß er mich in manchen Verirrungen eines unruhvollen und mit und wider Willen umhergeworfenen Lebens, nie seiner Liebe entfremdet hat, ja, daß er diese unerschöpfliche Liebe gerade dann in den hellsten Strahlen der Barmherzigkeit auf mich geschossen hat, wo es in mir und um mich am dunkelsten war. Und dann die Freundschaft und die Liebe so vieler Frauen und guter Seelen – wenn ein Fünkchen des Besseren in mir glimmt, so muß es durch ihren milden und warmen Hauch doch wohl zuweilen zu einem Flämmchen angeblasen werden. Das erkenne ich mit Demut und darum bete ich mit Demut, und auch du, liebende Seele, werde nie müde für mich zu beten."

Im Frühling 1817 lebte er in Berlin. Dort war ihm ein neues Glück aufgegangen. Er gewann die Halbschwester eines der besten deutschen Männer, Schleiermachers, die seit Jahren in des Bruders Haus gelebt und mit ihm alles Leid und alles Glück des Vaterlandes durchgemacht hatte, zum Weibe: Nanna Marie Schleiermacher. Am Tag vor der Hochzeit begrüßten ihn die Berliner Turner, den Turnvater Jahn an der Spitze, und überreichten ihm einen silbernen Becher mit Immergrün und Eichenlaub und der Inschrift aus Arndts Bundeslied:

> Das Wort, das unsern Bund geschürzet,
> Das Heil, das uns kein Teufel raubt,
> Und Zwingherrntrug uns nimmer kürzet,
> Es sei gehalten und geglaubt.

Noch im Herbste 1817 zog Arndt mit seiner Frau nach Bonn. Hier, wo nun eine hohe Schule aufblühte, siedelte er sich an, baute sich ein Haus dicht am Rhein, mit der Aussicht auf die Herrlichkeit des Siebengebirges.

Das sind die Wanderungen, die Arndt gemacht, in den Jahren des Sieges und der Siegesfreude. Jeder, der den Mann aus seinem früheren Leben kennt, wird sich denken, dass er nicht bloß wanderte, sondern dass er auf der Wanderung seine alte deutsche Stimme hören und sie in Flugschriften über ganz Deutschland hinschallen ließ. Nur einiges soll erwähnt werden. Noch in Frankfurt hat er „über künftige ständische Verfassungen" auf Anregen Steins geschrieben, um dem deutschen Volke, wenn es nun von der französischen Herrschaft befreit wäre, zu zeigen, wie es in sich ein tüchtiges, freies, sicheres Leben schaffen müsse. Er weist in dem Büchlein nach, dass in Deutschland, so lang es in seiner eigenen Art, in seinem eigenen Geiste gelebt, immer die Stände den Fürsten beratend zur Seite gestanden, dass der deutsche Mann in den besten Zeiten immer ein Wort in seinen Angelegenheiten mitgeredet habe, dass erst durch die Franzoserei diese gute alte Ordnung abgekommen sei. Nun aber müsse sie erneuert werden in allen deutschen Landen. Aber nicht allein suchte er auf die Gesetzgebung zu wirken, sondern auch auf das, was mächtiger ist als das Gesetz, weil es nicht von außen an den Menschen kommt mit einem: du sollst! sondern weil es in Saft und Blut schon eingeheilt ist: die Sitte. Ein köstlich Wort ist es, das er „über Sitte, Mode und Kleidertracht" geschrieben. Da erklärt er dem französischen Wesen den Krieg, wie es sich in die kleinsten Verhältnisse und Gewohnheiten des geselligen und häuslichen Lebens eingenistet hat, dem Gebrauch der französischen Sprache, der französischen Mode in der Kleidertracht. Er will, dass die Deutschen deutsch reden und deutsch sich tragen. Er ruft ins Gedächtnis zurück das Wort eines trefflichen deutschen Mannes zur Zeit des dreißigjährigen Krieges, Moscheroschs: „Habt ihr Deutschen nicht in der Erfahrung, daß, welchen Völkern ihr euch in Kleidung also gleich stellet und sie nachäffet, daß dieselben dermalen euch und eure Herzen bezwingen, euch unterdrücken und zur Dienstbarkeit zwingen werden?" Und seine Weissagung: „Es wird eine Zeit kommen, weil alle Dinge vergänglich sind, wenn das deutsche Reich soll zu Grunde gehen: dann werden Bürger gegen Bürger, Brüder gegen Brüder im Felde streiten und sich ermorden, und werden ihre Herzen an fremde Dinge hängen, ihre Muttersprache verachten, und der Welschen Gewäsch höher halten, wider ihr eigen Vaterland und Gewissen dienen. Und alsdann wird das Reich, das mächtigste Reich zu Grunde gehen, und unter derer Hände kommen, mit welcher Sprache sie sich so gekitzelt haben, wo Gott nicht einen Helden erwecket, der der Sprache wieder ihr Maß setze, sie durch gelehrte Leute aufbringe und die welschenden Stümpler nach Verdienst abstrafe. O Gott, welchen Helden hast du dir hierzu erwählet? treibe ihn, auf daß dies Werk einen seligen Fortgang habe!“ Und damit die künftigen Geschlechter nicht vergäßen die großen Taten Gottes, die zu unserer Befreiung geschehen sind, schrieb er ein Wort „über die Feier der Leipziger Schlacht“. Ach, die Feier des 18. Oktobers, der verdient neben dem 31. Oktober allezeit ein Sieges- und Ehrentag zu sein, hat nicht lange Jahre gedauert. Die Freudenfeuer, die in den ersten Jahren von allen Bergen leuchteten, sind erloschen, immer weniger erfuhr die nachwachsende Jugend von dem Krieg und Sieg jener Zeit und die Lieder, welche davon singen, wurden leider immer leiser. Und doch – wie hat die Zeit gelehrt, dass Deutschland wachen muss gegen Frankreich, dass ein schlafendes Deutschland immerdar in Gefahr ist, von dem französischen Hahn aufgekräht zu werden. Gott sei Dank, dass er uns bei der Abrechnung, zu welcher französischer Übermut gedrängt, mit Sieg beigestanden. Aber die Erinnerungen von 1813, 1814, 1815, müssen noch immer zur Einheit und Größe des Vaterlandes fortwirken. Wir müssen das kräftigste Mittel, diese Erinnerung zu beleben, nun in einem eigenen Kapitel kennen lernen.

Vierzehntes Kapitel

Der Meister unter den vaterländischen Sängern

Die Völker bewahren ihre Taten in ihren Liedern. Von Anfang an ist das deutsche Volk ein überaus gesangsfröhliches Volk gewesen, von Gott mit einem Gemüt begabt, in welchem alles Tiefste und Höchste anklingt und mit einem Munde, der es in Wort und Weise frisch und frei, sinnig und gewaltig aussingen kann. Die Deutschen können das Singen nicht lassen, und wenn sie's einmal ließen, wär' es ein Zeichen der größten Entartung. Die deutsche Mutter singt ihr Kind in den Schlaf mit den süßesten Weisen und der deutsche Vater entzückt des Knaben Herz, wenn er ihn auf dem Knie oder der Schulter reitet, mit lustigen und herzhaften Klängen. Wo ein Brautkranz gewunden wird, da singen die Jungfrauen von Liebesglück und Liebesleid, und wenn die Totenkränze auf den Sarg gelegt werden, da schallen die frommen Sterbegesänge noch überall, wo die Geistlosigkeit der Geistlichen oder die Glaubenslosigkeit der Gemeinde nicht etwa den Mund hat verstummen lassen. Wie wiegen sich doch die Gefühle der jungen Herzen auf den Wellen volksmäßigen Gesangs, wenn Bursche und Mädchen an Feiertagen und Feierabenden ums Dorf ziehen oder unter der Linde sitzen! Die Jünglinge, die ins Regiment berufen werden, ziehen aus mit den immer wieder gesungenen Soldatenliedern von Scheiden und Meiden, von Mut und Ehre. Wenn die Jugend auf den hohen Schulen zum Fest sich sammelt, dann rauscht's mit Liedesflügeln durch den Saal, und wo deutsche Männer in Ernst und Freude sich scharen, da löst sich das gemeinsame Gefühl der Brust im Gesang und schwingt sich empor. So war's immer im deutschen Volke. So weit hinauf das Gedächtnis der deutschen Geschichte reicht, weiß sie zu erzählen, dass die deutschen ihre mächtigsten Empfindungen, ihre stolzesten Taten im Gesange bewahrt haben. Aus der ältesten Zeit geht die Kunde von starken Liedesklängen, die sie mit dem Klange aneinander geschlagener Waffen begleiteten. Als das Evangelium ein neues Leben im Volke erweckte, offenbarte sich dieses in neuen Liedern. Mit derselben Lust, mit der sie einst ihre alten Kriegshelden gepriesen hatten, priesen sie jetzt den Helden aus Galiläaland, das Friedekind Gottes. In der ruhmreichsten Zeit unseres Volks, als die deutschen Kaiser ein deutsches Reich gegründet und befestigt hatten, welches der Welt gebot, ward die Erinnerung an die uralte Zeit der Völkerwanderung wach und die alten Sagen wurden zu Heldengesängen ausgeprägt, deren wir noch jetzt die schönsten in dem Lied von den Nibelungen und von der Gudrun haben. Bis in seine tiefsten Gründe bewegt wurde das deutsche Volk, als Martin Luther zum Kampf gegen Rom aufrief durch die Predigt von der freien Gnade Gottes in Christo Jesu. Darum tönen aus jener Zeit mächtige Lieder zu uns herauf, welche noch heute in unsern Kirchen und auf unsern großen Volksversammlungen, wenn ein heiliger und ernster Sinn sie durchdringt, mit Begeisterung gesungen werden. Der Liederstrom, den Luther geöffnet, hat zwei Jahrhunderte volle Wogen gehabt, und hat sich in unsere Kirchengesangbücher ergossen, wo nicht eine falsche Aufklärung des Unglaubens und Halbglaubens ihn abgedämmt hat, und er rauscht allsonntäglich in allen Kirchen, die den schönsten Schmuck alter und neuer Zeit noch haben, eine Kopf an Kopf gedrängte

Christengemeine. Wie die Reformationszeit war die Zeit der Befreiungskriege eine solche, in welcher das gesamte deutsche Volk eine mächtige Geistesbewegung erfuhr, und darum tönt aus ihr ein voller Gesang zu Ehren Gottes, des Heilands, und zu Ehren der Helden, die uns befreit haben, auch zum Spott der Dränger, welche Gott zuletzt mit seinem starken Arm zerschmettert hat. Solange Napoleon mit eisernem Zepter über Deutschland regierte, war alle Freude hin, ein rechtes vaterländisches Lied ward kaum gehört, es sei denn in dem Tone des Psalms: „An den Wassern zu Babel saßen wir und weineten, wenn wir an Zion gedachten. Unsere Harfen hingen wir an die Weiden, die darinnen sind, denn daselbst hießen uns singen, die uns gefangen hielten, und in unserm Heulen fröhlich sein: Lieber, singet uns ein Lied von Zion. Wie sollten wir des Herrn Lied singen im fremden Lande? Vergesse ich dein, Jerusalem, so werde meiner Rechten vergessen." (Ps. 139) Als aber Gott das Volk mit dem Odem der Freiheit anhauchte, da klangen die Lieder, sie haben die Schlafenden aufgerüttelt, und sind eine Macht geworden gegen den Feind, stärker als Stahl und Eisen. Da war's, als ob der lang verhaltene Strom des Gesangs aus tausend Schleusen hervorbräche. In allen Weisen und Tönen machte das Volk seinem Herzen Luft. Komödien wurden gedichtet von Napoleons schimpflichem Rückzug aus Russland, von seines Bruders Hieronymus Abzug aus Kassel. Spottlieder wurden auf den Gassen gesungen über Bonaparte und seine Marschälle. Ehrenlieder schallten zum Ruhm der deutschen Feldherren. Sinngedichte wurden gespitzt, die wie Pfeil den Feind trafen und die Schlechten im eignen Volk. Und vor allem Lob- und Danklieder im alten Kirchenton erschallten, den Gott zu preisen, der die Gefangenschaft gewendet, und in Reue und Buße wandten sich die Herzen wieder zu dem hin, den sie lange vergessen hatten, dem Mann der Schmerzen und der Freuden, der auf Golgatha geblutet und nun sitzet zur Rechten Gottes. Es könnte einer fragen: was soll diese Betrachtung über den Reichtum des deutschen Gesangs im Leben Arndts? Darum steht sie hier, weil Arndt alle Klänge und Weisen des deutschen Liedes in seinem Gesang vereinigt hat. Er hat süße Lieder der Liebe, fröhliche Lieder jugendlichen Lebens angestimmt, er hat den Studenten für ihre Versammlungen, den Soldaten für ihre Märsche Sang und Klang gegeben, etliche seiner geistlichen Lieder werden im evangelischen Gemeindegottesdienst gesungen, und durch ganz Deutschland schallen die starken Klänge der vaterländischen Lieder, die er in der Zeit der Befreiungskriege gedichtet. Aus allen Namen der vaterländischen Sänger jener Tage klingen vier mit hellstem Klang: Körner, Schenkendorf, Rückert, Arndt – Arndt aber ist der größte unter ihnen.

Die Glut und Flamme der kriegerischen Begeisterung, welche in den besten deutschen Streitern des Jahres 1813 waltete, gibt sich am meisten in Körners Liedern zu erkennen. Er dichtete mehr als die andern mitten im Kriegsgetümmel. Im Lager ersannen wohl auch Schenkendorf und Arndt ihre Lieder, Körner aber, wenn er nachts Wache stand, wenn er morgens ausritt zum Gefechte und wenn er verwundet im Walde lag. Und sein kriegerisches Feuer ward durch den Atem der Jugend in ihm noch besonders angefacht. Er war zweiundzwanzig Jahre alt, als er von der Braut sich losriss, als er von den Eltern sich segnen ließ, als er der Schwester Gebet mitnahm in den Kampf für die Freiheit, und ehe er dreiundzwanzig geworden, hatten ihn seine Kampfgenossen unter der Eiche in Mecklenburg begraben. Seine Lieder haben den kecken Wurf eines jugendlichen Reiters, in welchem die Flamme der Vaterlandsliebe so heiß brennt, dass er das süßeste Glück für die Freiheit hingibt, es durchdringt sie der feste Glaube, dass Gott die Feinde zum Spott machen werde, aber auch die weiche, tröstende Liebe zu den Geliebten, die er verlassen, und die Ahnung eines frühen Todes für das Vaterland. Das gibt ihnen etwas überaus Hinreißendes und Rührendes, Gewaltiges und Zartes, das flößt dem, der sie singt heiligen Schauer durch die Seele. Was für ein Geist ist in den Liedern: „Frisch auf, mein Volk, die Flammenzeichen rauchen!" „Was zieht ihr die Stirne finster und kraus", „Ahnungsgrauend, todesmutig", „Vater, ich rufe dich!", „Herz, laß dich nicht zerspalten", „Was glänzt dort vom Walde im Sonnenschein?", „Das Volk steht auf, der Sturm bricht los!", „Schlacht, du brichst an!", „Du Schwert an meiner Linken." Diese Lieder muss man nicht lesen, sondern singen und am besten in Gemeinschaft mit Gleichgesinnten singen, wenn man die Stimmung nachfühlen will, welche im Frühling und Sommer 1813 in Landsturm und Landwehr geherrscht hat, ehe der Leipziger Sieg erfochten ward. Denn von ihm hat Körner nur im andern Leben gehört.

Anders klingt das Lied des Max von Schenkendorf. Er ist der ritterlichste unter den Sängern, er stammt aus dem fernen Preußenlande, in welchem einst die deutschen Ritter das Kreuz Christi aufgepflanzt, in welchem zu Anfang dieses Jahres 1813 die alten Rittergeschlechter sich an die Spitze des Volkes stellten, um Landsturm und Landwehr aufzurufen gegen den Feind. Er hat sich tief in die Zeiten versenkt, da unter dem deutschen Kaiser die deutschen Ritter für deutsche Ehre gestritten haben, und nach einer solchen Zeit sehnt er sich. Keiner hat so viel wie er vom Kaiser und vom Reich gesungen. Aber nicht, als ob er wie ein übermütiger Ritter über die andern Stände sich erhöbe. Er preist Gelehrte, Bürger und Bauern, dass sie alle sich geeinigt haben, um das Vaterland zu befreien. Ja, er singt: „O Bauernstand, o Bauernstand, du liebster mir von allen." Nichts Übermütiges ist in ihm, sondern eine innige, tiefe, zarte Frömmigkeit, denn er hat von allen, die mit ihm gesungen haben, am innigsten den Heiland ins Herz geschlossen und darum beugt er sich auch gerne in Demut mit seinem ganzem Volke um der Sünden willen, die es getan. „Wir haben alle schwer gesündigt“, hebt eines seiner besten Lieder an. Durch alle geht ein Ton, in welchem das Evangelium und das deutsche Volkstum, die Liebe zum Heiland und die Sehnsucht nach Kaiser und Reich, die Freude des freien Gotteskindes und der Eifer um die Freiheit von den Franzosenketten eins geworden ist. Es ist der mildeste, kindlich frömmste unter den Sängern. Wie fromme Lieder hat er während der Jahre 1813 und 1814 als Gebete zum Himmel gesandt, und als die Freiheit aufgegangen war, wie hat er Gott dafür gepriesen! „Die Feuer sind entglommen“, „Wie lieblich klang das Heergebot“, „In dem wilden Kriegestanze“, „Erhebt euch von der Erde“, „Herr Gott, dich loben wir“, „Freiheit, die ich meine“, „Wie mir deine Freuden winken“, „Wenn alle untreu werden“, das Lied von den deutschen Städten und so manches Lied auf die Helden jener Zeit sollen unvergessen bleiben.

Wieder ein ganz anderer ist Friedrich Rückert. Er ist ein Dichter von solchem Reichtum, dass er zehn arme ordentlich ausstatten könnte, und behielte doch noch für sich etwas Tüchtiges zurück. Er hat zugleich die Gabe der deutschen Sprache alle Weisen anderer Völker anzupassen, wenn's ihm beliebt, und doch deutsch zu bleiben. Die Revolution, die in Napoleon Fleisch geworden ist, hat er in einer Komödie, wie sie die alten Griechen aufzuführen pflegten, aufs furchtbarste gegeißelt. In sogenannten Klinggedichten, in welchen die Dichter sonst nur weiche Gefühle und fein ausgespitzte Gedanken auszusprechen pflegten, geht er, wie in einer gewaltigen Waffenrüstung, dem Feinde entgegen, weswegen er sie „geharnischte“ nennt. Er dringt mit schärfstem Verstande in die Lage der Dinge ein, deckt die Schäden schonungslos auf, stößt die Säumigen mächtig voran, und wenn der Sieg kommt, bricht er in hellem Jubel aus. Man liest seine geharnischten Sonette, seine kriegerischen Spott- und Ehrenlieder mit Lust, mit Segen; denn, wie sie von der echtesten Vaterlandsliebe eingegeben sind, so regen sie dieselbe immer aufs Neue auf. Aber zum Singen, zumal für das Volk, sind sie fast zu reich an Gedanken, zu witzig, zu scharf, oder durchbrechen im Überschwang des Jubels zu mächtig die Schranken des Liedes. Darum sind auch Rückerts Lieder am wenigsten unter dem Volke bekannt geworden.

Was für Ehre bleibt aber, nachdem wir die anderen gepriesen, für Arndt übrig? Ehre genug! Aus ihm spricht am meisten das Gemeingefühl des gesamten deutschen Volkes, er trifft am besten den deutschen Volkston. Es hat seine Frucht getragen zu seines Volkes Heil, dass seine Mutter, die Bauerntochter, ihn früh die alten Kirchenlieder gelehrt, dass sein Oheim, der unter Friedrich dem Großen gedient, ihm die Soldatenlieder aus dem siebenjährigen Kriege vorgesungen, dass er mit braven Knechten einen herzlichen Umgang gehabt, die ihn in die Weise des Volks eingeführt haben. Arndt litt auch eine Weile an der Krankheit seiner Zeit und spielte in seinen Gedichten, die er sonst verfasst, mit griechischen Göttern und Göttinnen, mit seltsamen Träumen und Gefühlen. Wie aber die große Zeit anbrach, in welcher das deutsche Volk das fremde Joch abwerfen sollte, da warf er auch in Gedicht und Lied das Fremdländische ab, und die starke, frische, lebendige, fröhliche Art des deutschen Volksliedes ward in ihm wieder wach. Wie er Lieder gedichtet im Kirchenton, davon wird später die Rede sein, hier handelt sich's um das Vaterländische.

Wollte Arndt die Deutschen zur Befreiung ihres Vaterlandes aufwecken, so musste er vor allem ihnen Lieder geben, in welchen dieses Vaterlandes Herrlichkeit besungen wird. Das hat er getan und obenan steht das Lied „des Deutschen Vaterland“ aus dem Ruhmesjahre 1813. Da fragt er: was ist des Deutschen Vaterland? Denn unter der Herrschaft Napoleons, der Deutschland in Stücke gerissen, hatten es viele vergessen. Und er antwortet: nicht ein deutsches Land für sich allein, auch nicht mehrere deutsche Länder im Verein, sondern alle deutschen Länder, das ganze Deutschland soll es sein! „Soweit die deutsche Zunge klingt und Gott im Himmel Lieder singt“, ist des Deutschen Vaterland. „Wo Eide schwört der Druck der Hand, wo Treue hell vom Auge blitzt und Liebe warm im Herzen sitzt“ – das soll es sein, das ganze Deutschland soll es sein! Und wie er den Deutschen zeigt, wie groß ihr Vaterland ist, wie weit seine Grenzen reichen, so zeigt er ihnen auch die innerliche Kraft und Tugend, worauf seine wahre Größe beruht. Das ist die Treue, die Redlichkeit, der Glaube, der Mut, die Liebe zur Freiheit. Er ruft seinen Deutschen zu:

Baue nicht auf bunten Schein,
Lug und Trug sind dir zu fein,
Schlecht gerät dir List und Kunst,
Feinheit wird dir eitel Dunst.

Doch die Treue ehrenfest
Und die Liebe, die nicht läßt,
Einfalt, Demut, Redlichkeit
Stehn dir wohl, o Sohn vom Teut.

Wohl steht dir das grade Wort,
Wohl der Speer, der grade bohrt,
Wohl das Schwert, das offen ficht
Und von vorn die Brust durchsticht.

Deutsche Freiheit, deutscher Gott,
Deutscher Glaube ohne Spott,
Deutsches Herz und deutscher Stahl
Sind vier Helden allzumal.

Mit solcher Wehr ausgestattet, will Arndt den deutschen Mann sehen. „Wer ist ein Mann?", fragt er im Jahr 1813 und antwortet: der beten kann, der glauben kann, der lieben kann, der streiten kann, der sterben kann.

Dies ist der Mann, der sterben kann
Für Gott und Vaterland,
Er läßt nicht ab, bis in das Grab
Mit Herz und Mund und Hand.

So, deutscher Mann, so, freier Mann,
Mit Gott dem Herrn zum Krieg!
Denn Gott allein kann Helfer sein,
Von Gott kommt Glück und Sieg!

Das war sein fester Glaube, dass es Gottes Sache sei, die gegen die Franzosen ausgekämpft werden sollte. Wie Körner ausgerufen hatte: „es ist ein Kreuzzug, ist ein heiliger Krieg!", wie Schenkendorf gesungen hatte: „ich zieh ins Feld für meinen Glauben!", wie Rückert als den ersten der Bundesgenossen in diesem Kriege genannt „den Herrn mit dem himmlischen Heere, mit dem blitzenden Speere, den donnernden Rossen", so ist Arndt gewiss, dass Deutschlands Kampf gegen Frankreich ein Kampf ist des Rechts gegen das Unrecht, der Freiheit gegen die Knechtschaft, der Wahrheit gegen die Lüge, der Tugend gegen die Weichlichkeit, des Glaubens gegen den Unglauben, Gottes gegen den Satan. Und darum schaut er zu den Bergen auf, von welchen die Hilfe kommt, zu den Himmelshöhen, aus welchen der lebendige Gott seine Streitkräfte sendet, und will, dass die Heere mit Gott in den Streit gehen. Schon seinem „Katechismus für den deutschen Kriegs- und Wehrmann" hatte er Lieder angefügt im Kirchenton, welche die Krieger vorm Auszug singen sollen. Und betend sieht er auf den Jüngling, der das Schwert zum heiligen Kampfe sich umgürtet. „Betet Männer! – denn ein Jüngling kniet – daß sein Herz, sein Eisen heilig werde!", ruft er der Gemeinde zu, die zugegen ist. Und weil er weiß, dass es Gottes Sache ist, die es gilt, dass es Gottes Rache ist, die nun genommen werden soll, darum scheut er sich nicht zur Rache zu rufen. Das klingt nicht neutestamentlich, das klingt alttestamentlich. Aber Gott sei's geklagt, dass ein arger Tyrann die Welt aus dem Frieden des neuen Testaments aufgestört, dass er das Wort gegen sich ausgerufen: ich bin nicht gekommen, Frieden zu bringen, sondern das Schwert. Wie Israel unter Gottes Banner die Midianiter schlagen und vertilgen musste, so galt es nun, die Franzosen zu schlagen und zu vertilgen, damit Christi Reich neu aufgebaut werden könne. Es war kein fleischlicher Zorn, es war der heilige Zorn über die Gefährdung der höchsten Güter, es war der Zorn der Liebe, der in Arndt brannte, wenn er in gewaltigen Liedern ausrief: „Der Gott, der Eisen wachsen ließ, der wollte keine Knechte!"

O Deutschland, heil'ges Vaterland,
O deutsche Lieb und Treue!
Du hohes Land, du schönes Land,
Dir schwören wir aufs neue:

Dem Buben und dem Knecht die Acht,
Der füttre Kräh'n und Raben!
So ziehn wir aus zur Hermannsschlacht
Und wollen Rache haben.

Und die Hermannsschlacht der neuen Zeit, in welcher der welsche Tyrann endlich zu Grunde gerichtet ward, die Schlacht bei Leipzig, wird er nicht müde zu singen und zu feiern. Wenn ihr Tag wiederkehrte im Laufe der Zeiten, immer war Herz und Mut nach dem großen hingewendet, was Gott uns durch diese Schlacht gegeben. – Die Taten, die Gott durch das deutsche Volk ausgerichtet, bewahrt Arndt in Liedern für alle Zeiten. Und weil immer aus der Menge des tapferen Heeres einzelne Heldengestalten hervorleuchten, so singt er Heldenlieder auf die Besten, die wir in jener Zeit hatten. O wenn doch in allen deutschen Schulen diese Heldenlieder auswendig gelernt und gesungen würden, wenn doch überall unter der Jugend Männer stünden, in denen der Geist der Geschichte lebendig wäre und welche dem heranwachsenden Geschlechte die Lieder deuteten durch Erzählung dessen, was die Helden verrichtet! Welche lichte Bilder wären dann in den jungen Herzen! Vom Schill singt Arndt ein Lied in der Weise des Volksliedes: „Es zogen drei Reiter zum Thore hinaus". Der mutige Mann, der die Zeit nicht erwarten konnte, bis sein König zum Kampfe gegen Napoleon aufrief, der auf eigne Gefahr Berlin verließ, den Krieg zu beginnen, in der Hoffnung, ganz Deutschland würde brennen, wenn an einem Punkte das Feuer einmal angezündet würde, wird uns vorgeführt, wie er kämpft und wie er stirbt. Dörnberg, der in derselben Zeit Hessen von Hieronymus Bonaparte befreien wollte, wird in einem köstlichen Liede verherrlicht und willkommen geheißen, da er aus England im Jahr 1813 zurückkommt, um seinen Mut und sein Geschick der deutschen Sache zu leihen. Manchem deutschen Jüngling, der frühe den Heldentod gefunden, wird ein ehrenvolles Gedächtnis gesichert, indem Arndt im Liede ihn preist. Vor allen aber die Großen, die er ganz besonders seine Helden nennt, die wir schon früher genannt haben, wie lebendig stehn sie uns vor der Seele durch Arndts Preis! Scharnhorst, der Waffenschmied deutscher Freiheit, der Stille, Sinnende, Redliche, Unbeugsame, den Gott zum Boten erlesen, um den früher Heimgegangenen Kunde zu bringen, dass Deutschland aufgewacht sei! Gneisenau – wie lustig klingt das Lied von ihm, wie er Kolberg geschützt gegen die Franzosen, wie ein tapferer Bräutigam die Braut, wie herzlich klingt der Gruß: „Komm nun zurück aus Engelland! Komm, laß dein Spiel erklingen, komm, laß die Welschen springen, wie du sie springen ließest auf Kolbergs grüner Au!" Der alte Blücher – so frisch blüht sein Alter wie greisender Wein im Lied vom Feldmarschall! Ach, es ist weit gekommen mit der deutschen Schlaffheit, wo diese Lieder nicht mehr gesungen werden. Wie will ein Volk große Taten tun, wenn es die Großtaten der Väter vergisst? In den Liedern bewahren die Völker ihre Taten. Darum soll, wo deutsche Männer und Jünglinge zusammen sind, aus den Befreiungskriegen ein heller Ton sich erschwingen.

Sind wir vereint zur guten Stunde,
Wir starker deutscher Männerchor,
So dringt aus jedem frohen Munde
Die Seele zum Gebet hervor;
Denn wir sind hier in ernsten Dingen
Mit hehrem, heiligem Gefühl;
Drum muß die volle Brust erklingen
Ein volles helles Saitenspiel.

Fünfzehntes Kapitel

Geist der Zeit. Vierter Teil

Arndt wohnte nun am linken Ufer des schönen Rheinstromes, Gott hatte ihm ein tapferes Weib beschert, eine liebliche Häuslichkeit blühte ihm nach so vielem Umherwandern wieder auf. Im Jahr 1818 mit Errichtung der hohen Schule in Bonn ward ihm, als Professor der Geschichte, eine schöne Tätigkeit und Wirksamkeit auf die Jugend eröffnet, man freut sich recht des Glückes, das ihm wieder aufgeht. Aber, wie er selbst sagt, es schien bald, als habe es ihm nur eine letzte Gunst erweisen wollen, um dann von ihm Abschied zu nehmen. Zuerst traf ihn der harte Schlag, dass er gute Zweidrittel seiner Büchersammlung verlor, welche von Stralsund zur See nach Köln geschickt waren. Sie waren, von Seewasser durchnässt, fast alle verfault, nebst manchem, was er in den letzten zwanzig Jahren zu Papier gebracht hatte. Und durch ein Versehen bei der Versicherung geschah es, dass er für diesen empfindlichen Verlust auch nicht die geringste Entschädigung erhielt. Doch war dies immer nur ein äußerlicher Verlust. Ins innerste Leben schnitt und zehrte an ihm, was ihm nach kurzer Tätigkeit an der Hochschule widerfuhr: die Ungnade seines Königs, die Entfernung von seinem Amte, die Verwickelung in eine unleidliche Untersuchung. Wer verstehen will, dass ein Mann wie Arndt, der so viel für die Befreiung Deutschlands und insonderheit Preußens gewirkt, ein Mann von so reiner Vaterlandsliebe, von so treuer Hingebung an den König, ein solches Martertum bestehen musste, der muss sich die Stimmung der Regierungen und die Stimmung des Volkes nach den deutschen Befreiungskriegen vergegenwärtigen, der muss sich des Verdachts erinnern, der damals vor allem auf die Professoren und Studenten der deutschen Hochschulen gefallen war. Darum möge der Leser entschuldigen, wenn auch hier zum Verständnis dessen, was Arndt erleben musste, einige bedeutsame Züge aus der Geschichte Deutschlands nach den Befreiungskriegen gegeben werden.

Im Kampfe gegen Napoleon hatten sich die deutschen Fürsten, der König von Preußen allen voran, an ihre Völker gewandt, weil die bittersten Erfahrungen gelehrt hatten, dass die stehenden Heere die Befreiung nicht herbeiführen könnten, wenn nicht die ganze Volkskraft ihnen zur Seite stünde. Dabei waren dem deutschen Volke Aussichten eröffnet worden, dass nach Vertreibung des Feindes aus den deutschen Gauen Deutschland in neuer, herrlicher Gestalt wiedererstehen solle, zu einem Reiche vereinigt durch feste Bande und im Innern frei durch ständische Verfassungen in allen einzelnen Ländern. Ewig denkwürdig, ein ergreifendes Schauspiel, wie die Weltgeschichte nur selten aufweist, war die Erhebung des Volkes unter den Fahnen ihrer angestammten Fürsten gewesen, die Opferwilligkeit, die Todesfreudigkeit, mit welcher es sich zum Kampfe schickte. Napoleon ward zweimal gestürzt, und die Sieger kehrten heim. Nun sollte die innere Erneuerung des Volks durchgeführt werden, aber damit ging's langsam, es schien hie und da, als ob man fast bereute, die Volkskraft aufgerufen zu haben, als ob man fürchtete, sich in ihr nicht einen Bundesgenossen, sondern einen Gegner geschaffen zu haben. Die Regierungen wurden misstrauisch Der schöne Aufschwung, in welchem Fürsten und Völker das Größte geleistet, schien dahin. Aber das Volk hatte nicht

Lust, die Jahre 1813, 1814, 1815 so bald zu vergessen. Es wusste, wofür es gekämpft hatte und erneuerte immer die Erinnerung der Kämpfe wieder, als ob es damit mahnen wollte, dass auch die Hoffnungen jener Zeit erfüllt werden möchten. Namentlich war in der studierenden Jugend der Geist der Befreiungskriege lebendig. Unter ihr waren viele, die gerne mitgezogen wären, hätte sie nicht das zu jugendliche Alter zurückgehalten. Andre hatten sich im Kampfgetümmel das eiserne Kreuz, das schönste Ehrenzeichen der Tapferkeit, verdient. Eine solche Jugend mochte das Studentenleben, wie's früher gewesen war, nicht ferner führen. Jünglinge, die im Krieg für die Freiheit des Vaterlandes die größten Entbehrungen gelitten, mochten das alte Schlaraffenleben mit Faullenzen, Trinken, Buhlen nicht wieder anfangen. Die in den furchtbaren Schlachten mitgefochten, bei welchen es die Ehre Deutschlands galt, mussten das Duellieren um einer windigen Studentenehre willen verachten. Die dummen, schlechten, teils schmutzigen, teils weinerlichen Lieder, die früher gesungen worden, verstummten nun, und die herrlichen vaterländischen Lieder von Arndt, Schenkendorf, Körner, klangen bei den Studentenversammlungen. Es ging durch die Jugend ein deutscher und ein frommer Geist, sie sehnte sich, denselben in einer großen Gemeinschaft auszuprägen, welche die deutschen Studenten auf allen Hochschulen umfassen sollte.

Am 18. Juni 1816, dem Jahrestag der Schlacht bei Waterloo, hatte sich eine solche Studentengemeinschaft unter dem Namen der Burschenschaft in Jena gebildet. Die Burschen von Jena wollten nicht allein stehen und streckten ihre Hand nach ihren Brüdern aus. Im August 1817, im Jahre der dreihundertjährigen Jubelfeier der Reformation, ließen sie eine Einladung an die meisten deutschen Hochschulen ergehen zur Feier der Reformation und der

Leipziger Schlacht, die beide in denselben Siegesmonat Oktober fallen, auf der Wartburg bei Eisenach. Es war eine deutsche und eine christliche Begeisterung zugleich, die aus der Einladung sprach, denn für den Sieg, der über den Papst erfochten war durch die Predigt des Evangeliums, wollten sie ebenso danken wie für den Sieg der deutschen Waffen über Napoleon. Die Wartburg eignete sich vorzüglich zu solcher Feier, nicht bloß weil sie in der Mitte Deutschlands gelegen ist auf einer herrlichen Höhe des Thüringer Waldes, sondern vor allem, weil sich an sie Erinnerungen knüpfen an die glorreiche deutsche Kaiserzeit und weil auf ihr einst Martin Luther eine Zuflucht gefunden und in stiller Verborgenheit dem deutschen Volk die schönste Gabe gerüstet, die deutsche Bibel. Die Einladung fand vollen Wiederklang und am 18. Oktober waren 600 deutsche Jünglinge in Eisenach versammelt, die Blüte und Hoffnung des deutschen Volkes. In feierlichem Zuge unter der herzlichsten Teilnahme der Stadt und des umwohnenden Volkes zogen sie ernst und würdig zur Burg hinauf. In dem großen Saal derselben versammelten sie sich, nach einem stillen Gebete ward das Lied „Ein' feste Burg ist unser Gott" gesungen. Dann hielt ein Student der Theologie, der das eiserne Kreuz sich in der Schlacht bei Waterloo erworben hatte, eine Ansprache, in welcher er der beiden Siege am 18. und 31. Oktober gedachte und seine Genossen zu christlicher und deutscher Tugend ermunterte, und schloss mit einem herzlichen Gebete. Hierauf folgte das Lied: „Nun danket alle Gott". Ein Professor aus Jena hielt auf Ersuchen eine Ansprache, dann ward der Segen erfleht, und diese Feier geschlossen. Um 12 Uhr versammelte man sich wieder zu einem festlichen Mahle, nach demselben nahm man an dem Festgottesdienst in Eisenach teil, dann verkürzten Turnspiele auf dem Marktplatze die Zeit bis zur einbrechenden Dämmerung. Abends ward auf einem benachbarten Berge ein Siegesfeuer angezündet, eine Rede gehalten, gesungen, für die Armen gesammelt. Das war die Feier, wie sie vorher beschlossen worden war. Zuletzt aber hingen ihr einzelne Teilnehmer einen Flecken an durch einen tollen Studentenstreich: sie kamen mit einem Korbe voll Bücher oder wenigstens den Namen der Bücher, die als undeutsch, unfrei galten, und warfen sie mit Erinnerung an Luther, der die Bannbulle verbrannt, ins Feuer, dazu einen Schnürleib, einen Haarzopf und einen Korporalstock. Am andern Tage versammelten sie sich nochmals auf der Wartburg, die allgemeine deutsche Burschenschaft zu besprechen, Rede und Gegenrede ward geführt, aber das Ganze schloss mit einem „Bruderbund der Eintracht", welcher durch den gemeinsamen Genuss des heiligen Abendmahls besiegelt ward.

Die Kunde von dieser Wartburgfeier durchflog bald Deutschland und regte die Geister für und wider dieses Ereignis an. Unter den verbrannten Büchern war auch ein Kodex der Gendarmerie des geheimen Oberregierungsrats von Kamptz in Berlin. Dieser schrieb einen ungeziemenden Brief an den Großherzog von Weimar, in welchem er nicht nur die Studenten, sondern auch die Professoren, die dabei waren, ja gewissermaßen den Großherzog selbst anklagte und die Verbrennung der Bücher, die einigen tollen Köpfen zur Last fiel, der ganzen Versammlung aufhalste. Es stellte sich aber durch die amtliche Untersuchung heraus, dass die Feier selbst nichts Strafwürdiges an sich hatte, ja dass die studierende Jugend durch dieselbe einen Beweis ernster, sittlicher und frommer Gesinnung gegeben. Sogar die österreichische und preußische Regierung, die sich bei der weimarschen genau erkundigte, ward durch die Darstellung der Sache, die ihnen gegeben ward, befriedigt. So war denn der erste Sturm, welcher der aufkeimenden deutschen Studentengemeinschaft drohte, vorübergegangen.

Im Jahr darauf, wieder am 18. Oktober, versammelten sich Abgeordnete von zwölf hohen Schulen in Jena und gründeten die allgemeine deutsche Burschenschaft. Die Hauptsache dabei war, dass in derselben die gräulichen Missbräuche des früheren Studentenlebens abgeschafft wurden und als Ziel hingestellt ward: „christlich deutsche Ausbildung einer jeden geistigen und leiblichen Kraft zum Dienste des Vaterlandes". Es schien alles gut zu gehen, der Segen dieser neuen Gemeinschaft für die Sittlichkeit und die wissenschaftliche Ausbildung der Jugend war außerordentlich – da kam plötzlich ein furchtbares Ereignis dazwischen, das den Unsegen brachte.

Karl Ludwig Sand, ein Mitglied der Burschenschaft und Teilnehmer an der Wartburgfeier, war ein Jüngling von edlen Gaben, aber von Kind auf stritten um ihn entgegengesetzte Mächte: die Demut, welche das Christentum gebietet und die hohe Meinung, die das sündige Herz dem Menschen gerne beibringt, dass er etwas Außerordentliches in der Welt auszuführen bestimmt sei. Das sündige Herz gewann den Sieg. Es brachte ihn, durch Einreden eines verführerischen Geistes, zu der wahnsinnigen Vorstellung, ein Herr von Kotzebue, der die deutsche Gesinnung durch seine Schriften vielfältig beleidigt hatte, sei schuld daran, dass die Hoffnungen, die man hegte, nicht erfüllt würden. Er fasste in aller Ruhe und Verschwiegenheit den höllischen Gedanken, den verhassten Mann zu ermorden. Er sah das als die Tat an, für welche er sich im Dienste des Vaterlandes hinzuopfern habe, und er führte sie aus am 23. März 1819. Das machte einen furchtbaren Eindruck. Die Gegner der Burschenschaft verbreiteten die Meinung, die scheußliche Tat gehe von der Burschenschaft aus, es sei noch auf die Ermordung andrer abgesehen. Die deutschen Regierungen unterdrückten die Burschenschaft, stellten Professoren und Studenten unter die strengste Aufsicht, Untersuchungen wurden angestellt, – kurz, in das Leben der Hochschulen war ein Sturm gefahren, der die jungen Keime knickte, der manche Triebe zurückdrängte, bis sie, an der gesunden Äußerung gehindert, krankhaft wieder hervorbrachen.

Und gerade in diese Tage fällt das Erscheinen von Arndts viertem Teile des Geistes der Zeit, einem Buche, das ihm zu einem traurigen Verhängnis geworden ist. Was sagt er in diesem Buche? Dasselbe, was er immer gesagt, aber die starke, kühne, derbe Sprache „erschreckender Wahrheit", wie sie Stein einst genannt, die man im Jahre 1813 ertragen konnte, als sie gegen die Franzosen ging, konnte man im Jahre 1819 nicht mehr ertragen, als sie gegen die Feinde im Innern ging, welche Deutschland rückwärts in einen Zustand knechtischer Unselbstständigkeit schieben wollten. Arndt ruft die Geister der Befreiungskriege in dem Buche wach. Es ist ihm zu Mute, wie Ludwig Uhland, da er, schon am 18. Oktober 1816, gesungen hat:

> Wenn heut ein Geist herniederstiege,
> Zugleich ein Sänger und ein Held,
> Ein solcher, der im heilgen Kriege
> Gefallen auf dem Siegesfeld,
> Der sänge wohl auf deutscher Erde
> Ein scharfes Lied, wie Schwertesstreich,
> Nicht so wie ich es singen werde,
> Nein! himmelskräftig, donnergleich.

Dies scharfe Lied stimmte Arndt in seinem Buche an vom Anfang bis ans Ende. Es steht ihm lebendig vor der Seele, was das deutsche Volk vor etlichen Jahren getan, was für Hoffnungen für Deutschlands Zukunft es hegte, was für Verheißungen ihm gegeben wurden, und da er sieht, dass viele Deutschland nicht vorwärts, sondern rückwärts bringen möchten, so gibt er die Losung für sein ganzes Buch:

Vorwärts! vorwärts! rief der Blücher,
Deutschlands schärfster kühnster Degen,
Und auf schlüpfrig blut'gen Wegen
Schritt der alte Held so sicher.

Vorwärts! drum soll mir's auch klingen,
Vorwärts! will ich mir auch wählen.
Vorwärts! Klang der stolzen Seelen,
Soll auch mir zum Sieg gelingen.

Rückwärts! ist ein Klang der Hölle,
Schlechter Klang und schlechtes Zeichen,
Worob Mut und Lust erbleichen
Und erstarrt des Herzens Welle.

Vorwärts! vorwärts! rief der Blücher,
Vorwärts! klinget frisch und freudig,
Vorwärts! hauet scharf und schneidig,
Vorwärts! schreitet kühn und sicher.

Arndt wünschte, dass für Deutschland die großen Kämpfe, in denen es seine Freiheit wieder errungen, nicht verloren sein möchten. Er verkannte nicht den Gewinn, dass nur überhaupt ein deutscher Bund errichtet sei, der doch einigermaßen die Einheit des deutschen Landes und Volkes darstelle. Aber er konnte „Deutschlands politischen Zustand nicht als einen solchen loben, worin Eintracht, Kraft, Lebendigkeit und Geschwindigkeit zu Rat und That wäre". Und dass in Deutschland die einzelnen Stämme, Bayern Sachsen, Hannoveraner, Mecklenburger sich brüsteten, als wären es Nationen, das tat seinem deutschen Herzen weh. Und wie er wünschte, dass Deutschland stark gegen außen sich darstelle, so wollte er es überall frei im Innern sehen. Er nahm die deutsche Bundesakte beim Wort, die für alle deutschen Staaten eine landständische Verfassung anordnete, und meinte, es sei Zeit ins Wasser zu gehen, dass man schwimmen lerne, es sei Zeit, die Gedanken und Hoffnungen des Volkes durch landständische Verfassungen in die rechte Bahn der Freiheit und Ordnung zugleich zu bringen. So sprach er auch kühne Worte für die Freiheit der Presse und gegen eine alles belauschende, bevormundende Polizei, die eine französische Erfindung und der Tod des deutschen freien Mannesgefühls und Strebens sei. Wie in den Tagen der Not Deutschland durch stehende Heere allein nicht gerettet werden konnte, sondern durch die aufgebotene Volkskraft, so sprach er auch jetzt für Fortbestehen einer auf die ganze Volkskraft gegründeten Wehrmannschaft und damit die deutsche Jugend ihren Leib stärke und zum Kriegsdienst fähig mache, empfahl er das Turnen. Feste und Spiele wünschte er, damit ein öffentliches Leben in Deutschland fröhlich gedeihe. Der freie, kühne Odem, der das Volk in Krieg und Sieg durchwehte, sollte im Frieden vor Fäulnis schützen. Und weil manche den Rückschritt im öffentlichen Leben so darstellten, als ob er durch die Frömmigkeit geboten sei, geißelte er die, welche für die Frömmigkeit der alten Zeit darum schwärmten, weil sie für die Knechtschaft jener Zeit eingenommen waren, ja auch solche, die zu verstehen gaben, der Katholizismus sei doch ein sichereres Mittel, eine gute Ordnung im Lande aufrecht zu erhalten, als der Protestantismus, hatte er zurückzuweisen. Arndt stellte sich in dem Buche dar als ein frommer Mann, aber auch als ein frischer, freier, fröhlicher Mann, und auch heute wäre solchen, welchen in protestantischer Luft bange wird, manches Kapitel aus dem Geiste der Zeit zur Herzstärkung zu empfehlen. Alles aber, was Arndt auch in diesem Buche schreibt, ist mit einer solchen Offenheit und Kühnheit geschrieben, als gäbe es noch keine Kamptze, welche das freie Wort bei den Gewaltigen dieser Welt verdächtigen.

Aber Arndt sollte bald erfahren, dass es solche gebe. Wahrscheinlich hatten sie den edlen König Friedrich Wilhelm III. durch Vorhalten einzelner, aus dem Zusammenhang gerissener Stellen misstrauisch gemacht. Er erließ am 11. Januar 1819, noch ehe Kotzebue ermordet war, eine Kabinettsordre an den Staatsminister von Altenstein, welche dieser durch den Kurator der Universität Bonn, den Grafen von Solms-Laubach, Arndt mitteilen ließ. Der Graf, ein Gesinnungsgenosse des Ministers vom Stein und Arndt freundschaftlich zugetan, erledigte sich seines bittern Auftrags in der mildesten Weise. Der Inhalt der königlichen Ordre war: Der Professor Arndt sei an der Bonner Universität angestellt worden, weil man seine Talente anerkannt und das Vertrauen in ihn gesetzt habe, er werde dem wichtigen Beruf eines Lehrers der Jugend sowohl im Lehren als im Betragen und in seinen Schriften genügen. Diese Erwartung aber habe er durch den vierten Teil des Geistes der Zeit getäuscht, wenn auch ohne böse Absicht. Das Buch enthalte wenigstens ganz unnütze und unschickliche Dinge, die besonders einem Lehrer der Jugend übel anständen und nachteilig auf die Jugend wirken könnten. Darum möge er ins künftige vorsichtiger sein, indem Seine Majestät auf den preußischen Universitäten keine Lehrer dulden könnten, die Grundsätze wie die im vierten Teile des Geistes der Zeit enthaltenen aufstellten. Bei der ersten ähnlichen Veranlassung würde er von seiner Stelle entfernt werden.

Arndt benahm sich bei diesem Schlage wie ein Mann. Er stellte sich nicht im falschen Trotze hin, wie einer, der nicht irren könne. „Gern will ich gestehen", schrieb er an den Staatskanzler Fürsten von Hardenberg, „daß das Buch, wenn man den Sinn des Einzelnen sucht und das Ganze nicht wägen will, in einzelnen Worten und Ausdrücken Unzeitiges und Ungemessenes enthält." Aber er fügt hinzu: „Seiner Grundsätze darf ich mich nicht schämen und ich bekennte zum erstenmal in meinem Leben einen schlechten Grundsatz, wenn ich nicht erklärte, daß diese Grundsätze, die nun fünfzehn Jahre probehaltig gewesen – mir mit Gottes Hilfe in ein Jenseits folgen werden, wo ich ein weicheres Leben hoffe, als mir dieses irdische bisher gewesen."

Aber auf den ersten Schlag folgten andere. Als infolge der Ermordung Kotzebues der Sturm gegen die deutschen Professoren und Studenten begann, ward auch Arndt im Sommer 1819 einen halben Tag lang verhaftet, seine Papiere und Briefe aber wurden weggenommen und ihm erst nach zwanzig Jahren unter König Friedrich Wilhelm IV. wieder gegeben. Darauf 1820 am Geburtstag Martin Luthers, des Helden des freien Wortes, am 10. November, ward er in seinem Amte still gestellt und der Mund geschlossen, der von Gott die Gabe hatte, auf die deutsche Jugend aufs beste einzuwirken. Er verlor den Mut nicht – durch Gottes Gnade. Er schreibt in der Weihnachtszeit an Charlotte von Kathen: „Gott, der viel gnädiger ist, als ich Armer es verdiene, hat mir diese letzten 4 Wochen mitten in der Bedrängnis sehr schöne Tage gegeben, die ich nicht besser beschreiben kann, als wenn ich sie Tage der Liebe und Wonne nenne. Alles, was ich angefaßt und gearbeitet habe, ist mir federleicht geworden, und stahlhell ist Mut und Licht durch mein Leben geklungen und klingt auch eben diesen Abend recht lustig wieder; und ich möchte niederfallen und weinen und anbeten vor der grundlosen Unermeßlichkeit und Liebe, die mir durch die schwersten Fälle immer leidlich geholfen hat. In dieser Stimmung fühle ich den Atem so vieler frommen und treuen Seelen, die für den alten Arndt mitwünschen und mitbitten." Welch' ein Segen ward ihm solche Geistesgemeinschaft in der sich mehrenden Bedrängnis. Denn im Februar des folgenden Jahres 1821 begann die Kriminaluntersuchung gegen ihn, nicht vor seinen ordentlichen, sondern vor außerordentlichen Richtern. Das war eine Qual! Von alle dem, wessen man ihn beschuldigte, war nichts zu finden; da musste denn, damit doch etwas herausgebracht würde, der redliche Mann von Leuten beschränkten Verstandes sich Fragen gefallen lassen, die noch heute zum Lachen reizten, wenn sie nicht einem der besten Deutschen so viel traurige Tage bereitet hätten. Über Äußerungen aus seinen frühsten Schriften, die er noch als schwedischer Untertan, unter gänzlich verschiedener Lage der Welt und Deutschlands getan, sollte er sich rechtfertigen. Über die größten Kleinigkeiten, wie sie in vertraulichen Briefen zur Sprache kamen, musste er Erklärungen geben. Die Sprache der Freundschaft, der Geschwisterliebe ward verdächtigt, als ob sie die Geheimsprache gefährlicher Bündelei sei. Ja sogar die Sprache des Glaubens, der freien Gotteskinder ward mit bedenklichen Ohren vernommen. Haben doch die Untersuchungsrichter in dem berühmten Lied Gottfried Arnolds, in welchem er um Erlösung von Sünde, Tod und Teufel betet „O Durchbrecher aller Bande", weil ein frommer Jüngling Arndt dies Lied gesendet hatte, diese folgenden Zeilen als des Verdachtes sehr verdächtig sorgsam unterstrichen:

Herrscher herrsche, Sieger siege,
König, brauch dein Regiment,
Führe deines Reiches Kriege,
Mach der Sklaverei ein End!
Laß doch aus der Grub die Seelen
Durch des neuen Bundes Blut;
Laß uns länger nicht so quälen,
Denn du meinst's ja mit uns gut!

Über ein Jahr dauerte die Untersuchung, weder ein Schuldig noch ein Unschuldig ward ausgesprochen, sein Gehalt ward Arndt fortbezahlt, auch gelang es seinen Feinden nicht, ihn vom schönen Rheinesufer zu verdrängen, aber vom Lehrstuhl war er verdrängt und zu einer Ruhe verurteilt, die er in den kräftigen Mannesjahren am wenigsten wünschen konnte.

Sechszehntes Kapitel

Je grösser Kreuz, je grösser Glaube

Arndts beste Kräfte wirkten dann am lebendigsten, wenn sie durch die Ereignisse der Zeit, durch die Forderungen des Volkslebens angeregt wurden. Unter allen Liedern, die er gesungen, sind die Vaterlandslieder die unvergänglichsten, weil sie am meisten frisches Leben aus dem lebendigen Strom der Geschichte geschöpft haben, unter allen Schriften, die er geschrieben, sind die Flugschriften, zu denen ihn der Sturm und Drang des Augenblicks getrieben, die einschlagendsten. Eine Natur wie er schien dazu bestimmt, immer in lebendiger Wirksamkeit unter den Menschen zu stehen, darum ist es ein großes Kreuz gewesen, dass ihm diese Wirksamkeit durch seine Amtsentsetzung entzogen ward. Mit frommem Sinn hat er zwar in der Auslegung dieses Kreuzes die demütigende Hand Gottes erkannt: „Ich will", schrieb er, „nun auch noch meinen Marterweg von Leiden für das liebe Vaterland durchlaufen und als ein Verhängnis des ausgleichenden und gerechten Gottes hinnehmen, der mich für manches trotzige und kühne Wort hat bezahlen lassen wollen." Aber geschwiegen hat er auch jetzt nicht, sondern mit dem guten Gewissen eines redlichen Mannes allezeit seine Meinung gesagt. Und ob er von Preußen verlassen schien, verließ er doch Preußen nicht, sondern setzte auf diesen deutschen Staat fortwährend einen guten Teil seiner deutschen Hoffnungen. „Unser armes Preußen", schrieb er um die Zeit seiner Amtsentsetzung, „arbeitet, wie es scheint, immer noch frisch fort gegen sich selbst und seine Herrschaft in Deutschland, mit welcher es, wie die Dinge liegen, ja sich selbst aufgeben muß. – – Mit mir mögen sie machen, was sie wollen; ich verlasse Preußen nicht, weil es mein Vaterland und noch immer meine Hoffnung ist – wenn sie mich nicht vielleicht Landes verweisen. Unter einer der kleinen Regierungen zu leben und mir dort vorhalten zu lassen, daß ich von Preußen zu viel gehofft, ekelt mich an; die engen sogenannten freien Städte mag ich durch meine Anwesenheit nicht ängstigen, und die spröde und kalte Schweiz würde mir unerträglich sein. Im schlimmsten Falle muß zuerst gesorgt werden, daß die Kinder satt werden, und sei es denn auch in einer Bauerhütte. Wir wollen sehen." Der schlimmste Fall trat nicht ein; er durfte in Bonn bleiben, sein Haus am Rhein mit Weib und Kind in Frieden bewohnen, und weder häusliche noch andere Sorgen drückten ihn so darnieder, dass er nicht die alte Stimme des Wächters am Rheine, wenn es galt, noch immer erhoben hätte. Als im Jahre 1830 die Franzosen wieder einmal in wilder Revolution ihren König verjagten, da regte sich auch der deutsche Geist wieder in Arndt in ganzer Lebendigkeit. Der alte Stein, lebenssatt und müde, als ihm die Nachricht von der Juli-Revolution gebracht ward, rief erschüttert aus: „Also noch einmal soll das böse Volk Verwirrung über Europa bringen! Wenn sie einmal losbrechen wollten und mußten, so wollt ich doch sie hätten gewartet, bis ich tot wäre!" Arndt aber schrieb seine Schrift: „Die Frage über die Niederlande und die Rheinlande" mit dem Wahlspruch: „Lieber den Wolf, der reißt, als den Fuchs, der gleißt." Er erneuerte die alte Predigt: Der Rhein, Deutschlands Strom, nicht Deutschlands Grenze, erinnerte an den großen Fehler, den man in Wien gemacht, dass man Frankreich zu stark gelassen und weckte die Deutschen auf, damit, wenn die Franzosen einbrechen wollten, sie ein einmütiges Deutschland fänden, bereit, sich zu wehren und endlich Elsass und Lothringen zurückzufordern. Als Stein diese Schrift erhielt, da ward ihm das Herz frisch. „Vortrefflich! herrlich!", schrieb er zur Antwort. „Da tönt der Schlachtruf, das Triumphlied des alten Skalden (Sängers) kräftig, geschichtlich, wahr, belebend, aufregend. Lassen sie doch 1000 Exemplare für 2 Sgr. verkaufen durch den Verleger. Ich will den Ausfall an den Selbstkosten ihm ersetzen." Und drei Jahre später, als die Festsetzungen des Wiener Kongresses den ersten größeren Riss bekommen hatten durch die Gründung eines eigenen Königreichs Belgien, hat er wieder seine Stimme erhoben in einer Schrift: „Belgien und was daran hängt." Auch sonst war er fleißig mit der Feder. Aber doch war sein Leben zwanzig Jahre lang ein Sillleben und er macht sich selbst den Vorwurf, dass er diese Jahre mehr als recht sei, unter Kindern, Bäumen und Blumen verträumt und verspielt habe.

Sein häusliches Glück blühte Jahre lang ungestört. Er lebte mit seinem edlen Weibe, von einer Schar Kinder, fünf Söhnen und einer Tochter, umkränzt, an den Ufern des Rheines in seinem Gartenhaus. Tapfere Männer, edle Frauen sprachen bei ihm ein oder unterhielten aus der Ferne, bis von Schweden herüber, innige freundschaftliche Verbindung. Arndt war im äußerlichen Leben der Alte. Früh stand er auf, und wenn seine Kinder morgens in den Garten kamen, fanden sie den Vater schon beschäftigt an den Reben, den Blumen oder dem Kohl. Die alte Lust zur Fußwanderung war nicht erloschen und blieb frisch bis in das höchste Alter. Seine Knaben nahm er natürlich früh mit hinaus und ward mit der Jugend wieder jung.

In diesem schönen häuslichen Glück ward er plötzlich im Jahre 1834 von einem Schlag getroffen, der ihm tiefe Wunden beibrachte. Er hatte einen Knaben, es war sein jüngster, Willibald, er hatte ihn lieb wie Jakob den Benjamin. Es war ein liebliches, schönes, starkes Kind, an Talent, an Mut, Entschlossenheit und Eigentümlichkeit wirklich das ausgezeichnetste unserer Kinder, so schildert es der Vater. Einst hatte der Vater die kleine Schar einem Freunde des Hauses, einem Kriegsmann wie in Parade vorgeführt:

Sie standen, und ich sprach: Euer Rhein
Muß ewig Deutschlands Herrlichkeit sein;
Ihr wisset's und euer frischestes Blut
Für solchen Preis sei es keinem zu gut.
Da trat der kleinste wohl aus dem Chor,
Ein stolzer Freiwilliger leuchtend hervor,
Schlug in des Feldherrn Ehrenhand
Den edlen Willen rasch als ein Pfand.

Und diesen Knaben, den neunjährigen, nahm ihm der Rhein beim Baden. Ein größeres Opfer hätte der Lieblingsstrom von seiner Liebe nicht fordern können. Erst nach mehreren Tagen ward die geliebte Leiche einige Stunden abwärts gefunden. Der Vater holte sie selbst in einem Nachen herauf, um sie in Bonn zu bestatten. Er schrieb auf den Grabstein:

Gute Nacht, ihr meine Freunde,
Alle meine Lieben!
Alle, die ihr um mich weinet,
Laßt euch nicht betrüben
Diesen Absteig, den ich thu
In die Erde nieder: –
Seht, die Sonne geht zur Ruh,
Kehrt doch morgen wieder.

Ein unsägliches Leid legte sich dem fünfundsechszigjährigen Greis auf die Seele. Oft hat er in tiefer, stiller Nacht auf des Kindes Grabe gewacht und geklagt. Die Sehnsucht nach dem Himmel, wo er sein Kind wieder zu finden hoffte, ward sehr mächtig in ihm. Wo er ging und stand, begleitete ihn das Bild des lieben Heimgegangenen und es gibt kein rührenderes Zeugnis für die Innigkeit und Zartheit seiner Vaterliebe, als die lange Reihe von Liedern, die er dem Liebling nachgesandt hat. Wenn er am Grabe steht, ruft er aus:

O mein süßes Leben!
Alters Lust und Zier!
Könnt' ich mit dir schweben,
Wär ich stets bei dir!
Von den Staubgewimmel,
Von den Gräbern fern
Stets in deinem Himmel,
Stets auf deinem Stern!

Wenn er durch den grünen Wald wandelt, dann ruft ihm das wundersame Rauschen nur immer den einen Namen zurück:

O der süße grüne Wald,
Wo wir einst in Wonne klangen,
Wo wir spielten, wo wir sangen,
Wo wir tanzten Maientänze,
Wo wir pflückten Maienkränze,
O der süße grüne Wald!
Wie er immer wiederhallt,
Wie er schallt
Willibald! Willibald!

Und wenn abends die andern gute Nacht sagen, da ist's dem Vater, als hört er auch des Abgeschiedenen Stimme:

Hartmut und Nanna sagen Gute Nacht!
Da ruft der Dritte Gute Nacht! der Wile
Und trifft mit hellem Klang ins Herz im Ziele –
„Hat ihn ein Engel wieder hergebracht?"
So rufen wir. „Wie wenn er sich im Bette
Uns süß zu täuschen wo verstecket hätte?"
Wir suchen, finden nichts, der Traum erwacht.

Und noch fünf Jahre nach dem Tode klingt des siebzigjährigen Vaters Lied von dem Kinde:

Von Blumen trug er beide Hände voll,
Da nannten wir ihn scherzend Blumenkönig,
Dann goß er vor uns aus den bunten Zoll,
Und meint, er trüge immer noch zu wenig –
Ach, unsern Liebling, unsern schönsten Knaben,
Wir mußten ihn im Blütenlenz begraben!

O Rosenkönig, süßes Sternenkind!
Wenn neu die Nacht die goldnen Lampen zündet,
Wenn Lust und Leid voll Sehnsucht still und lind
Lauscht, was die obre Welt geheim verkündet,
Dann scheinst auch du mit Millionen Lichtern
Und funkelst mit den Engelsangesichtern.

Je größer Kreuz, je größer Glaube. Zuerst haben die großen Trübsale des gesamten Volkes Arndt hinauf gewiesen zu den Bergen, von welchen die Hilfe kommt, dann hat er, als er von seiner Stelle gerückt ward, doch seine Stellung behauptet, indem er sich an den Fels des Heils hielt, und nun hat ihm der Tod des Lieblings das Herz so weich gemacht, dass alle Tröstungen und Hoffnungen des Evangeliums von Christus wie gute Geister es durchziehen konnten. Das macht den Vater Arndt erst recht zum Urbild des deutschen Mannes, dass er ein frommer Christ nach dem Sinne des Evangeliums gewesen ist. Von diesem seinen Christentum, wie es die Glut des Lebens und der Trübsal gereift hat, muss hier ein besonderes Wort gesagt werden.

„Ich betete als Knabe mit Inbrunst, lachte und spottete als Jüngling mit Frechheit. Möge dem Manne und Greise die Unschuld und Frömmigkeit der Religion nie fehlen." An diese demütige und fromme Äußerung Arndts in seiner Schrift „Germanien und Europa" sei hier noch einmal erinnert. Den Segen der frommen Erziehung, die er von den Eltern, namentlich von seiner Mutter empfangen, wachte, eine Zeit lang etwas zurückgedrängt, in seinen Mannesjahren wieder auf und war in seinem Greisenalter besonders lebendig. Dass er als Knabe Luthers Bibel so fleißig gelesen, Luthers Katechismus gelernt, Luthers Lieder sich eingeprägt, das trägt noch in seinem spätesten Leben Frucht. Etwas Lutherisches hatte Arndts Frömmigkeit immer. Vor allem hielt er wie Luther auf das Wort. Nichts ging ihm wie Luther über die Kraft, den Segen, das Heil, das im Worte liegt. Zunächst dachte er dabei an das Wort überhaupt, als den Ausdruck der innersten Gedanken des Menschen. Für die Freiheit dieses Wortes stand er allezeit ein, denn alles, was er selbst für sein Vaterland getan, hatte er nur vermocht durch die freie, kühne Rede, durch das mächtige Aussprechen dessen, was Gott ihm in die Brust gelegt. Aber alles Menschenwort, auch die feurigste Rede der Vaterlandsliebe, muss sich richten lassen nach dem untrüglichen Gotteswort, das in Jesu Christo Fleisch geworden, das durch die heilige Schrift zu uns spricht. Dies Wort kann er nicht hoch genug preisen. Er sagt von ihm in seiner Schrift „vom

Wort und vom Kirchenlied“ (1819): „Zuerst ist das Wort Gott selbst, ausgeflossen aus der ewigen Liebe, im Anfang die Welt zu erschaffen und dann die durch Sünde und Lüge verschaffene Welt wieder zu erlösen. Das Wort ist die höchste und tiefste Vernunft, das ewige unendliche Sein, die schöpferische Kraft der Liebe, das Ding ohne Anfang und Ende; es ist Gott, es ist der Heiland, es ist die höchste Wirkung und der tiefste Abglanz des unendlichen Gottes, das Klarste und das Geheimste, woran alle Christen glauben und wodurch sie Christen sind. Solche Namen, solche Zeichen und solche Thaten hat, Gott dem Worte gegeben: es sollte gleich ihm selbst sein. Und wir haben es gesehen und sehen es bis diesen Tag als die Gewalt, die das Tote lebendig macht und das Finstere erleuchtet, als die Gewalt des eingebornen Sohnes vom Vater voller Gnade und Wahrheit.“

Mit dem Wort hielt Arndt stand gegen die Römischen und zum Römischen neigenden falschen Protestanten. Es ist ein kecker Unsinn, der immer wiederholt wird, Luthers Reformation sei die Ursache aller Revolution, aller Erschütterungen der Staaten und Völker, ein Unsinn, mit welchem ängstliche Gemüter dazu gebracht werden sollen, den Katholizismus als Schanze und Wall für den Bestand der obrigkeitlichen Ordnung zu begünstigen, dem Protestantismus aber, der doch der Vater aller gesunden staatlichen Ordnung und Freiheit in Europa ist, zu misstrauen. Auch Arndt hat das Seine an dem Werk getan, das noch immer nicht liegen bleiben darf, nachzuweisen, dass in den Ländern der Despotismus immer neue Revolutionen hervorruft, wo der römische Katholizismus in Blüte ist und dass in den protestantischen Staaten der stetigste, ruhigste Fortschritt im Staatsleben sich findet. Er sagt in der Schrift „über den gegenwärtigen Zustand des Protestantismus“: „Wo Luthers befreites Wort und die Fülle von Geist und

Mut, die es bringt, nur zur Hälfte, ja nur zum Viertel eingeschlagen und durchgeschlagen hat, da hat es durch die innere Freiheit und Stärke auch die äußere Freiheit und Stärke gebracht. Vergleiche nur die kleinen germanischen Brüche England, Holland, Schweden und ihre Geschichte mit ... mit ... Genug, wer mich verstehen will, versteht mich." Wer aber die Andeutung nicht verstehen sollte, den darf man fragen: ist denn die Ruhe, die Freiheit, die Wohlfahrt, die der römische Katholizismus hervorbringen soll, zu finden in Frankreich, in Spanien, in Italien, in den Ländern, in welchen seit Jahrhunderten das Evangelium unterdrückt ward? – Arndt hat das Wort gerühmt als Kraft des bürgerlichen Lebens. Er rühmt es auch gegen die, welche unsern Gottesdienst arm schelten, weil in ihm die Predigt des Wortes die Hauptsache ist und nach dem äußerlichen Klang und Glanz der katholischen Messe hinüberschielen. „Wir haben nichts als das Wort, sagen jene. Wir aber antworten: Wir haben genug mit dem Worte und an dem Worte, und selbst das, worüber hier geklagt und angeklagt wird, ist gegen das Wort nur eine Kleinigkeit. Wer weiß und fühlt, was die Bibel und ihr freier Gebrauch ist, daß jeder Christ, der lesen kann, in diesem Buche der Bücher seinen Heiland und alle zwölf Apostel gleichsam immer als Lehrer bei sich hat, wer über dem schimmernden und liebenswürdigen Äußeren eines prangenden Priestertums die dunklen Greuel und Finsternisse (nicht) vergißt, wodurch selbst diese heiligste Anstalt der Vorsehung oft die schrecklichste aller Tyranneien geworden ist, wer je den inneren und geheimen Geist Gottes gefühlt hat bei dem Lesen dieses heiligen Buches; wer fromme Christen der verschiedensten Bekenntnisse gesehen hat, wie jeder nach seinem Gemüte und Bedürfnisse sich das sichere Heil und die Zuversicht des ewigen Lebens daraus liest – der wird sich wohl hüten, in die Anklage über den zerfallenen und verworrenen Protestantismus, wo jeder ohne Licht und Wärme seinen eignen düstern Weg in der Irre laufe, unverständig mit einzustimmen, und wenn er nicht zürnt wird er doch mitleidig lächeln über die bunten Flitter, womit ein leerer und matter Mysticismus, der gleich der zwölfstündigen Seufzermücke verwehen wird, uns gern ausschmücken nnd verzieren möchte… Wer in Dörfern und Hütten heimisch ist, wer das Leben und Weben der Bauern, Handwerker und andrer einfältigen Menschen kennt, der weiß auch, daß es immer noch gottesfeste und himmelsfeste Christen gegeben hat, die mit dem Evangelienbuche und Gesangbuche in der Hand mitten in der Verwirrung der Zeit wohl gewußt haben, nach welchem Lichte sie wandeln sollten und denen mitten in allen Nebeln dieses Licht nie ungewiß noch zweifelig geworden ist."

Wie Arndt gegen die draußen sich gewehrt hat mit dem blanken Schwerte des Wortes, so hielt er sich unter den Genossen seiner Kirchengemeinschaft protestantisch hell und evangelisch warm. Mit Luther freute er sich der Kreatur und war der Meinung, dass Christus nicht in die Welt gekommen, uns die Kreatur Gottes zu verleiden, als könne sie ohne Sünde nicht genossen werden, sondern dass grade der durch Christum vom Sündendienst Befreite sich an Blumenglanz und Vogelgesang und allem Schönen, was uns Gott in der Natur vor die Augen gestellt, erfreuen dürfe. Aber mit Lutherschem Feuer wandte er sich auch gegen die Schwarmgeister unserer Zeit, welche meinen, es sei eine herrliche Bestimmung für den Menschen, ins All zu versinken, und predigte die persönliche Fortdauer des Menschen in Kraft des persönlichen Heilandes, der durch seinen Tod unsern Tod getötet und durch seine Auferstehung uns das persönliche ewige, selige Fortleben gesichert hat. So war Arndt ein gesunder Christ, von dem freien Geiste Luthers angehaucht, aber ebendeshalb frei von der

Engherzigkeit, welche die Gemeinschaft mit andern Gliedern am Haupte Christus meidet. Er gehörte der unierten Kirche an und war der Union aufrichtig zugetan. Er hatte im Rheinland Gelegenheit gering zu erfahren, wie nötig es sei, dass gegenüber den Römischen die Evangelischen beider Konfessionen treu zusammenhalten. Er freute sich, dass in Bonn Lutheraner und Reformierte schon 1816 zu einer vereinigten Gemeinde sich zusammengeschlossen und hat dieser Gemeinde fast während seines ganzen Bonner Aufenthaltes als Ältester treu gedient.

Wie Arndts deutscher Sinn am mächtigsten aus seinen vaterländischen Liedern zu uns spricht, so sein Christensinn aus den geistlichen Liedern, die er uns hinterlassen hat. Von Kindheit auf mit dem guten, alten, feurigen Wein unserer Kirchenlieder genährt, ging es ihm zu Herzen, dass die ungläubige Aufklärung so freventlich gegen dies Kleinod unserer Kirche gewütet hat. In seinem trefflichen Büchlein „vom Wort und vom Kirchenliede" zeigt er, was für Schätze geistlichen Gesanges die deutsch-evangelische Kirche besitzt und macht einen Vorschlag, der am Anfang der fünfziger Jahre von dem deutschen Kirchentage wieder aufgenommen ward, durch das sogenannte Eisenacher Gesangbuch nur eine spärliche, durch das jüngst erschienene Gesangbuch für das deutsche Heer eine reichlichere Verwirklichung gefunden hat. Er will ein christlich deutsches Gesangbuch, das alles das enthielte, was in frommer Inbrunst in den letzten dreihundert Jahren – und wenn es schon frühere deutsche Hymnen gibt – von christlichen Sängern gedichtet ist. Vor allem sollte darinnen Aufnahme finden, was in unsern Kirchen vom Jahre 1520 bis 1750 gedichtet worden ist. Dazu sollte kommen, was aus der letzten Hälfte des verflossenen Jahrhunderts und aus katholischen Gesangbüchern Aufnahme verdiente. Auslassungen und Besserungen findet er nicht statthaft. Gewiss hatte

Arndt recht, wenn er die Zeit von 1520 bis 1750 als diejenige ansah, in welcher mit der größten Einfalt und Glut des Glaubens gedichtet worden ist. Aber dass der Wind wehet, wo er will und sich der Geist an kein Jahrhundert gebunden hat, das beweist er selbst durch seine Lieder.

Welch ein kindlicher Glaube lebt darinnen! Etliche sind recht eigentlich für die Kindlein gedichtet, und mancher hat sie aus Kindermund singen und beten hören, ohne zu wissen, dass der alte Arndt ihr Verfasser ist. Ich erinnere nur an die beiden „Du lieber heilger frommer Christ" und „Lehr mich beten, Gott der Herrlichkeit". Etliche haben bereits in Gemeindegesangbüchern Aufnahme gefunden und werden vom deutschen Volke wenigstens in einigen Ländern gesungen, wie „Der heilge Christ ist kommen" und namentlich sein schönes Grablied, mit welchem er selbst zu Grabe getragen ward: „Geht nun hin und grabt mein Grab!" Die tiefste christliche Erfahrung spricht sich in diesen Liedern aus von der Sünde sowohl als von der sündenvergebenden Gnade unseres gekreuzigten Heilandes.

Zu viel hab ich geduldet,
Gekämpfet überlang,
Gesündigt und verschuldet,
Drum ist mir weh und bang;
Ich weiß nicht aus noch ein
Aus diesen biestern Straßen
Ich wäre gar verlassen,
Wär' Jesus Christ nicht mein

Ich wäre längst vergangen,
Wär' Jesus Christ nicht mein,
In Zittern und in Bangen
Von Sündenangst und Pein,

In tiefer Seelennot,
Wär' er, das Licht der Frommen,
Vom Himmel nicht gekommen,
Der Zukunft Morgenrot.

Dem Christenmenschen lacht das Herz, wenn er den ehrwürdigen Greis, der so viel erlebt und erfahren, was er von Christo erfahren, als ein helles Zeugnis unter dem ungläubigen Geschlecht dieser Zeit vernehmen lässt.

Wenn um mich alles finster wird,
Als säß ich in der dunkeln Hölle,
Wenn's in mir bangt und zagt und irrt,
Als wenn die Sündflut um mich schwölle,
Wenn diese tiefste Seelennot
Fast will am ewgen Heil verzagen,
Wo dämmert dann das Morgenrot,
Der Sonne Zukunft anzusagen?

Aus dir! aus dir! du bist der Stern,
Du bist der Hoffnung lichte Sonne,
Der Knechte Knecht, der Herr der Herrn,
Der Kranken Arzt, der Schwachen Wonne,
Der Armen Schatz, der Biestern[1] Licht,
Versöhner aller, die verloren,
Erlöser von des Zorns Gericht,
Der ganzen Welt zum Heil geboren.

Leid über die Sünde und Freude in Christus – diese beiden Elemente alles echten Christentums finden wir bei Arndt, sie klingen aus allen seinen Liedern. Er wusste, woher aller

---

1 Biestern soviel als Düstern, Dunkeln.

Jammer des Menschenlebens ursprünglich stammt – aus dem trotzigen und verzagten Menschenherzen, aus der Sünde des Hochmuts und der Sünde des Unglaubens. Wenn darum ein harter Schlag ihn traf, dann murrte er nicht, sondern demütigte sich unter die gewaltige Hand Gottes. Darum ging ihm immer wieder Licht auf aus der Finsternis und Freude seinem frommen Herzen. Wie hell tönt sein Preis des erlösenden, befreienden Heilands, wie lieblich und volltönig klingt seine Harfe vom Lob der ewigen Liebe! Ob Menschenalter an ihm vorübereilten, er war in den Quell der Verjüngung eingetaucht, in den Born der Gnade, der in Jesus Christus gefasst ist. Als ein fliegendes Blatt im Winde erkannte er sich, aber mit starken Glaubenshänden ergriff er das Heil und Leben und darum schaute er fröhlich in die lichten Himmelsauen. Wenn das irdische Leben, das, wenn's köstlich gewesen, Mühe und Arbeit gewesen, schwer auf ihm lastete, dann tat sich ihm das himmlische Leben auf, in welchem Freude und liebliches Wesen ewiglich blühet. So steht Arndt im Gedächtnis seines Volkes als der deutsche Mann, der, wo es die irdischen Güter zu schätzen galt, rief: Deutschland über alles! Aber das rechte Maß aller Dinge war ihm der, welcher der Weltgeschichte Mittelpunkt ist, die Fülle, die alles füllet, das A und das O. Und das macht ihn zu einem so hohen Vorbilde, dass in ihm das gesundeste deutsche Leben sich zusammengeschlossen hatte mit dem herzlichen fröhlichen Glauben an den, ohne welchen wir alle verloren sind.

Siebzehntes Kapitel

Ich steh, ich steh auf einem breiten Stein, Und wer mich lieb hat, holt mich ein

Zu Stralsund auf dem alten Markt lag im Mittelalter ein sogenannter breiter Stein, der, wie später die Kanzel, zu allerhand feierlichen Ausrufungen und Verkündigungen diente. Dieser Stein war ein Ort der Ehren, wie sich denn Brautleute in Feierkleidern auf denselben stellten, unter Pauken- und Trompetenschall ihren Namen erklingen ließen und so jedermänniglich zu Einrede und Einwand aufforderten. Nicht weit von diesem Ehrenplatz war der Platz der Schande, der Pranger, auf welchem die Bösewichter zu öffentlichem Schimpf aufgestellt wurden. Als Arndt siebzig Jahre alt war, schrieb er ein Buch „Erinnerungen aus meinem äußeren Leben“ und zeichnete darin vor aller Welt sein öffentliches Leben, um es vor Verunglimpfung zu schützen. In diesem Buche stellt er sich in Gedanken auf jenen breiten Stein, an jene Stelle der Ehren und spricht: „Hier steh ich, ein redlicher und verständiger Mann. Ist einer, der meint, mich davon auf die Nachbarstelle hinüberstoßen zu können, der komme! Ich lebe noch und will ihn bestehen!“ – Und wie einst in jungen Jahren, da es ihn noch lustig deuchte, im Pfänderspiele eine hübsche Dirne anzulocken und von ihr mit einem Kusse von dem festen Platze erlöst zu werden, rief er in das deutsche Volk hinein:

Ich steh, ich steh auf einem breiten Stein,
Und wer mich lieb hat, holt mich ein.

Es war zu Anfang des Jahres 1840, dass Arndt diesen Ruf ergehen ließ, und es hat nicht lange gewährt, so ist der gekommen, der ihn holte, der ihn von dem festen Platze, auf welchem er nun an die zwanzig Jahre zur Untätigkeit verurteilt war, erlöste und zu ihm sagte: Du bist frei! Der das getan, der die Schuld, welche Arndt zu fordern hatte, bezahlte, das war der König Friedrich Wilhelm IV. von Preußen. Als dieser nach seines Vaters Tod im Sommer 1840 zur Regierung kam, währte es nicht lange, so ward Arndt in sein Amt wieder eingesetzt als Professor, als Lehrer der deutschen Jugend an der Universität Bonn. Da gab es einen Jubel in der Stadt am Rheine, der durch ganz Deutschland tönte. Mit der größten Liebe und Freundlichkeit ward der Greis von seinen Amtsgenossen als Mitarbeiter wieder begrüßt und für das nächste Jahr zum Rektor, zum obersten Lenker und Leiter der hohen Schule erwählt. Da durfte er denn seinen Mund, der so lange für die öffentliche Rede verschlossen war, wieder freudig auftun. Recht und Sitte der hohen Schule erfordert es, dass der neue Rektor vor Professoren und Studenten in feierlicher Versammlung eine Rede halte, damit jedermänniglich wisse, wessen er sich von ihm zu versehen habe. Diese Rede muss aber in lateinischer Sprache gehalten werden. Auch der alte Arndt, der grunddeutsche Mann, hat sich bequemen müssen, seine deutschen Gefühle und Gedanken in die lateinische Form zu gießen. Diese Form wird aber warm von ihrem Inhalt, das deutsche Herz schlägt überall durch die lateinischen Worte hindurch. Die Leser sind gewiss begierig zu wissen, was Arndt damals gesagt hat, und ich gebe darum seine Antrittsrede in deutscher Übersetzung.

„Es ist euch allen bekannt", so hub er an, „durch welchen Unglimpf der Zeitläufe ich vor zwanzig Jahren von meiner Stelle vertrieben worden bin. Ich habe keine Lust, alte und ungeheure Schmerzen zu erneuern, aber unaufgefordert und ungerufen, mitten in den Freuden, durch die Freuden selbst, wie es scheint, gelockt, stellen sie freiwillig sich dar und drängen sich auf. Denn das ist der Sterblichen Los, daß Freuden und Schmerzen gleichsam durch ein brüderliches Band verbunden sind oder durch ein verborgenes und geheimnisvolles Band, wie in einem Ehebund, sich wechselseitig erzeugen. Jene Trübsal, welche in ihrem ganzen ersten Jahrzehnt mich herbe niederdrückte und plagte, im zweiten aber mir ruhiger hinzuleben erlaubte, ist mir durch die Gunst, Freundschaft und Hilfe der trefflichsten Männer, durch die Bemühungen und die Dienste verehrungswürdiger Amtsgenossen und geliebter Freunde häufig wie ein glänzendes Licht aufgegangen und erschienen. Und ich bin nicht in der Lage, jenes Wort das Ovid aus dem Pontus geschrieben, zu wiederholen:

Lacht dir das Glück, so wirst du dieFreunde zu Tausenden zählen,
Aber wenn Trübsal kommt, lassen sie ganz dich allein.

Ich war nicht allein. Ich fand Freunde, die mir mit Treue, Macht und Hilfe zur Hand waren, die den Traurigen getröstet, den Wankenden gehalten, den Gefallenen und Darniederliegenden emporgerichtet haben. Und dennoch, wenn ich die andre Seite der Sache ins Auge fasse, wenn ich alles, was ich ertragen und durchgekämpft, wenn ich den Verlust der blühendsten Jahre, die nicht zurückgebracht werden können, wieder in meinem Geiste vorüberziehen lasse und überdenke, dann mag ich wohl mit Virgil singen: ‚Ach, welch anderer bin ich geworden als welcher ich einst war!‘ Aber ich sage nicht recht: der ich einst war, sondern der ich damals noch war – wenn auch das Haupt schon ergraute, noch munter und rüstig und auf mich und das Glück trauend, ja vielmehr vertrauend; ich mag mich wohl wieder und wieder fragen: was willst du an dieser Stelle, aus der du verstoßen worden bist, die du frei gemacht, damit Jüngere, Kräftigere, Gelehrtere sie einnehmen möchten? warum bleibst du nicht in deinem Garten und reinigst und beschneidest die Bäume und Sträucher und gräbst die Beete mit Hacke und Spaten und jätest sie? Was willst du hier, hier an dieser erhabenen Stelle, die du nicht ausfüllen kannst und welche die Gelehrtesten und Erfahrensten manchmal mit Zagen beschreiten?

Das frag ich mich selbst und muß mich fragen, wie einer, der aus langem und hartem Schlafe aufgerüttelt worden ist. Ein glücklicher und heiterer Tag ist mir aufgegangen, wenn auch nicht ohne Wolken, und dieser Tag ruft mir zu: Sei fröhlich! Habe Vertrauen! Werde wieder jung! Ach, daß wir wieder jung werden könnten! Dieser Tag redet mich schmeichelnd und fröhlich an: Kennst du mich nicht?[2] Hast du mich vergessen? Den glänzendsten Tag der Deutschen, der die französische Zügellosigkeit und Hoffart gebrochen, der die Freiheit des Vaterlandes wiederhergestellt, der durch Befehl und Willen des seligen Königs, dessen jüngst erfolgten Heimgang wir noch betrauern, der Geburtstag dieser Hochschule, ein ewiges Denkmal des Sieges, sein sollte? – Und ich höre auf diese Worte und sehe mich um in den altgewohnten Räumen; die Augen suchen die, welche einst mit mir gelebt und der Luft des Himmels und des Lichtes sich erfreut haben, und sie schauen und suchen vergeblich – Seufzer und Thränen werden wach, und der Tag, welcher der freundlichste sein sollte, wird der

2 Es war am 18. Oktober 1840, als Arndt seine Rektoratsrede hielt.

trübseligste. Wie viele und wie treffliche Freunde, Gönner, Beschützer, die mir einst so teuer waren und die zu glücklicheren und reineren Sternen in die Gemeinschaft der Himmlischen aufgeflogen oder in andere Genossenschaften der Gelehrsamkeit abgerufen worden sind, suche ich und ersehne ich auf diesen Bänken vergeblich!

Aber ich muß mich sammeln und bei mir bleiben. Ich kehre zu mir selbst zurück. Es ist eine Botschaft gekommen: der mildeste und gerechteste König habe aus eigenem und unerwartetem Antrieb befohlen, daß ich auf die Stelle, die ich unfreiwillig verlassen, zurückgeführt und wieder eingesetzt werden solle. Wie ein Blitz hat diese Botschaft meinen Geist getroffen, mehr blendend als erquickend. Ich war erschüttert, erstaunt, erschreckt. Ich fragte mich: Was soll das heißen? Das Vertrauen auf das Glück hatte ich längst aufgegeben; die sich wendende Welle und das leicht bewegliche, unbeständige Rad des Glücks kannte ich längst so gut, daß ich es fürchtete; die Übel und Unbequemlichkeiten des Alters fühlte ich Siebenzigjähriger. Vieles mußte mich darum abmahnen und abschrecken, daß ich den Stand, in dem ich mich befand, nicht verließe. Vergebens habe ich den anrückenden, angreifenden, zuredenden und schmeichelnden Freunden Widerstand geleistet; vergebens habe ich ihnen vorgehalten, daß ich durch lange Muße abgeriebener, durch Sorgen und Kümmernisse geschwächter und durch das Alter entkräfteter Mann der Hochschule wenig nützlich, sondern vielmehr ein unnützer Ballast sein werde und daß keine Schmeichelreden und Lockungen die Runzeln des Greises und die schlimmeren, dem Geiste eingedrückten Falten wegnehmen und zerstören werden.

Aber was rede ich weiter? Aus einem langen und süßen Schlafe der Vergessenheit, in welchem ich begraben lag, habe ich mich aufwecken, aufrütteln, wegreißen und in neues und ungewöhntes Leben ziehen lassen. Besser und klüger wäre ich gewiß geblieben, wo ich damals stand. Aber so vielen und so gewichtigen Zeugnissen und Zeichen der Freundschaft, des Wohlwollens, der Hoffnung und der Erwartung, von welchen, wie von mir selbst, der Redner, welcher soeben von diesem Katheder hinabgestiegen ist, zu ehrenvoll und zu schmuckreich geredet hat, konnte ich nicht widerstehen.

So steh ich denn hier, kein Privatmann, sondern aufs neue öffentlicher Professor, der die Jugend zu lehren, dieser gelehrten Genossenschaft vorzustehen berufen und erwählt ist aus einer unfreiwilligen, aber durch langen Gewohnheit süßen Muße zu Geschäften, deren ich ungewohnt und unerfahren, denen ich nicht gewachsen bin, zurückgeholt und gerufen. So steh' ich hier; Geschehenes kann ich nicht ungeschehen machen, wenn ich auch wollte. Der König wenigstens scheint, was er mit mir angefangen, vollenden zu wollen, und hat zu verstehen gegeben, daß er die Dornen, welche in meinen Verhältnissen und in meiner Seele noch stecken und die er allein ausziehen könnte, ausziehen werde. Das Übrige, hochgeehrte und geliebte Amtsgenossen, liegt an euch. Ich hoffe, daß ihr den, den ihr mit so viel Wohlwollen und Offenheit aufgenommen, nicht verlassen werdet. In solcher Hoffnung, in solcher Dankbarkeit bitte ich um eure Freundschaft und euer Wohlwollen und werde durch euer Ansehen, euren Rat, euer Beispiel alles vollbringen.

Ich komme nun zu euch, und richte an euch das Wort, geehrte Kommilitonen, teuerste Jünglinge. Es giebt Leute, wie denn die Menschen mit Worten und Namen zu spielen, anzuspielen und ihr spöttisches Spiel zu treiben pflegen, die mich den Teutonen und andere, die mich den Deutschen genannt haben. Beides mit Unrecht; denn dies enthält zu viel Lob, und das andere zu viel Tadel. Ich mache mir dies zum Scherz oder Spott Gesagte zu eigen, um euch in kurzen Worten auseinander zu setzen, welch ein Unterschied zwischen teutonischem und deutschem Leben sei. Teutonisch leben bedeutet ein grobes und rauhes Leben und Benehmen, wilde Sitten, einen wilden und thörichten Sinn, kurz alle Ungeschliffenheit und alle Fehler unserer Vorfahren. Darum hat es bei den Ausländern – ich meine bei den romanischen Völkern, den Franzosen, Italienern, Spaniern – einen üblen Klang. Deutsch leben aber ist so viel als heilig und keusch leben, und was schön und ehrbar ist, suchen und pflegen; die Deutschheit (daß ich dies Wort gebrauche) schließt alle Tugenden der Vorfahren in sich: Keuschheit, Gerechtigkeit, Wahrheit, die heilige Scham vor den Menschen, die heiligere Furcht vor Gott; die Deutschheit hat einen so tiefen Begriff, daß sie nur mit Gedanken erfaßt, mit Thaten nie erreicht werden kann. Nach dieser Deutschheit müssen wir streben, sie müssen wir pflegen, Lehrer und Schüler, Alte und Junge. O glücklichste Jugend, tausendmal glücklicher als wir! in der die schwarzen Sorgen noch nicht Platz genommen haben, die undankbare Arbeiten, lästige Geschäfte noch nicht stören, der mit allen Bildern und Gleichnissen höchster Tugenden und tiefster Ideen noch zu spielen erlaubt ist, so daß man mit Recht jenes Wort des Vergil auf sie anwenden mag: O allzu glückliche Jünglinge, wenn sie wüßten, wie gut sie's haben! Denn wie weit steht euch jedes Feld der Ergötzlichkeit und Freude offen! Alle Musen und Grazien sind euer, euer sind alle Annehmlichkeiten, Lieblichkeiten, Reize, Scherze, Spiele; auch die Spiele der Schwerter und die Übungen und Gefechte der Waffen, wenn sie angestellt werden, die Seelen und Leiber zu stärken, und wenn Gott und die Geschicke es verlangen, sie den Feinden des Vaterlandes entgegenzuhalten und entgegen zu werfen, nicht aber, um in tödlichen Kämpfen, wie wir etliche beklagenswerte Denkmale derselben auf unserm Friedhof haben, euch selbst einander, o des Jammers, zu töten. So mögen heitere und ergötzliche Tage euch glücklich und unschuldig durch die holde Jugendzeit hinführen, nicht jenes teutonische Wesen, dessen Ruhm darin steht, die Nacht mit Trinken hinzubringen, die Händel mit dem Schwerte auszumachen und zu sühnen und nach zu vielen und unziemlichen Trinkgelagen auf der Bärenhaut, wie man's nennt, zu liegen und zu schnarchen. Tacitus sagt um den Anfang des zweiten Jahrhunderts unseres Zeitalters von unseren Vorfahren: mehr gelten bei ihnen gute Sitten als anderwärts gute Gesetze. Denn das sollt ihr wissen, daß alle Kraft und Würde der Gesetze in den Sitten liegt, und daß allein durch den freien Gehorsam gegen die Gesetze ein freier und edler Mann sich bilde. Wenn ihr mit dem Namen und Ruhm deutscher Jünglinge euch schmücken wollt, dann müßt ihr zu allererst deutsche Sitten pflegen und bewahren und Hände und Herzen von Schmach und Unrecht gegen Personen und Sachen zurückhalten und behüten. Dann wird es geschehen, und gebe der gütige Gott, daß es geschehe! daß ich mehr ein Billiger und Lober eurer Sitten sein könne, als ein strenger und trauriger Vollzieher der Gesetze sein müsse, daß ich mit dankbarem Gemüte – denn ich bedarf eurer Gunst, und um diese Gunst bitte ich und ersuche ich euch – daß ich mit dankbarem Gemüte nach Ablauf eines Jahres euch zurufen könne:

Übung in edelen Künsten
Macht von der Wildheit frei, bildet ein weiches Gemüt.

Laßt uns mit dem Einen und Größten diesen Worten die Krone aufsetzen und – was für Preußen, Deutschland und für ganz Europa und die Christenheit gut, glücklich und gedeihlich ausschlagen möge – zu Gott die Hände und Herzen emporrichten, daß er die Regierung unsers mächtigsten und mildesten Königs, deren Anfänge wir in diesen Tagen mit Gebeten und Gelübden gefeiert haben, mit langem und glücklichem Frieden, mit allem Ruhm der Gerechtigkeit und der Tapferkeit, und wenn Kriege einbrechen, mit siegreichen Waffen beglücken und mein Amt, wie kurz es währe und wie klein es sei, still und ruhig vorübergehen lassen möge. Amen."

Mit so deutschen und frommen Worten begrüßte Arndt die studierende Jugend, und diese drängte sich begeistert um ihn her, aus seinem Munde Weisheit zu hören. Arndt dachte sehr bescheiden von dem, was er noch auf dem Lehrstuhl leisten könne. „Zwanzig Jahre", sagt er, „hatte ich wie altes Eisen still gelegen, und war eingerostet und verrostet. Ich war über mein Siebenzigstes hinaus, zu alt für einen frischen, lebendigen Mund. In dem Alter, wo alle Weisesten von dem Lehrstuhl herabsteigen, sollte ich für das Sprechen wieder hinaufsteigen. Ich zagte und zagte in dem Gefühl, daß meine Trompete lange zerblasen war – – aber die Lage war so gestellt, daß Weigerung von der königlichen Huld und auch von manchen Fernstehenden möglicher Weise als Trotz gedeutet werden konnte." Und die Studenten waren seiner Meinung nicht, sie meinten, dass sie von dem vielerfahrenen Greis, der in der bewegtesten Zeit der neueren Völkergeschichte mitgelebt, mitgefühlt, mitgeredet, mitgehandelt hatte, etwas Tüchtiges empfangen könnten zur Belebung der vaterländischen Gesinnung und zur Aufhellung ihres Geistes. Mitten im halben Jahr, da die Vorlesungen schon begonnen waren, ward er gedrängt selbst auch mit Lehren wiederanzufangen. Manche, die nach Schluss des Halbjahres die Hochschule zu verlassen gedachten, hätten doch gar zu gerne zuvor zu des Vaters Arndt Füßen gesessen, und so ließ er sich denn bewegen und begann mit Übungen zur vergleichenden

Völkergeschichte und setzte sie im folgenden Jahre fort. Er hatte in seinen rüstigsten, frischesten Lebensjahren, wo man am besten sieht und merkt, viele Völker und Länder gesehn, hatte ihre Sitten, Weisen und Sprachen zu verstehen gesucht, hatte in den langen Jahren seiner Untätigkeit vieles über den Gegenstand gelesen und gesammelt. Er war also wohlgerüstet und konnte den Zuhörern lebendige Bilder vergangener, namentlich aber lebender Völker vorführen, zumal derer, welche in Europa die Hauptrollen spielen, Spanier, Italiener, Franzosen, Engländer, Schweden, Polen, Russen und mitten in diesem vielgliedrigen Leibe der europäischen Menschheit entdeckte er das deutsche Volk als das warme Herz Europas, als das Volk, von welchem die tiefsten und segensreichsten Wirkungen auf die Menschheit ausgehen. Seine Hoffnung war noch immer grün, dass Deutschland, wenn es nur die Gottesfurcht und alle Tugenden, die es je geschmückt, bewahrte, nicht untergehen könne, sondern von Gott noch zu großem Segen für die Völker gesetzt sei. Weil nun etliche Zuhörer Arndts baten, von diesen Vorlesungen etwas drucken zu lassen, damit sie ein bleibendes Andenken mitnähmen, so hat er nicht nein sagen wollen, und so ist im Jahr 1842 bereits ein neues Buch des alten Arndt ausgegangen, „Versuch in vergleichender Völkergeschichte", in welchem wir die Erfahrungen und Meinungen des aufmerksamen Beobachters und fleißigen Forschers zusammengestellt besitzen, ein Buch voll lebendiger Gestalten und farbenreicher Bilder.

Durch des Königs Gnade empfing denn Arndt endlich auch die Papiere wieder, welche ihm vor zwanzig Jahren weggenommen worden waren, alle die Briefe und Aufzeichnungen, welche dazu dienen sollten, den redlichen Mann als einen Schelm vor der Welt darzustellen. Wie waren sie zum Teil zerlesen, zerknittert und mit roten Strichen verpinselt! Wie viel Mühe hatte man sich offenbar gegeben, schwarze Gedanken aus den unschuldigen Blättern herauszuklügeln! Als nun einige Jahre darauf das alte Gekläff über Arndt von einer Seite noch einmal erhoben ward, da hielt er's für Zeit, dem Ding ein Ende zu machen, damit sein Name unversehrt auf die Nachwelt komme und niemand zu den Kindern sagen dürfe: euer Vater ist ein Schelm gewesen! Er gab 1847 einen „notgedrungenen Bericht ans seinem Leben" in zwei Bänden heraus, in welchen er seine Verteidigungen, die er vor den Ministern und vor den Gerichten gegeben, die Briefe und Papiere, die mit Beschlag belegt waren, sowohl die, welche für verdächtig, als die, welche nicht für verdächtig erfunden worden, abdrucken ließ. Und in diesen beiden Bänden liegt es sonnenklar vor den Augen aller Welt, was es mit jener bösen Untersuchung für ein Bewenden gehabt, dass sie aus politischer Angst und Verfolgungssucht angezettelt worden war und dass man nichts zu Wege bringen gekonnt, was der Verurteilung wert gewesen, es liegt in Briefen, welche die größten deutschen Männer wie Stein, Gneisenau, Schleiermacher und viele andere edle, tapfere Herzen an ihn gerichtet haben, am Tage, dass Arndt nicht an den Pranger gehört, wohin seine Feinde ihn gern gestellt hätten, sondern auf den breiten Stein, den Ort der Ehre.

Achtzehntes Kapitel

Ein deutsches Gewissen im tollen Jahr

Noch einmal ward der fast achtzigjährige Greis auf einen Ehrenplatz von dem deutschen Volke gestellt – im Jahre 1848. Das unruhige Übel Europas, die Franzosen, einer ruhigen, mit Ordnung gepaarten Freiheit nicht fähig, zwischen zügelloser Volksherrschaft und dumpfer Unterwerfung hin- und hergetrieben, hatten ihren König abermals verjagt und wieder einmal eine Republik errichtet, die nicht Frankreich allein, die aller Welt das Heil bringen sollte. Wie ein Blitzstrahl fuhr dies Ereignis in den Zündstoff, der in Deutschland angehäuft lag, und es brannte alsbald in allen deutschen Gauen. Es war viel Unzufriedenheit in unserm Vaterlande. Zu den alten Schmerzen über die Zersplitterung und Machtlosigkeit Deutschlands waren neue Gärungen gekommen. Überall gab es mehr oder minder gewaltsame Volksbewegungen. Aber kein Thron ward umgestürzt, kein Fürstenleben angetastet. Und als die Fürsten einen Weg einschlugen, der zu Deutschlands Einheit und Größe zu führen schien, scharte sich der Kern des Volks mit neuer Liebe um sie. Die Aussicht, die sie eröffneten, dass statt des heimlichen, schwächlichen Bundestages nun ein offner deutscher Reichstag geschaffen und auf ihm die deutschen Angelegenheiten von den besten deutschen Männern beraten werden sollten, erweckte in den edelsten Gemütern den hellsten Jubel. Mancher, dem die Seele brannte nach der glorreichen Zeit, welche die Sänger der Befreiungskriege vorausverkündigt, nach der Zeit des erneuten deutschen Reichs, mochte damals wieder das Lied von 1814 anstimmen:

Vaterland, in tausend Jahren
Ward dir solch ein Frühling kaum!
Was die hohen Väter waren,
Heißet nimmermehr ein Traum.

In den ersten Frühlingstagen, als das Vorparlament in Frankfurt a. M. versammelt war, prangte die Stadt mit Tausenden von deutschen Fahnen, eine festlich frohe Menge bewegte sich durch die Straßen der alten Krönungsstadt und der Himmel sah so hell und klar in das Treiben hernieder, als ob der liebe Gott selbst sein Wohlgefallen daran habe. Und als am letzten Abend dieses deutschen Frühlingsjubels Hunderttausende von Lichtern brannten und der Freudenschein in den Fluten des Mains sich wiederspiegelte, da war ein Jubel in dem Volke, als ob ein neuer Himmel und eine neue Erde werden solle. Aber die tiefer Blickenden merkten schon damals, dass es mit der Herstellung der deutschen Größe so leicht nicht gehen werde. Gegen die Fahne, welche an jenem Tage von treu gesinnten Männern und Jünglingen durch die Straßen getragen ward, mit der Inschrift: Keine Republik, deutsches Parlament! erhob sich eine Rotte, welche auf den Trümmern der Fürstenthrone ihren babylonischen Turm auszubauen gedachte. In dem Vorparlamente bedurfte es der gewichtigen, ernsten Rede eines Heinrich von Gagern, um die Pläne eines Friedrich Hecker zurückzuweisen. Und ehe das eigentliche Parlament, die deutsche Nationalversammlung, zusammengetreten war, hatte bereits ein edler General, Friedrich von Gagern, sein Leben im Kampfe gegen die Aufrührer in Baden verloren. Und dieser Zwiespalt unter den Deutschen, zwischen denen, welche auf dem Wege gesetzlicher Ordnung Hand in Hand mit den deutschen Fürsten zum Ziele steuerten und zwischen denen, welche die schwarz-rot-goldne Fahne mit Freiligraths Wort deuteten: „Pulver ist schwarz, Blut ist roth, golden flackert die Flamme", hat die Reichsversammlung gesprengt und hat alle Hoffnungen zunichte gemacht. An dem Zwiespalt aber, der im Jahre 1848 durch die deutsche Nation ging, war der große Abfall schuld, der Abfall vom Glauben der Väter, von dem lebendigen Gott, von seinem eingebornen Sohn, der in Deutschland so sehr überhandgenommen hatte. Es fehlte den Bestrebungen, die Zustände des gesamten Volks zu bessern, bei der Masse der Geist der Buße, die vor allem für das eigene Herz Erneuerung sucht. Die frommen Lieder aus der Zeit der Befreiungskriege wurden damals wenig gesungen, das Kreuz war nicht, wie 1813 und 1814, das Zeichen, unter welchem man kämpfte, selbst die große deutsche Nationalversammlung ward ohne Gebet eröffnet, eine hochfliegende deutsche Begeisterung war allgemein vorhanden, aber die christliche Begeisterung lebte nur in kleinen Häuflein.

Als die deutschen Fürsten das Volk aufforderten, Abgeordnete zur Versammlung in Frankfurt zu wählen, da ward auch Arndts nicht vergessen. Die Pommersche Heimat wollte ihn wählen – es war zu spät. Am Rhein war er bereits von vier Wahlkreisen zum Volksboten auserkoren. Er nahm für „die stählernen und eisernen Solinger" an. In der Mitte des Wonnemonats Mai zog er mit den andern in Frankfurt ein. Frau Gontard nahm ihn auf, in demselben Hause, in welchem er 1814 beinahe ein Jahr lang einquartiert war. Gleich anfangs hatte der Greis in dem Durcheinander, aus welchem die Ordnung für die Versammlung mühsam herausgeboren ward, einmal das Wort ergreifen wollen, war aber unverrichteter Sache von dem Rednerstuhl wieder abgetreten. Das Getümmel war zu groß. Da trat in der nächsten Sitzung ein Abgeordneter auf und sprach: „Heute morgen ist ein Mann auf die Tribüne getreten, und ohne zum Wort gelangt zu sein, wieder herabgestiegen. Es war der alte, greise Arndt. Ich glaube, wir sind ihm schuldig zu sagen, daß wir nicht gewußt haben, wer es gewesen." Nun ward mit ungeheurem Sturm verlangt, Arndt solle die Rednerbühne besteigen. Er konnte sich dagegen nicht wehren und trat unter einem Jubel auf, der mit unerhörter Gewalt durch alle Räume der Paulskirche rauschte. „Geschmeichelt fühle ich mich nicht", sagte er, „aber gerührt durch diese Anerkennung der Vertreter und Darsteller eines großen und ehrwürdigen Volkes, in dessen Gefühl und Gedächtnis ich wenigstens von Jugend an gelebt und gewirkt habe. Was der Einzelne verdient und gewirkt, ist eine Kleinigkeit, es geht in der Million der Gedanken und Gefühle, in der geistigen Entwicklung eines großen Volkes so mit, wie ein kleines Tröpfchen im Ocean. Daß ich hier stehe, ein Greis jenseit der Grenze, wo man wirken kann, war das Gefühl als ich erschien – gleichsam wie ein gutes, altes deutsches Gewissen …" Er wollte noch weiter reden, aber das Jubelrufen ward so stürmisch, dass er nicht mehr zu Wort kommen konnte. Ein österreichischer Abgeordneter stellte den Antrag, dem ehrwürdigen Arndt für sein Lied: „Was ist des deutschen Vaterlands?" den Dank des Vaterlandes darzubringen. Ein Badenscher machte den Vorschlag, ihm nicht nur für das Lied, sondern für seine ganze vaterländische Wirksamkeit zu danken, und nun erschallte ein dreimaliges donnerndes Hoch! in der Versammlung der Abgeordneten und der Zuhörer. Der alte Turnmeister Jahn trat auch auf: nun sei das Vaterland endlich da, nach dem so lange die Frage gegangen: „Was ist des Deutschen Vaterland?" und Arndt sollte darum gebeten werden, zu seinem Lied einen Zusatz zu machen, der auf die gegenwärtigen Verhältnisse passe.

Auf diese Weise ward Arndt in der deutschen Nationalversammlung empfangen. Ernst wie unter den Vertretern des deutschen Volks klang sein Wort auch im trauten Freundesverkehr. Am 14. Mai schrieb er an Charlotte von Kathen: „Für Deinen christlichen Segen für das liebe Vaterland und mein schneeweißes Haupt nimm meinen innigsten Dank. Es ist eine Zeit, wo man wieder recht beten lernen muß, um durch Gott mit verdoppelter Kraft daran zu gehen. Wir müssen ja beten und hoffen, und die Hoffnung ist auch die stärkste in mir: daß Deutschland und überhaupt der germanische Stamm durch alle Wehen und Schmerzen, womit Gott unser bischen Weltgeschichte durchführt, zuletzt siegreich hindurchgehen wird. Aber Berge von Schwierigkeiten, und auch Hindernissen liegen vor, die nicht übersprungen werden können, sondern tapfer überschritten werden müssen. Ich werde wenigstens in Frankfurt wie ein gutes, altes, deutsches Gewissen rundwandeln und eben durch dieses Rundwandeln und Gespräche, wodurch in dieser Welt am meisten ausgerichtet wird, vielleicht manchen in die Bahn des Verstandes und der Möglichkeiten zurückführe. Gott walt' es!" Als ein gutes, altes deutsches Gewissen hat er sich in der Nationalversammlung gezeigt, und als das Bleiben in ihr mit dem guten deutschen Gewissen sich nicht mehr vertrug, ist er ausgetreten. Das deutsche Gewissen hat aber aus ihm gesprochen, so oft er in dem tollen Jahr in der Nationalversammlung oder außer ihr das Wort ergriffen hat.

Die Franzosen hatten wieder eine Republik gemacht, und weil sie ein eitles Volk sind, so haben sie jetzt wie sechzig Jahre vorher in die Welt hinaus posaunt, von Frankreich, von der französischen Republik aus müsse das Heil für alle Völker aufgehn. Und es hat leider Deutsche gegeben, die nicht verdienten Deutsche zu heißen, weil sie bereit waren, für die neue französische Freiheit alle Deutschheit hinzugeben in dem Wahne, als ob jetzt eine allgemeine Völkerverbrüderung zustande käme. Wie hat da das deutsche Gewissen Arndts sich geregt gegen diesen Völkerbrei, gegen die Umhalsung der Nationen, und gezeigt, dass die Freiheit für Deutsche eine deutsche Freiheit, dass das erste die Größe der deutschen Nation sein müsse und das zweite erst die freie Bewegung des Einzelnen. Er schrieb gleich im Frühling für den lieben Bürgers- und Bauersmann ein Büchlein: „Das verjüngte oder vielmehr das zu verjüngende Deutschland". „Die Franzosen", sagt er darin, „beginnen jetzt zum zweitenmal den Versuch mit einer Republik, und diese Republik heißt nun mit einem Male eine Erscheinung, wie ihresgleichen auf Erden noch nicht gesehen worden ist. Die jüngste französische Umwälzung ist nach dem Evangelium von La Mennais und den Phantasien von Lamartine, wie es heißt, durch die Herzen und Fäuste der Armen und Mühseligen im Volke vollbracht. Man rühmt, sie sei auch für die Armen und Kleinen gemacht, sie bedeute langen, ja ewigen Frieden der Welt, eine allgemeine, fortschreitende Befreundung und Verbrüderung aller Völker, Abschaffung der stehenden Heere, Abschüttelung fast aller Lasten Abgaben und Steuern, welche die Völker drücken. Kurz, das Geläute des Tages klingt so lieblich, als ob das junge Geschlecht einem paradiesischen Zustande auf Erden entgegenginge, wo das längst verschollene Zeitalter der Jugendwelt wieder erscheine, wo die von der Erde längst verschwundenen Göttinen Gerechtigkeit und Friedseligkeit die Völker beglücken, wo man mit gebührlicher Ausgleichung der Kräfte und Mittel des Menschengeschlechts mit der halben Mühe und Arbeit, als bis jetzt nötig war, von den Gaben und Gütern dieser Erde doppelten Genuß pflücken werde. Solche neuen Wunder verheißen und predigen uns diese Franzosen, welche viel unruhiger, unstäter, neuerungssüchtiger und meuterischer sind als wir stille bedächtige Deutsche." Er glaubte nichts von dem, was die Franzosen verhießen, und hatte recht. Er kannte sie zu gut. Als Arnold Ruge, ein Deutscher, der lange in Paris Deutschland geschmäht hatte und nun herauskam und auch in die Nationalversammlung gewählt ward, vor derselben rühmte, dass die Franzosen nun keinen Herrn mehr über sich hätten, rief Arndt ihm zwischen die Rede hinein: sie werden aber bald wieder einen bekommen! und es währte nicht lange, da machte der General Cavaignac dem wüsten republikanischen Wesen mit Kartätschen und einem furchtbaren Blutvergießen ein Ende, und wieder nach einer kurzen Weile stand ein Napoleon an der Spitze Frankreichs als Präsident, und der warf sich bald zum Kaiser auf und tat die Ernte der Revolution für sich ein. Und als die Schwindler, denen an Deutschland nichts lag, die unter dem Aushängeschild einer Völkerverbrüderung allgemeine Verwirrung verkündigten, für die Polen in der Nationalversammlung sich erwärmten, da erinnerte Arndts deutsches Gewissen daran, dass wir den Polen nichts schuldig sind, dass wir vor allem an Deutschlands Größe zu denken haben und nicht an die Herstellung eines Reichs, das zerstört ward, weil es keine Lebenskraft in sich hatte. „Wer sich zum Schafe macht, den frißt der Wolf", das Wort wandte Arndt auf die Polen an, und damit wir Deutsche uns nicht als dumme Schafe zeigten, die nicht für sich selbst tüchtig einständen, mahnte er, doch vor allem Deutschlands Einheit, Größe und Freiheit zu schaffen. Er wies darauf hin, wie die Polen die Deutschen verachten, wie sie, die ein Volk von Herren und Livreebedienten seien, ohne tüchtigen Mittelstand, sich hochmütig über die Deutschen erheben, wie die Polenführer es öffentlich aussprechen, dass das Volk der Mühe und Knechtschaft, das deutsche Volk ihnen unterworfen oder vertilgt werden müsse: dass dann erst das messianische Zeitalter der christlichen Ritterlichkeit und Herrlichkeit und glorreichen Freiheit beginnen werde. Er zeigte die übermütigen Prahlereien eines Volkes, das weder in Kunst und Wissenschaft, noch in einem andern Zweige höherer menschlicher Bildung und Veredelung einen Namen hat. „Und solche", ruft er aus, „die solches von eurer Zukunft weissagen, sollt ihr dumme Deutsche in zusammenschmelzender Zärtlichkeit umhalsen?"

Das deutsche Gewissen war es, welches ihn auch zum Kampfe gegen die Republik aufrief. Denn es war offenbar, dass in einer deutschen Republik alle deutsche Kraft und Eigentümlichkeit hätte untergehen müssen. „Was wollen diese deutschen Republikaner?", fragte er. „Wenn sie überhaupt etwas wollen können, wenn sie einen Gedanken haben können, so wollen sie mordliche deutsche Verwirrung und Umkehrung oder zerstückelnde Schwächung unsers Volks. Eine große deutsche Republik, eine Republik von 45 Millionen Menschen, eine allgemeine ganz deutsche Republik, wie wollt, wie könnt ihr die zustande bringen? Nur durch Umkehrung und vollständige Schleifung aller Dinge, durch Verjagung aller deutschen Könige und Fürsten, durch Ausrottung aller Fürstenhäuser. Aber ich sage euch: so weit sind wir noch nicht, als ihr euch einbildet und den Völkern einbilden möchtet. Wahrlich, es würden die Stämme und Völkerschaften für manche ihrer Fürstengeschlechter in Treue bis zur Vernichtung kämpfen; aber freilich in solchem unseligem Kampfe würde Deutschland zerrissen und die auf Raub lauernden Fremden könnten im Osten und Westen dann nur zugreifen. – Aber statt einer großen Republik, könnte es nicht gelingen, Republikchen zu stiften? – Ei, da habt ihr das Geheimnis da bricht es heraus. Freilich Republikchen, versteht sich, unter dem Schutz des großen Frankreichs, wie die weiland

Cisalpinische, Ligurische, Batavische, Rhenanische usw. Wir haben ja die Erfahrung gehabt, wo all diese prächtigen Namen weiland hingefahren sind. Solches Spiel sollten wir die losen, tollen Gesellen mit uns spielen und uns im Osten von Russen und Polaken, im Westen von den Welschen berupfen und zerreißen lassen? O die herrliche Verjüngung und Kräftigung des freien Deutschlands, die solche uns bringen wollen! ... Thoren weisen auch auf die nordamerikanische Republik hin: ein Unsinn in der Hinweisung und Vergleichung, weil dies Amerika mit allen seinen Zuständen, wo die Menschen sich nicht drängen, wo eben die Erde noch einzunehmen ist, mit den Ländern wie Frankreich und Deutschland, wo in manchen Gauen 5000 bis 7000 Menschen auf einer Geviertmeile mit allen Leidenschaften und Bedürfnissen der Not und der Verfeinerung und Überverfeinerung sich drängen und stoßen, von einem verständigen Manne nicht verglichen werden könnte. – Und auch in diesem Nordamerika ist nicht alles Gold, was glänzt. Es sind dort allbekannte, wüste und gesetzlose Widerlichkeiten und Gräulichkeiten genug, welche Europa Gottlob nicht hat. – Und die Freiheit, die gepriesene Freiheit und Freundlichkeit dieser nordamerikanischen Eidgenossenschaft in ihren verschiedenen Ländern? Schämt euch, ihr unwissenden Freiheitschreier, die ihr uns Ausgelassenheit für Freiheit, und Verwüstung für Gesetzlichkeit bringen wollt – herrscht nicht in vielen Landen dieser glückseligsten, wohlfeilsten Republik noch bis diesen Tag die scheußlichste Sklaverei? gibt es dort nicht ordentliche Menschenstutereien, wo man Menschen ohne Ehe und Ehre und Heiligkeit irgend eines Gesetzes wie Rinder und Pferde zum Kauf und Verkauf zeugen und auffüttern läßt? wo man die frommen Priester wegjagt oder tötet, welche ihnen das Heil der Erlösung und Vermenschlichung bringen wollen?“

Ein Deutschland, ein einträchtiges, starkes Deutschland unter einem deutschen Kaiser – das war Arndts Sehnsucht wie in den Jahren 1813 und 1814, so in dem Jahre 1848. „Wer soll dieses Haupt sein? und wer kann dieses Haupt sein?", so fragt er in seinem Glaubensbekenntnis für die deutsche Gegenwart im April 1848. „Kein anderer als der mächtigste deutsche Herr, der König von Preußen, um welchen, als um den Kern der Macht, die kleineren sich scharen müssen. Er ist auch durch die Lage seiner Länder als ein König der Inseln und Küsten und als ein Seekönig und durch die Mannigfaltigkeit der Stämme, die unter seinem Scepter wohnen und von einer Grenze zur anderen durch ganz Deutschland hinlaufen, zu dieser erhabenen Stelle berufen. Österreich, welches durch Metternichs jämmerlichste, kurzsichtigste und undeutscheste Politik aus Deutschland halb herausgespielt ist, durch Metternich, der nicht den Mut hatte, in den Jahren 1814 und 1815 Belgien und Elsaß und Lothringen zu fordern und festzuhalten – Österreich obgleich beinahe über vierzig Millionen Menschen herrschend, doch eben durch diese Herrschaft über vier, fünf verschiedenartige Völker in ihm selbst wie an allen Gliedern gefesselt und mit vielen undeutschen Verwicklungen und Verschlingungen kann es bei den ganz anders gestellten Volks- und Weltverhältnissen nicht mehr sein.

Wie denke ich mir die Hauptzeichen dieses deutschen Kaisers und Königs? 1. Er hat im Volk- und Fürstenparlament die Oberstimme, wie auch bei den Gesandtschaften, Bündnissen, Kriegs- und Friedenshandlungen mit den fremden Völkern. 2. Er hat über Heer und Flotte den unbeschränkten Befehl.

Deutschlands Stellung mit und unter Preußen bloß als Obersten für die auswärtigen Verhandlungen und für den Krieg könnte eine der edelsten Erscheinungen der

Geschichte werden. Viele Könige, Fürsten, Freistädte, kleine Republiken mit 25 bis 30 verschiedenen Hauptstädten, Mittelpunkten einer allgemeinen höhern Bildung und einer schönen mäßigen und mannigfaltigen Anregung und Belebung der schaffenden und fortbildenden Geister... Jeder Fürst hätte in seinem Staate im Frieden die volle Herrschaft (Verwaltung, Rechtspflege, Heerbildung u.s.w.) nur daß, wie es ja auch jetzt besteht, der Bestand und die Ordnung des deutschen Heerwesens gegenseitiger Musterung und Besichtigung unterläge. Nur im Kriege schwiege der Befehl der verschiedenen einzelnen Herrscher und geböte der Kaiser als Diktator (unumschränkter Befehlshaber)."

Es lässt sich denken, dass ein Mann wie Arndt, der gerne alle Mannigfaltigkeit innerhalb des deutschen Volkes gelten ließ, wenn sie nur der Kraft und Einheit nicht Abbruch tat, der gerade in dieser Mannigfaltigkeit die Freiheit und Schönheit des deutschen Volks erkannte, nicht mit den Republikanern in der Paulskirche dafür gestimmt haben wird, den Adel abzuschaffen. „Auch ich", sprach er dort, „auch ich glaube an die alttestamentliche Lehre, daß wir alle gleiche Adamskinder, daß wir alle gleiche Brüder eines Blutes und eines Mutes sind... So weit bin ich einig mit der Urlehre vom Menschengeschlecht, auch darin einig mit dem Grundsatze, daß es hinfort keine auszeichnenden, ausschließenden, das Volk drückenden oder verdrängenden Standesvorrechte mehr geben dürfe, daß diese auf immer abgeschafft, daß hierin eine würdige, unverletzliche Gleichheit ausgesprochen und geschaffen werden müsse. Aber die Namen und Ehren der Vergangenheit, die Erinnerungen der Geschlechter, welche wie einzelne Denkmäler, Pfosten und Säulen allerdings am Wege der Geschichte allenthalben stehen oder liegen und welche manche der Idee der Gleichheit wegen auch zertrümmert haben wollen, weil dieser und jener möglicher Weise wie an Steinen des Anstoßes daran stoßen könne – diese durchstreichen, diese Ebnung und Gleichung, ja Wegschleifung aller Gipfel und Höhen, welche durch die Welt ragen und durch die Zukunft ragen können und dürfen – dies heißt nur Zerreißung der Ehren und Zierden der deutschen Geschichte und, gelindest gesagt, Zerreißung heiliger Gefühle und Erinnerungen."

Ist denn Arndt ein anderer geworden im Laufe der Zeiten, da er sonst so tapfer für die niederen Stände eintrat und hier für den Adel? Er ist derselbe geblieben, aber wie ihn sein deutsches Gewissen vor Zeiten getrieben, die Tyrannei anzugreifen, welche vom Adel ausging, so widersetzte er sich hier der Tyrannei, welche von den niederen Ständen geübt werden sollte. Und für sein Volk hatte er noch immer ein Herz! Es war im Jahre 1848 viel die Rede vom Proletariat, von den armen Leuten, die an nichts Reichtum haben, als an Kindern, und die in einen bessern Zustand versetzt werden sollten. Allerhand törichte Versuche wurden gemacht. Das deutsche Gewissen gab dem ehrwürdigen Arndt den rechten Rat ein, das alte, schlichte: „Bete und arbeite!", die Mahnung zu christlicher Zucht und Frömmigkeit, zu deutschem Fleiß und Sparsamkeit.

„Geliebte Männer und Freunde, geliebte Landsleute, die ihr in kleinen Häusern und Werkstätten, die ihr in Strohhütten wohnet, zu euch spricht hier ein Mann, der aus eurem Stande heraus geboren und erzogen ist, der in manchem frommen Bauer und Tagelöhner, in manchem einfältigen und doch gottgelehrten Schuhmacher und Zimmermann größere Ehre und größeres Glück gefunden hat, als man sich von dem Glanze der Paläste und Schlösser einbildet. Der Segen des Herrn, der dem Vater Adam fiel: ‚im Schweiße deines Angesichtes sollst du dein Brot essen' ist der beste Segen des sterblichen Menschen; es ist der Segen, der für jeden Redlichen, sei er hoch oder niedrig, groß oder klein, gilt und gelten wird bis ans Ende aller Dinge. Dieser Segen wird ausgesprochen in den lateinischen Worten ora et labora: bete und arbeite… Es ist in diesem Segen Gottes, es ist in der stillen Hauswirtschaft von Adam und Eva, in dem einzelnen Haus oder Häuschen der geschlossenen Familie alles gute, menschliche und göttliche Leben verschlossen, was auf Erden möglich ist. Was haben die tollen und wilden Propheten dieser Tage, die Baalspriester eines irdischen Glückseligkeitsdienstes, die kaum an einen Gott glauben und den Menschen die Ewigkeit nehmen, nicht für unendliches Traumglück bauen gewollt, Träume, die mit den Titeln socialistischer und kommunistischer Gesellschaften in hundert und tausend Büchern und Verkündigungen umhergetragen werden, die zum Teil die Aufhebung alles Besitzes, vollständige Gemeinschaft der Arbeit und des Vermögens, ja die Gemeinschaft der Weiber und Kinder und die Auflösung aller Familienbande und aller Hauserziehung predigen! …“ Dagegen weist Arndt auf einen tüchtigen frommen Ehestand hin, als auf die Quelle des Glücks und den Boden gesunder Erziehung. „Alles hat seine von Gott gewiesene Zeit, auch der Ehestand, und dieser am allermeisten. In der Regel soll der deutsche Mann 28 bis 35 Jahre alt sein, ehe er an die Hochzeit denken darf; denn die zu frühen Ehen sind keine Pflanzschulen der Sittlichkeit, sondern eben meistens der hülflosesten Armut und des äußersten Sittenverderbnisses… Die Not des Menschen, der sich bettet, wo er kaum einen Pfühl unterzulegen hat, die kann kein Gott im Himmel und der beste Staat nicht wenden; sie und die Leichtfertigkeit, womit die Ehen geschlossen werden, ist der Hauptjammer unsrer Tage. Dahinein, in diesen trüben Spiegel wird unsere Obrigkeit schauen müssen, dahinein müsset ihr schauen und bessern helfen, soviel ihr könnt, ihr ehrbaren und ehrenfesten Altmeister in den Städten, und ihr Schulzen, Richter, Schöffen und Ältesten in den Dörfern. Diese Übel kann keine Umwälzung, keine Verkündigung von Rechten, kein Parlament bessern – sie sind nur durch die Sitte und durch Gott zu bessern. Durch die Sitte, d.h. durch neugeschaffene verständige Einrichtungen und Ordnungen, zum Beispiel durch wieder festzusetzende Wanderjahre der Gesellen, durch ein würdiges Urteil und Vorurteil der Ehrenhaftigkeit, das man wieder in den Gewerken herrschend macht, durch die rechte christliche Vorstellung von der Würdigkeit und Heiligkeit der Ehe. In der Beziehung muß Ehre und Sitte größere Macht üben, als Gesetze können. Hier in der Ehe, in der stillen Hütte, in der einsamen Kammer soll die Sitte wohnen und soll Gott mitwohnen und mitregieren, sonst wird hier nicht glücklich gewohnt. Gott sagst du; aber wo ist Gott? wo ist der fromme, freundliche, christliche Gott, der allen Jammer stillende, der alle Freuden heiligende Gott? Haben die Menschen noch einen Gott? wollen sie noch einen Gott haben, die Menschen unsrer Tage? fragen viele, welche von manchen Erscheinungen des Tages zu schmerzlich berührt werden.

O, ich thue diese Fragen einer Verzweiflung noch nicht, die, wenn sie einen Grund hätte, den Untergang alles Schönen und Heiligen bedeuten würde. Deutsche Einfalt des Herzens und Glauben an die himmlischen Güter sind doch noch nicht von der deutschen Erde verschwunden. Zwar wie wir uns im Guten und Bösen, in fürchterlichen politischen Umwälzungen in ganz Europa umherwerfen und zerhadern, wie groß in den irdischen Gebieten das Getümmel ist – in demselben Maße tost und stürmt es auch auf dem himmlischen Gebiete, so viele Streite, Spaltungen und Secten der verschiedenen Kirchen erheben sich gegen einander. Doch auch hier sollen wir nicht verzweifeln, sondern endlichen Frieden hoffen. Wir müssen doch fröhlich gestehen, daß die meisten dieser Streitenden Gott suchen; wir müssen hoffen, daß sie Gott finden werden. Denn Jesus Christus und das Wort seiner göttlichen Offenbarung lebt in Ewigkeit und die Pforten der Hölle werden es nicht überwinden.

Da wo die Heiligung des Lebens durch das Christentum fehlt, da wird auch nimmer ein würdiges Bürgerleben, noch eine edle Freiheit lange bestehen und dauern. In ihm ist jegliche Erhaltung und Verjüngung des edleren und höheren geistigen Lebens … Also bleibt unser Schluß und Beschluß: Nur wer das ora et labora, das bete und arbeite recht gelernt und erkannt hat, wird der rechte Bürger sein, der die wahre Bürgerfreiheit und Bürgerehre, ich meine unser politisches Glück würdig fördern kann."

Wie die Stimme des deutschen Gewissens klang denn Arndts Stimme in Frankfurt a. M. Er hat sie mehr noch als in der Reichsversammlung im Kreis der Freunde laut werden lassen. Es lässt sich denken, dass er in vielen Häusern ein immer willkommener Gast gewesen ist. Und seinen lieben Wirten hat er sinnige Gastgeschenke mitgebracht in Lied und Spruch. „Die Blätter der Erinnerung meistens um und aus der Paulskirche" geben Zeugnis davon. Freunden und Freundinnen bietet er am festlichen Tag den festlichen Klang seiner Harfe, in welcher noch immer der alte fromme, deutsche Ton lebt. Der Jugend, die ihm das Gedenkbuch darreicht, schreibt er mit der Kürze des Sinnspruchs treffliche Regeln fürs Leben hinein. In der Nationalversammlung aber saß der Mann mit dem ehrwürdigen weißen Haupte unter der Schar derer, welche mit der edelsten Gesinnung für Deutschlands Wohl die größte Besonnenheit verbanden. Da es bei solchen großen politischen Versammlungen ohne Parteibildung nicht abgehen kann, da es notwendig ist, dass die Gesinnungsgenossen sich fester zusammenscharen, um in dem großen Kampfe der Rede und Gegenrede auf ihr Ziel fest und sicher loszusteuern, so hielt sich Arndt zur Partei des rechten Zentrums, zu denen, welche mit altem Ernst Deutschland aus der revolutionären Gärung zu fester Ordnung zu führen trachteten, die Freiheit nur auf dem Boden gesetzlicher Ordnung wollten und es darum für wünschenswert hielten, dass die Nationalversammlung, um ihre Beschlüsse durchzuführen, die Mitwirkung der bestehenden Regierungen in Anspruch nehme, welche auch die Eigentümlichkeit der einzelnen deutschen Stämme und ihrer Staaten nicht mehr zurückzudrängen wünschten, als die Einheit des Gesamtvaterlands erforderte. Mit dieser Gesinnung hat er dann die Schmerzen und Freuden der guten Deutschen ein Jahr lang in der Nationalversammlung mit durchgemacht. Er hat den Reichsverweser Erzherzog Johann wählen und nach Frankfurt holen helfen und an dem Jubel teilgenommen, der ihn in der alten Kaiserstadt empfing. Er hat die furchtbaren Kämpfe miterlebt und mitgefochten, die sich in der Nationalversammlung im September 1848 entspannen, als Preußen mit Dänemark in der schleswig-holsteinschen Sache einen Waffenstillstand geschlossen, zu dem es durch die Lage Preußens, namentlich seiner Ostseeprovinzen, gedrängt ward, in welchem aber die Ehre Deutschlands nicht genug gewahrt war. Er hat dann auch den Becher der Wermut mit so vielen Deutschen trinken müssen, dass, aufgehetzt durch die Linken in der Nationalversammlung, die Volksmenge draußen gegen dieselbe sich erhob, dass ein Straßenkampf sich entspann und dass elende Buben zwei der trefflichsten unter denen, welche Deutschland nach Frankfurt ins Parlament gesandt, den Fürsten Lichnowsky und Hans von Auerswald meuchlings ermordeten. Da rief das alte deutsche Gewissen:

Wie? sind dies deutsche Fahnen?
Die Farben roter Wut?
Will deutsche Kämpfe mahnen
Das Rot an Brust und Hut?
Wie? Rot der welschen Seine
Das mahnte deutschen Mut,
Für Wolf und für Hyäne,
Doch nicht für Deutsche gut?

Zwei Helden sind gefallen,
Nicht wie der Tapfre fällt
Bei hellem Trommelschallen
Auf blut'gem Schlachtenfeld!
Sie haben andre Rosen
Weiland gepflückt im Streit;
Was war den Waffenlosen
Hier für ein Kampf bereit?

Mein Deutschland, Land der Treue!
Mein Deutschland, Land des Muts!
Wann löschet lange Reue
Die Flecken solches Bluts?
Den Mord, womit der Feige
Den Unbewehrten trifft?
O deutschen Ruhmes Reige!
O deutscher Ehre Gift!

O wehe, dreimal wehe!
Weh dieser düstern That!
Nein, meine Seele gehe
Nie mit in solchen Rat!
Der Ruhm, den Mörder haschen,

Der werde nie mein Ruhm!
Ach! nimmer wegzuwaschen
Vom deutschen Heldentum!

Arndt hielt in der Nationalversammlung aus, bis sie ihr Werk, Deutschland eine Verfassung zu geben, vollendet hatte. Der Schluss dieses Werks war die Kaiserwahl. Er hat es erlebt, dass der König von Preußen, den er gleich im Frühling 1848 als den deutschen Kaiser bezeichnet hatte, von den Abgeordneten des deutschen Volks gewählt ward. Schon vor der Wahl hatte Arndt gewagt, in einem freimütigen Briefe seinen König zu bitten und zu beschwören, dass er die deutsche Krone sich aussetze. Ihm war bange vor Österreichs Einfluss, der bis dahin für die deutsche Sache nicht günstig gewesen war. „Zu Gott und dem Könige darf man frei sprechen, bitten und beten", schrieb er am 3. März 1849. „So trete ich hier vor meinen König, aus treuestem Herzen betend, hoffend, bittend und aufweisend, was dies alte Herz weisen zu müssen glaubte… Ew. Majestät haben sich aus der Fülle der Macht und aus der Überzeugung einer unvermeidlichen Notwendigkeit für einen ehrlichen starken deutschen Bundesstaat, statt des unehrlichen und schwächlichen früheren Staatenbundes erklärt, Sie haben gelobt alle Ihre Macht und alle Stärke Ihres Volkes der Stärke und Macht Deutschlands hinzugeben. Deutschland hat diesem Worte geglaubt. Sie werden es nimmer brechen…" Und dann, über die gewöhnlichen Formen, unter welchen ein Untertan dem Könige naht, sich wegsetzend, fährt er in feierlichem Tone fort: „Groß ist die Gefahr des Augenblicks, aber herrlich ist auch der Preis, der dem Mute winkt. Dir bleibt keine Mitte mehr. Wage, voll und ganz deutsch zu sein; wage, Retter und Halter des deutschen Vaterlandes zu werden; wage, alle seine Gefahren zu teilen, zu nehmen und zu übernehmen; wage, ganz mit dem Vaterlande zu stehen, und Du wirst stehen und bestehen!" Das war damals Arndts und vieler treuer deutscher Männer Meinung, dass der König von Preußen unserm Deutschland helfen könne, wenn er die Krone annähme, welche die Nationalversammlung ihm bot. Aber wer kann dem Könige zürnen, dass er die Krone zurückwies? In einem Briefe, den der König an Arndt schrieb, und in welchem er seine Meinung mit aller Wärme des Herzens, aber als vor dem Angesichte Gottes stehend, aussprach, weist er darauf hin, dass die Nationalversammlung in Frankfurt keine Krone zu vergeben, sondern nur eine Verfassung zu schaffen habe, und dass ein Kaiser, der sich der von ihr geschaffenen Verfassung ohne Vereinbarung mit den deutschen Fürsten unterwerfe, keine freien Hände habe. „Zuvörderst das Bekenntnis", schrieb der König, „dass der scheußliche, ekle Schlamm des Jahres 1848 mir die Taufgnade nicht abgewaschen, wohl aber, dass ich mir den Schlamm abgewaschen habe, und wo es nötig, noch abwasche. Doch zur Sache – die große Versammlung, die sich deutsche Reichs- und Nationalversammlung nennt, von der ein erfreulich großer Teil zu den besten Männern des großen Vaterlandes gehört, hat weder eine Krone zu geben noch zu bieten. Sie hat eine Verfassung zu entwerfen und demnächst mit allen von ganz Europa anerkannten regierenden Herren und Städten Deutschlands zu vertragen. Wo ist der Auftrag, der diese Männer berechtigte, über die rechtmäßigen Obrigkeiten, denen sie geschworen, einen König oder Kaiser zu setzen? Wo ist der Rat der Könige und Fürsten Deutschlands, der nach 1000-jährigem Herkommen dem heiligen Reich seinen König kürt und die Wahl dem Volke zur Bestätigung vorlegt? … Das Ding, von dem wir reden, trägt nicht das Zeichen des heiligen Kreuzes, drückt nicht den Stempel ‚von Gottes Gnaden' aufs Haupt; ist keine Krone. Es ist das eiserne Halsband einer Knechtschaft, durch welches der Sohn von mehr als 24 Regenten,

Kurfürsten und Königen, das Haupt von 16 Millionen, der Herr des treuesten und tapfersten Heeres der Welt, der Revolution zum Leibeigenen gemacht würde. Und das sei ferne! … Als deutscher Mann und Fürst, dessen ‚Ja' ein Ja vollkräftig, dessen ‚Nein' ein Nein bedächtig, gehe ich in nichts ein, was mein herrlich Vaterland verkleinert und dasselbe dem gerechten Spotte seiner Nachbarn, dem Gerichte der Weltgeschichte Preis giebt, nehme ich nichts an, was meinen angebornen Pflichten nicht ebenbürtig ist, oder ihnen hindernd entgegentritt. Ich habe gesprochen und meine Seele gerettet. – Dieses Blatt, mein alter Freund, ist für Sie allein, Sie müssen die Notwendigkeit der Geheimhaltung einsehen. Ich mache sie Ihnen zur Pflicht. Dringen Ihnen aber meine Worte in Kopf und Herz, verstehen Sie es, daß ich, ohne mich selbst zu verläugnen, nicht anders kann, dann ermannen Sie sich, reden Sie mit Ihren Freunden, mit den Besonnenen und Könnenden erheben Sie Ihre Stimme im Parlamente, fordern Sie endlich das ‚Eine', was Not thut, und das fehlt, ‚die rechte Ordnung' – Ihnen, dem Dichter des begeisternden Liedes – Ihnen, teuerster Arndt, drücke ich die Hand aus Herzensgrund als Ihr wohlgeneigter König und guter Freund Friedrich Wilhelm."

Der König ward dennoch zum Kaiser gewählt und Arndt war unter denen, welche nach Berlin zogen, ihm die deutsche Kaiserkrone zu bringen. Sie ward nicht angenommen. Mit dem Könige von Preußen lehnten drei andere deutsche Könige die Anerkennung der Wahl der Reichsversammlung ab, neunundzwanzig der übrigen Regierungen erkannten die Beschlüsse an. Und schon hatten die Republikaner angefangen, den Kriegsbrand unter das Volk zu werfen, unter dem Schein, als kämpften sie für die deutsche Reichsverfassung. Was sollten Männer wie Arndt nun tun? Sollten sie das Feuer des Bürgerkrieges schüren helfen, damit die Beschlüsse der Reichsversammlung durchgesetzt würden? Das konnten sie nicht. Sie mussten lieber darauf verzichten, die Reichsverfassung durchzuführen. Sie erklärten am 20. Mai ihren Austritt aus der Nationalversammlung, Arndt in Gemeinschaft mit Gagern, Dahlmann, J. G. Droysen, G. Beseler und andern Männern von deutscher Gesinnung, die aber auf der Bahn des Bürgerkrieges kein Heil für Deutschland sahen. Aus Frankfurt weg – hieß jetzt die Losung. Arndt verlor die Hoffnung nicht. Er rief aus:

Kaiserstolz und Majestät
Zogen auf geschwinden Sohlen
Wir fürs deutsche Reich zu holen,
Wovon neue Sage geht.

Klang und Sagen überall,
Soweit deutsche Zungen klingen;
Einen Kaiser heimzubringen
Rief der Völker Jubelschall.

Ach, wie sollten Dorn und Stein
An der Wandrer Sohlen reißen!
Zu den Scheinen, die nur gleißen,
Warf man unsern Kaiserschein.

Kaiserschein, du höchster Schein,
Bleibst du denn in Staub begraben?
Schrein umsonst Prophetenraben
Um den Barbarossenstein?

Nein! und nein! und aber nein!
Nein! Kyffhäusers Fels wird springen,
Durch die Lande wird es klingen!
Frankfurt holt den Kaiser ein.

Frankfurt hat den deutschen Kaiser freilich nicht eingeholt. Arndt kehrte in sein Daheim nach Bonn zurück – hoffnungsvoll, auch wo der Anker der Hoffnung zerbrochen schien. Und seine Hoffnung ist nicht zu Schanden geworden. Gott hat uns den Kaiser gegeben nach der Abrechnung mit Frankreich, nach den glorreichsten Siegen, welche das ganze deutsche Volk unter des Preußen-Königs Führung erfochten.

Neunzehntes Kapitel

Ein Baum gepflanzet an Wasserbächen

Die Bibel setzet das Alter der Menschenkinder auf siebzig, und wenn's hoch kommt, achtzig Jahre. Dieses höchste Alter hatte Arndt erreicht, als er von Frankfurt mit getäuschten Hoffnungen in sein Haus am Rheinufer zurückkehrte. Aber die Bibel sagt uns auch, dass die Gnade Gottes an keine Zeit sich bindet und gibt köstliche Verheißung dem, welcher auf diese Gnade traut und nicht wandelt im Rate der Gottlosen, sondern Lust hat am Gesetze des Herrn: Der ist wie ein Baum, gepflanzet an den Wasserbächen, der seine Frucht bringet zu seiner Zeit und seine Blätter verwelken nicht, und was er macht, das gerät wohl. (Ps.1) Der Gerechte wird grünen wie ein Palmbaum, er wird wachsen wie eine Zeder auf dem Libanon. Die gepflanzet sind in dem Hause unsers Herrn, werden in den Vorhöfen unsers Gottes grünen. Und wenn sie gleich alt werden, werden sie dennoch blühen, fruchtbar und frisch sein. (Ps. 92) Diese Verheißung hat sich an Arndt erfüllt. Gott hat ihm zehn Jahre zu dem biblischem Alter zugesetzt und hat ihn im deutschen Volke stehen lassen nicht als einen alten, abgestorbenen Stamm, sondern als einen frischen, grünen Baum, der Blüte und Frucht zugleich trug und in dessen Zweigen allezeit fröhliche fromme Liedesweisen erklangen.

Kaum war Arndt nach Bonn zurückgekehrt, da erscholl die Nachricht von Gottfried Kinkels Gefangennehmung.

Kinkel war Lehrer der Gottesgelehrtheit an der Hochschule gewesen, aber einer, der im Einzelnen gar wunderliche Meinungen hatte und überhaupt auf dem rechten Grund des Glaubens an den Gottessohn nicht stand und nicht auf denselben hinführen konnte. Viel besser verstand er sich auf die Dichtkunst. Wie aber das Jahr 1848 kam, ward er mit in den Strudel der republikanischen Bestrebungen hineingerissen, hatte sich 1849 unter die Fahne des Aufruhrs gestellt und war in die Hände des preußischen Heeres gefallen. Nun war Arndt ein offener Widersacher Kinkels und seiner Gesinnungsgenossen, und wir haben selbst die Reden gehört, die er gegen sie geschleudert. Aber wovor ihm graute, das war, wenn nun auch Preußen den Weg der blutigen Rache gegen diese Verblendeten betreten sollte, wie er in Österreich eingeschlagen worden war. Es ward eine Bittschrift an den Prinzen von Preußen aufgesetzt und Arndt war der erste, der seinen Namen darunter schrieb. Auch schrieb er an den General von Gröben die Warnung, Preußen nicht Blut durch Kriegsgericht vergießen zu lassen. Er durfte in Preußen sich dessen wohl unterfangen. Soll doch König Friedrich Wilhelm III. denen, die ihn zu schärferen Maßregeln in den demagogischen Umtrieben reizen wollten, geantwortet haben: „Dergleichen kann man anderswo wohl thun, aber bei uns geht es nicht.“ So blieb Arndt der selbstständige Mann, der nicht auf die Stimme der Partei, sondern auf die Stimme des Gewissens hörte. Sein deutsches Gewissen war noch immer wach. Wie viel Ursache zum Schweigen, zum ruhigen Verleben der letzten Jahre schien für Arndt in den traurigen Erfahrungen, die er in Frankfurt gemacht, und in seinem hohen Alter zu liegen! Aber sein Mut war ihm noch so jung und feurig, dass er auch jetzt den deutschen Jammer nicht ansehen konnte, ohne darein zu reden. Keine Wunde tat ihm weher, als die dem deutschen Leibe in Schleswig-Holstein geschlagen worden war. Hatte doch der Kampf dort ein schmachvolles Ende genommen, war doch keins der Rechte, für welche die Brüder im Norden sich erhoben, ja für welche die deutschen Fürsten ihre Regimenter hatten marschieren lassen, aufrechterhalten worden! „Die elenden Künste der Diplomatie", wie sie Stein zu nennen pflegte, hatten eine herrliche Provinz des großen deutschen Vaterlandes dem kleinen Dänenkönig zu Füßen gelegt, und deutsche Krieger, die für die Rechte der Herzogtümer gekämpft, verkauften sich aus Verzweiflung nach Brasilien. Da erinnerte sich Arndt jener schmachvollen Zeit des vorigen Jahrhunderts, als deutsche Fürsten deutsche Untertanen verkauften und Schubert das Lied sang: „Auf, auf, ihr Brüder und seid stark, der Abschiedstag ist da!" Und im tiefsten Schmerze rief er aus:

Heute, Achtzehnhundertfünfzig,
Hessen, Angeln, Sachsen, Friesen
Laufen in die Welt des Elends
Ehr- und Glücks- und Landverwiesen?
Ob dem Jammer bricht das Wort ab,
Wo die Ehre will zerbrechen –
Wo der Helfer? wo der Rächer,
Solche grimme Schmach zu rächen?
Still! es rufet: du sollst beten,
Christ, sollst glauben, lieben, hoffen;
Sperrt sich dir die deutsche Welt auch,
Ewig steht der Himmel offen.
Drum laß alles durcheinander
Fallen, stürzen, krachen, brechen,
Droben, glaube, waltet einer,
Der wird letztes Urteil sprechen.

In mannigfaltiger Weise hat er die Deutschen ermahnt, die Dänen nicht zu vergessen, noch im Jahr 1857 in einem Grab- und Ehrengesang auf Karl Vollertsen, der für die gute Sache Schleswig-Holsteins gefallen:

Steh fromm vor dieses Grabes Mal
So lange die Sonne geht zu Berg und Thal,
So lange schlägt ein treues deutsches Herz,
Und Hoffnung blicket himmelwärts,
Ruft Vollertsen: Streut mir Blumen, nicht Thränen
Doch auch: Vergesset nicht die Dänen.

Arndt verlor den Mut nicht, wie traurig sich auch Deutschlands Lage in den Jahren 1849, 50 und in den folgenden gestaltete. Wie er selbst noch jugendliches Feuer in sich verspürte, so glaubte er an die Jugendkraft seines Volkes. So frischen Mutes war der Vierundachtzigjährige, dass er im Jahre 1853 einen fünften Teil des Geistes der Zeit aussandte unter dem Titel: „Pro populo Germanico“ d.i. „fürs deutsche Volk“ und mit der Aufschrift: Sarò che fue, vivró com ho vissuto, zu deutsch: „Ich werde sein, der ich gewesen, und leben, wie ich gelebt.“ In der Tat – Arndt ist noch der Alte, es sind im Grunde dieselben Wahrheiten, die er schon vor vierzig und fünfzig Jahren gepredigt. Nur die Zeit ist anders geworden. Die außerordentlichen Erfindungen haben der ganzen Welt ein neues Ansehn gegeben. Es ist eine Geschwindigkeit und Lebendigkeit in den Verkehr der Völker gekommen, der vorher unerhört war. Aber Arndt schwindelt nicht vor all dem Neuen, er findet sich in dasselbe und ist der Zuversicht, dass Alles, auch die Riesenfortschritte im Materiellen, vom Geiste kommen und, wenn das Volk nur den rechten Sinn habe, auch zum Geiste führen müssen. Herzerhebend ist die fröhliche Hoffnung, die der Greis hat und mit welcher er uns Junge aufs Tiefste beschämt. Er will nichts davon hören, dass Deutschland im Greisenalter stehe und wohl bald einem andern Volke seine Stelle einräumen müsse. „Der Deutsche“, sagt er, „zeigt in Einfalt wie in Dummheit, in Unschuld wie in Rohheit und in hundert dahin spielenden Zeichen mehr als irgend ein Volk Europas noch alle verschiedenen Stufen des Knaben- und Jünglingsalters, ja ich wage zu sagen, er ist als Volk noch kein Mann geworden, geschweige denn ein Greis; ja ich möchte sagen, wodurch ich eine gewisse Hoffnungsfülle für seine Zukunft ausspräche: er läuft noch etwas wild in seinen Schlingeljahren herum.“ Man sieht, dass Arndt nicht lauter Lob für die Deutschen hat, aber weil sein Volk so viel Schimpf von den Fremden ertragen muss und selbst Deutsche die englischen, französischen, sogar russischen Schimpfreden nachsprechen, als ob das deutsche Volk nichts weiter sei als ein grübelnder Phantast, ein Nachtwandler und Träumer, der sich die Erde unter den Füßen weggraben lasse, oder ein verkommenes Volk, das nur noch zum Dünger für andere Völker passe, so ist er mit einem rechten Stolze stolz und gibt nach seiner Weise wieder eine Überschau über die Geschichte Deutschlands, um zu zeigen, was es getan und gelitten und was es in der Welt noch leisten werde. Und wie er da zuletzt auf die jüngsten deutschen Schmerzen kommt, auf die weggewehten deutschen Hoffnungen, da tritt die Frage in den Vordergrund: Preußen oder Österreich? wo ist die sicherste Bürgschaft für die Pflege des deutschen Geistes, für die Gründung eines kräftigen Deutschlands? Man muss ja sehnlich wünschen, dass Preußen und Österreich zusammenstehen, dass Österreich von Deutschland und insbesondere von Preußen nicht verlassen werde, man muss sich ja über jedes Zeichen freuen, dass der deutsche Geist angefangen hat, kräftiger als zuvor in Österreich zu wehen, aber man darf sich auch die Augen davor nicht verschließen dass lange Zeit Österreich nach

Deutschland nicht viel gefragt hat, wenn es desselben nicht etwa zu seiner eigenen Erhaltung bedurfte. Darum soll Deutschland, ehe es sich an Österreichs Leitung hingibt, nach den Bürgschaften für Deutschlands Größe und Ehre fragen und vor allem sich nicht durch den Schein blenden lassen, der in dem Gedanken an jenes Großdeutschland spielt, das ganz Deutschland und ganz Österreich umfassen soll. Das ist kein Deutschland, in welchem Ungarn, Polen, Italiener und noch allerhand andere Völkerschaften mit aufgenommen sind, das ist kein Deutschland, in welchem nicht der deutsche Geist allein seinen Leib hat. Ein solches Reich wäre ein Riese, den man wohl anstaunt, von welchem man aber keine Taten erwartet, wenigstens keine Geistestaten, keine großen Bezeugungen des deutschen Geistes. „Solche Dicke und Größe, die man riesig trennen kann", sagt Arndt, „ist fast nie von Stärke und Gesundheit begleitet, wohl aber, wo irgend ein organischer Fehler in dem ungeheuren Leib ist, wird und wirkt er meistens viel gefährlicher auf die übrigen mitleidenden Teile, als ein Ähnliches in einem Leibe gewöhnlichen Maßes." Wer möchte nicht wünschen, dass Österreich immer deutscher würde und mit dem Gesamtvaterlande durch die starken Bande des innern und äußern Lebens immer genauer verbunden, aber wie soll Österreich das sich bisher als der trägste Schüler des deutschen Geistes bewiesen, Deutschlands Führer werden? Man kann über Preußens Versäumnisse noch so sehr zürnen, es ist und bleibt dennoch der Bannerträger für Deutschland. Das ist Arndts Meinung. „Licht, Klarheit, Tapferkeit, hellste geistige Mutigkeit, dieses nordische lutherische Erbteil, ist das eigentliche preußische Leben: Licht, Kunst und Wissenschaft heißt die Inschrift der Fahne, unter welcher Preußen groß vorangeschritten ist und größer fortschreiten wird… Hier ist nicht bloß auch ein wenig Deutschland – wie die Prediger des Großdeutschlands uns scheltend und prahlend von der Donau her zurufen –hier ist das rechte Deutschland, jenes Deutschland, welches einmal das große Deutschland werden und heißen wird; denn hier ist Deutschlands Kopf; hier liegen seine starken Fäuste ausgestreckt, die weit in die Welt hinausgreifen; hier blitzen seine hellen Augen, die weit in alle Weltteile und Lande hinausschauen; hier fließen seine großen Ströme, die zu zwei Meeren führen; hier sind die Küsten und Häfen, welche einst in jenen beiden Meeren, in der Ostsee und Nordsee, die Herrschaft behaupteten... Schon wird neben dem vortrefflichen Heere zu deutscher Ehre und Freude eine preußische Flotte geschaffen; ihre ersten Fahnen und Wimpeln fliegen über das Weltmeer; die Ostsee hat die kühnsten und besten Schiffer und Matrosen von Europa, durch welche diese Flotte gedeihen und bald so erstarken wird, daß sie wenigstens den Russen und Skandinaven dort nicht zu weichen haben wird."

Doch es ist Deutschland, um dessen willen er auf Preußen hofft, und Deutschland scheint ihm selbst 1853 in keinem hoffnungslosen Zustande. Er weist die, welche in Kurzsichtigkeit und Feigheit diese Zeit als eine durchaus teuflische und entgöttlichte, als eine unchristliche und verruchte Zeit verschrein und verdammen, auf eine Vergleichung mit den schrecklichen Zuständen der Vergangenheit hin, nicht nur auf unsern fortgeschrittenen und verbesserten Ackerbau, auf unsre an Volksmenge, Gewerb, Handel und Reichtum doppelt und dreifach gemehrten und geschmückten Städte, sondern auch auf die allenthalben gebesserten Zustände und öffentlichen Verhältnisse, auf die Schulen, Irrenhäuser, Krankenhäuser, Armenhäuser, Missionen, und er schließt daraus, dass wir ein sittlicheres, tüchtigeres, glücklicheres Volk geworden.

„Man schreckt mit Gewitterwolken, die an dem deutschen Kirchenhimmel aufsteigen", fährt er dann fort, „und will dem Protestantismus weissagen, daß er gänzlich in sich zerfallen und auseinander fallen, daß er der Raub der Jesuiten werden müsse, ja daß uns die Jesuiten möglicherweise wieder Feuerbrände auf unsere Tempel und Scheunen zusammenpredigen können. Ich kenne die unversöhnlichen Feindschaften und unsterblichen Gegensätze wohl; ich kenne wohl die Stärke des Papsttums, aber auch die Allmacht des Lutherschen Spruchs: Das Wort sie sollen lassen stahn. Dieses göttliche Wort hat ja die Kraft, die Schlacken, welche sich von Zeit zu Zeit an ihm ansetzen und selbst durch die Kraft aus und an ihm hervorgeschmiedet werden, wieder von sich abzuschütteln und in verjüngtem Glanze wieder zu leuchten.

Soll ich endlich noch die Anklage des Materialismus unserer Tage zurückweisen, die Anklage der außerordentlichen Thätigkeit und Gerührigkeit der Menschen, die alte Adamsherrschaft endlich voll anzutreten und aller Gaben und Güter dieser Erde von einem Ende zum andern endlich in der That Herr zu werden? Nein, auch dieser Materialismus ist ein Zeichen des frischen lebendigen Geistes, der jetzt Deutschland belebt. Eben dieses lebendige Leben in unserm Volke ist uns Bürgschaft und Siegel des Geistes, und Verbürgung unsrer Zukunft... Ein Volk, das soviel Mut und Geist hat als die Deutschen, kann als ein Raub schlechterer Völker nicht untergehen; die Sehnsucht eines großen Volkes nach Ehre, Macht und Majestät wird den Tag ihrer Erfüllung erleben. Glaubet nur, haltet fest und zusammen! ... Die Zeit ist Gottes und ihre Stunde und Minute darf kein Sterblicher weissagen, selbst mit einem Apostel Paulus möchte ich nicht irren, aber das darf ich euch zum drittenmale zurufen: Glaubet! und haltet fest und zusammen!

Meine übrigen Tage müssen ja dahinsinken wie die letzten Schimmer eines Traums. Ich schaue von der höchsten

Höhe des Alters in das tiefe Thal hinab, meine Abendsonne geht nicht mit Gold noch mit goldnen Hoffnungen zu Thal, aber von tapfern und männlichen Hoffnungen darf ich nicht lassen. Ich vertraue dem Geist und dem deutschen Geist und rufe mit allen tapfern Aposteln und Propheten: De coelo et patria nunquam desperandum! Das heißt: am Himmel und am Vaterland soll man nicht verzweifeln."

So frisch wie seine Hoffnung auf die Zukunft, so frisch war die Erinnerung der Vergangenheit, als Arndt, ein Achtundachtziger, seine „Wanderungen und Wandelungen mit dem Reichsfreiherrn Heinrich Karl Friedrich vom Stein" schrieb. Ganz Deutschland horchte auf, als der alte Arndt früher Erzähltes ausführlicher noch einmal erzählte. Man weiß nicht, was zum Aufhorchen mehr lockte, der Erzähler, oder der, von dem erzählt ward. Das Bild Steins von Arndt vorgeführt, – kann es für Deutsche etwas Erfrischenderes geben? Gewiss, ein lustigeres Buch hat Arndt in seinem ganzen Leben nicht geschrieben als dieses. Der alte Reichsfreiherr steht vor uns, wie er leibt und lebt, und der Erzählung Arndts meint man des Erzählers laute Stimme und die heftige Bewegung der Arme beim Erzählen abzumerken. Was die beiden miteinander erlebt, in Russland und auf dem Siegeszug bis an den Rhein, später in Köln, in Nassau, in Kappenberg, Erschütterndes und Erheiterndes, Großes und Kleines, das hören wir im lebendigsten, fröhlichsten Fluss der Rede. Die ganze Zeit siehet uns an in großen, farbenhellen Bildern – und diese Bilder führte uns Arndt im Jahre 1858 vor, kurz ehe Napoleon der Dritte anfing, in seines Oheims Fußstapfen zu treten durch seine Händel in Italien, durch sein Schielen nach Deutschland! Die Erinnerung an Stein durch Arndts beflügeltes Wort hat gewiss nicht wenig zu der vaterländischen Begeisterung beigetragen, die im folgenden Jahre 1859 erwachte.

Auch die Gedichte aus den letzten Jahren seines Lebens beweisen, dass der Hochbetagte immer noch lebhaften Anteil an den häuslichen und öffentlichen Angelegenheiten nahm. Im Jahr 1854 hatte er die Freude, seinen Liebling, die einzige Tochter, Nanna, wie ein Veilchen „fromm, still, hold, und mild", an Ernst Nitzsch in Kiel zu vermählen. Sie ist nun auch schon nach langem Siechtum heimgegangen. Das letzte Gedicht, das von ihm gedruckt ist, hat er den Freunden in Stralsund zum 31. Mai 1859 geschickt. Es ward am Grabe Schills zur fünfzigjährigen Gedächtnisfeier seines Todes gesprochen. Es war die Zeit des italienischen Krieges, die Zeit, wo die deutschen Pulse wieder lebendiger schlugen.

Drum wollen wir fröhlich treten
Heut an des Helden Gruft,
Und fromm für jeden beten,
Der nieder, Welschland! ruft;
Wer nichts als deutsche Sache
Und deutsche Freiheit will,
Ruft Nieder, welscher Drache!
Ruft Hoch, der deutsche Schill!

Klingt hier noch der alte Ton des deutschen Zornes gegen alles welsche Wesen, so darf man doch nicht wähnen, dass Arndt über der argen Welt den Frieden des Himmels vergessen habe. Sie klingen jetzt so sehnsüchtig, die frommen Lieder, die er Jahr für Jahr anstimmt, man sieht, wie er zum Tode sich bereitet, man gewinnt die Zuversicht, dass er seinen Heiland im Tode bei sich haben werde. Wenn der Sonntag angebrochen ist mit seiner Stille, mit seinem Frieden, die ein Vorschmack sein sollen der Ruhe, die noch vorhanden ist dem Volke Gottes, dann betet er:

O hilf uns! hilf verstehen,
Du süßer Jesu Christ,
Warum du aus den Höhen
Des Himmels kommen bist,
Durch dein Liebesminnen,
Durch dein Versöhnungswort,
Schleuß Geister auf und Sinnen
Heut für den Heimatsort.

Was fromme Seelen weisen,
Durchweht von Geisteswehn,
Wovor die größten Weisen
Anbetend stille stehen,
Das Heimatland der Sterne
Der Geister Lebenslauf,
Schleuß diese selge Ferne,
Schleuß, Heiland, sie uns auf!

Und wenn das scheidende Jahr ihn selbst ans Scheiden mahnt, dann ruft er mit brünstigem Gebete den an, welcher der Zeiten Fülle, das A und das O ist:

Du Liebesheld, mein Hort, mein Mut
Du hast die Hölle zugeriegelt,
Du hast am Kreuz mit deinem Blut
Den heilgen Liebesbund besiegelt –
Du Liebesheld – das ist das Wort,
Das Wort der Gnade, Wort der Treue,
Das jagt die Erdenschrecken fort
Und macht uns Sündenknechte Freie

O komm, mein Held, mein Mut im Streit,
Im Streit des Blinden unter Blinden,
Hilf, hilf im Trug der Eitelkeit
Der Wahrheit grade Wege finden!
Dann mag ich fröhlich, frisch und fromm
Fortpilgern, dein geweihter Streiter
Und endlich rufen: Komm, o komm,
Mein Liebesheld! denn ich will weiter.

O wann es klingt hinweg! hinab!
Wenn klingt die Glocke: du mußt weiter!
Dann komm! komm! sei durch Tod und Grab
Mein Helfer, Tröster und Geleiter;
Dann, wann auf all mein Erdennichts
Die letzten Schatten niederdunkeln,
Laß dann den Glanz des selgen Lichts
Mit Himmelsleuchtung mich umfunkeln.

Zwanzigstes Kapitel

„Geht nun hin und grabt mein Grab!“

So hatte er schon vor Jahren gesungen; denn die Tage waren für ihn längst gekommen, da er erwarten durfte, abgerufen zu werden und eingehen zu dürfen zu seines Herrn Freude. Wir hören aus seinem Liede, wie fromm er sich nach dem Heimgang sehnte und wie innig er den umfing, der unser einziger Trost ist im Leben und im Sterben. Er hat Glauben gehalten, echten evangelischen Glauben bis ans Ende. Auch die fröhliche Lust, für die Sache des lautern Evangeliums zu streiten, welche dieser Glaube einflößt, hat ihn nicht verlassen. Ein Schüler Luthers, der in den gewaltigen, frischen und freien Geist dieses Helden sich eingelebt hatte, konnte er starke Worte reden gegen die überlutherischen und darum unlutherischen Lutheraner, die nicht Mut hatten, wie doch Luther getan, auf das Wort und nur das Wort sich zu verlassen und die, nach einem Gleichnis Luthers, fürchteten der Himmel möge einfallen, weil er keine sichtbaren Stützen habe. Was sollte aber der ehrliche evangelische deutsche Mann dazu sagen, dass die Jesuiten in Deutschland immer mehr Boden fassten, dass sie auch in Bonn ihren Einzug hielten? „Wenn unser armes Vaterland, rechts die Russen, links die Franzosen, noch gar künftig wieder in sich die Jesuiten beherbergen wird, damit der Riß, der schon in uns ist, noch größer werde: dann genad' uns Gott!“, so rief er im Januar 1858 vor einer großen Versammlung aus.

Arndt hat der evangelischen Kirche, zunächst der evangelischen Gemeinde in Bonn, in Treue und Einfalt gedient als einer ihrer erwählten Kirchenältesten und Vertreter. „Zu jeder Stunde und an jedem Werktage“, hieß es immer, wenn er gefragt ward, ob er Zeit habe zu einer Gemeindeangelegenheit. Er hat mit trefflichen Männern an der Gemeinde zusammengewirkt; ich nenne von Lehrern der Theologie nur Nitzsch, Sack, Gieseler, Lücke, Bleek, und von Laien nur v. Bethmann-Hollweg. Mit aller Liebe hielt der Lutheraner aus Rügen an der Union mit den Reformierten des Rheinlandes. In geistlichen Dingen mahnte der Mann, welcher in den vaterländischen gerne ein starkes, rasches Zufahren wünschte, allezeit zu dem Weg der sanften, geistigen Einwirkung, des stillen allmähligen Werdenlassens. Der Donnerer, der so gewaltige Worte hatte durch Deutschland rollen lassen, war auf dem Gebiete des geistlichen Lebens ein Mann des Friedens. Einmal, als zwei würdige Glieder des Ältestenkollegiums durch Missverständnisse gegeneinander gereizt waren und der ehrwürdige Nitzsch in den gewechselten Schriftstücken sie voll Liebe und Ernst zum Frieden ermahnt hatte, schrieb auch Arndt seine Meinung darunter: „Ich wünsche und bete Frieden und Liebe. E. M. Arndt.“

Der letzten Versammlung des Vorstandes der Gemeinde wohnte er kurz vor dem Geburtstage bei, an welchem ihm Gott das neunzigste Jahr vollmachte. „Gott segne alles, alles!“, das war das letzte Wort, das er hier gesprochen. Am letzten Sonntag des Kirchenjahres, der in der evangelischen Kirche Preußens und anderer Länder als Gedächtnis der Toten gefeiert wird, stand er der Älteste und darum der Erste am Tisch des Herrn und erbaute durch seine bloße Erscheinung schon die Gemeinde, die mit ihm den Leib und das Blut Christi empfing. Die Adventszeit kam und ging, Weihnacht kam, an welcher er neunzig Jahre alt ward. Nie in seinem Leben hatte er mehr und herzlichere Glückwünsche empfangen. Das vergangene Jahr mit seiner vaterländischen Bewegung, welche des dritten Napoleon Anschläge hervorgerufen, hatte die Deutschen wieder kräftig an den Vater Arndt erinnert, der so tapfer gegen den ersten Napoleon geschrieben und gesungen. Die eben in ganz Deutschland veranstaltete, von nationaler Begeisterung getragene Schillerfeier, in welcher das deutsche Volk das Gefühl seiner Einheit herzerhebend aussprach, hatte daran gemahnt, dass der Mann noch lebe, der die Einheit, Kraft und Ehre Deutschlands am mächtigsten durch sein Wort gefördert. Es war, als ob ganz Deutschland sich in das Haus am Rhein drängen wollte, dem Vater Arndt die Hand zu drücken. Denn weit über den Kreis der persönlichen Bekanntschaft hinaus brachten Fürsten und Bürger, Männer und Frauen, Sängervereine und Studentenverbindungen ihre Glückwünsche und sinnigen Gaben. Der Alte ward mit einem Regen von Blumen und Kränzen der Liebe und Treue überschüttet. Und die weder persönlich noch durch Lied und Kranz sich in das Haus drängen mochten, die feierten doch den Geburtstag des lieben ehrwürdigen Greises mit. Der Prinzregent von Preußen sandte ihm den roten Adlerorden zweiter Klasse mit Eichenlaub. Die Stadt Köln ernannte ihn zum Ehrenbürger. Berliner Männer und Frauen schenkten ihm die Marmorbüste seines „unüberwindlichsten Ritters" Stein, von Meisterhand gefertigt, mit begeisterter Zuschrift. Bürger und Soldaten in Bonn, der Rektor der Universität wie der Kommandant der Stadt brachten ihm ihre Wünsche. Am Abend zuvor und am Tage des Festes klang festliche Musik um das Haus und frische deutsche Stimmen sangen das Lied: „Was ist des Deutschen Vaterland?" So brach in vollem Erguss die Liebe des deutschen Volks gegen ihn aus. Und er hat nicht gesäumt, die Liebe zu erwidern. Sein letztes Werk war eine neue

Sammlung seiner Gedichte. In derselben Weihnachtswoche, in welcher sein Geburtstag begangen ward, schrieb er das Vorwort dazu. Die Ahnung seines nahen Endes geht wie ein weicher Hauch hindurch: „Die Zeit meines Scheidens ist nah, nah ist der Sturm, der meine Blätter herabweht. Diesen ossianischen Vers singen dem Neunzigjährigen die durch den Wald winterlich schwirrenden Vögel und fliegenden Blätter zu einer Mahnung, daß er sein Haus bestellen und seine kleinen Dinge ordnen soll. Zu diesen seinen kleinen Dingen gehören manche Verse und Reime, die seit zwei Menschenalten vielfach umhergeflogen und, wie zu geschehen pflegt, nachgedruckt, verändert, verbessert oder verschlechtert sind. Er gibt sie hier nun seinem Volke als ein letztes Vermächtnis in der Gestalt, wie sie einst aus seinen Händen in die Welt ausgeflogen sind. Manche von ihnen sind seinen Deutschen lieb geworden, wohl nicht wegen ihrer Vollkommenheit, sondern eben, weil die meisten echte Kinder der Geschicke und Gefühle unserer Tage sind, Kinder des Augenblicks und der Gelegenheit. Mit ihnen sagt der alte Sänger und Schreiber allen seinen Freunden gleichsam sein letztes Lebewohl."

Es war wirklich sein letztes Lebewohl. Bald darauf ist er gestorben, man kann sagen an der Liebe seines Volkes und zu seinem Volke. Er hatte anfangs sich vorgenommen, die vielen Glückwünsche nicht zu beantworten. Dann meinte er, dem und jenem lieben Freunde müsse er doch ein Wort sagen. Wie er einmal angefangen, war die Grenze schwer zu finden, über die er nicht hinausgehen wollte. Er schrieb ein paar Wochen lang, natürlich nicht ohne Aufregung des dankbaren und liebevollen Gemüts, täglich etwa ein Dutzend Briefe. Deutschland hat die frischen Worte und Zurufe, die er nach allen Gegenden sandte, mit Freuden gehört. Aber der sie ergehen ließ, ward krank. „Ich bin müd und matt gemacht diese jüngsten Wochen durch ein

Gedränge von Menschen, Briefen, Ehren, Gaben und Freuden, die auf mein altes schneeweißes Haupt gefallen waren." Als er zu ungewohnter Stunde sich niederlegen musste, sagte er: „Die Freunde und Narren haben mir's angethan." Ein Fieber verzehrte mit reißender Schnelle seine Kräfte. Er lag schlummernd und sprach selten. In seinen Phantasien hatte er es mit Vögelchen im Walde zu tun, die er lockte und mit denen er spielte. Als am Morgen des Todestages einer seiner bewährtesten Freunde zu ihm eintrat und der Name desselben dem Kranken genannt ward, sprach dieser: „o ich kenne ihn ja." – Dann sagte er zu ihm: „Ich sterbe; in vierzehn Tagen ist alles vorbei." Es währte nicht mehr so lange. Die treue Gattin hörte als letztes Wort aus seinem Munde das halblaute Gebet: „laß mir die Augen zufallen." Dann fielen sie ihm zu, er schlief ein, um bei seinem Herrn zu erwachen, am 29. Januar 1860 in der Mittagsstunde.

Wir preisen Gott für den Tod, den er seinem Knechte nach einem so langen und bis ans Ende so frischen Leben gegeben hat. Alle die Trübungen, die ihm durch der Menschen Ungerechtigkeit verursacht worden war, hatte die Liebe, die völlige Liebe seines Volkes hinweggeweht. Und alle die dunkeln Schatten, welche die eigene Sünde in die Seele wirft, waren durch die Gnade Gottes verscheucht, die ihn um Christi willen zu seinem Kinde gemacht.

Am 1. Februar nachmittags 3 Uhr ward der Selige zur Grabesruhe geleitet. Vor dem mit einem Lorbeerkranz gezierten Sarg klang Paul Gerhardts unaussprechlich tröstliches Lied: „O Haupt voll Blut und Wunden", darinnen das Gebet:

> Wenn ich einmal soll scheiden,
> So scheide nicht von mir,
> Wenn ich den Tod soll leiden,
> So tritt du dann herfür;

Wenn mir am allerbängsten
Wird um das Herze sein,
So reiß mich aus den Ängsten
Kraft deiner Angst und Pein.

Dann setzte sich in unabsehbarer Reihe der lange Trauerzug in Bewegung, von einem Musikkorps geleitet. Voran ging der Verein der Veteranen, dessen Ehrenpräsident Arndt gewesen. Diesem folgten die Studenten, die Fahnen, Abzeichen und Waffen mit Trauerflor verhüllt. Denen von Bonn hatten sich viele andre aus Heidelberg, Göttingen, Marburg, Berlin und andern Hochschulen zugesellt. Die deutschen Jünglinge hatten ja in Arndt ganz besonders ihren Vater verloren, der sie auf der Bahn frommer deutscher Tugend geleitet hatte. Hinter den Studenten erschien dann der vierspännige Leichenwagen, in welchem der Sarg unter Grün und Blumen sich zeigte. Dem Sarge folgten, geleitet von den Geistlichen, die nächsten Leidtragenden, sodann die Lehrer und Beamten der hohen Schule. Hierauf kamen die Offiziere, die Zivilbeamten, verschiedene Vereine und eine große Menge Volks aus Bonn und der Umgegend, die dem Vater Arndt gern das letzte Geleite geben wollten. Als der Zug um das Grab sich versammelt hatte, sang ein starker Männerchor, von Blasinstrumenten begleitet, nach der ergreifenden Weise des Liedes: „Jesus, meine Zuversicht" Arndts Lied:

Geht nun hin und grabt mein Grab,
Meinen Lauf hab ich vollendet!
Lege nun den Wanderstab
Hin, wo alles Irdsche endet,
Lege selbst mich nun hinein
In das Bette sonder Pein.

Was soll ich hienieden noch
In dem dunklen Thale machen?
Denn wie mächtig, stolz und hoch
Wir auch stellen unsre Sachen,
Muß es doch wie Sand zergehn,
Wenn die Winde drüber wehn.

Ihr, die nun in Trauern geht,
Fahret wohl, ihr lieben Freunde!
Was von oben niederweht,
Tröstet ja des Herrn Gemeinde,
Weint nicht ob dem eitlen Schein,
Droben nur kann ewig sein.

Hierauf sprach der Pastor Dr. Wiesmann, Vorsitzender der rheinischen Synode, als Generalsuperintendent im preußischen Rheinlande gestorben, die Grabrede. „Er ist der letzte des lebenden Geschlechts“, sagte er unter anderm, „der zu der Befreiung des geknechteten Vaterlandes durch sein begeistertes Wort erfolgreich mitgewirkt hat. In schwerer, hoffnungsloser Zeit hat er den zerbrochenen Mut aufgerichtet, im Rate der Fürsten und ihrer nächsten Diener mit rastlosem Eifer die Erhebung des Volks in den Freiheitskriegen gefördert, die Feigen und Schlechten gezüchtiget, die Jugend entflammt, das Ziel des Kampfes gezeigt, und das funkelnde Schwert des Geistes nicht eher niedergelegt, bis die Hand erstarb, die dasselbe so tapfer durch zwei Menschenalter geschwungen hatte. Noch in seiner Sterbewoche hat er sich mit der letzten Gabe für sein Volk beschäftigt, an der unsere Enkel und Urenkel sich noch erfreuen werden.

Unser Arndt war ein deutscher Mann im vollen Sinne des Wortes. Schlicht und einfach in seiner Erscheinung, ohne allen Prunk und leeren Schein, treu und wahr in seiner

Rede, der Schmeichelei und allem heuchlerischen Wesen feind, unbeugsam in dem, was er für Recht erkannte, tapfer und fröhlich, liebreich gegen jedermann und die Manneswürde bewahrend, der Schlechtigkeit unzugänglich, sittlich streng und keusch und von Herzen fromm. Die Gottesfurcht war der innerste Kern seines Wesens, die Demut sein schönster Schmuck, das Gebet das tiefste Bedürfnis seiner Seele.

Also haben wir ihn gekannt, und so oft wir den Greis in Jünglingskraft und Frische dahinschreiten sahen, freuten wir uns herzinniglich, und wenn wir ihn mit lebendiger Teilnahme aus alter und neuer Zeit reden hörten, dann ruhte unser Auge mit Wohlgefallen auf ihm, und wir fühlten unser Innerstes durchzückt von den Blitzschlägen seines Feuergeistes.

Ist es edelste deutsche Weise, für eine große Idee zu leben, zu kämpfen, unter allen Hindernissen sie festzuhalten und im Aufblick auf Gott den Herrn an ihrem endlichen Siege nicht zu zweifeln, so hat der Verstorbene solche deutsche Art bewährt. Die Einigkeit, die innerliche Herrlichkeit seines Vaterlandes, das war der Traum seiner Jugend, die Arbeit seiner Mannesjahre, die Hoffnung seines Alters. Und ob für Augenblicke verkannt und mit verhülltem Haupte dahinwandelnd, ist er nicht irre geworden und hat er sich nicht verbittern lassen. So stand er da wie eine Ruine, die von vergangener Herrlichkeit zeugt, und dann auch wieder jener Säule gleich, von der die Sage geht, daß sie erklungen, so oft sie vom goldnen Strahl des jungen Morgens beleuchtet worden. Sein Alter ist gewesen wie seine Jugend. Wie in den blühenden Tagen seiner Jugend sein Volk seiner Posaune horchte, so haben sich in seinen spätesten Jahren die deutschen Volksstämme um seinen Namen geschart und ihn zum lebendigen Zeichen jener Hoffnungen gemacht, welche die edelsten Herzen bewegt.

Schauen wir im Lichte des göttlichen Wortes auf seine Tage zurück, so hat sich auch an ihm jener Zuruf des Höchsten 1. Chron. 18, V. 8, an seinen Knecht David erfüllt, den er gleich ihm von der Weide hinter den Schafen genommen: ‚Ich bin mit dir gewesen, wo du hingegangen bist, und habe deine Feinde ausgerottet vor dir, und habe dir einen Namen gemacht, wie die Großen auf Erden Namen haben.' Der Entschlafene hat einen großen Teil Europas durchpilgert, in Wanderlust und Thatendurst, als Flüchtling oder in der Erfüllung seiner Lebensaufgabe. Das hat er aber erfahren, der Herr ist überall mit ihm gegangen, und hat ihn beschirmt, und ihm die Herzen der Menschen geöffnet, und seinen langen Aus- und Eingang auch unter uns mit mannigfaltigstem Segen begleitet. Für solche unverdiente Wohlthat hat er aber seinen Gott jederzeit dankbar gepriesen und ihm die Ehre gegeben. Der Herr hat seine Feinde ausgerottet vor ihm, den Dränger und Unterjocher Deutschlands, den er mit aller Kraft bekämpfte, und jegliches auf Ausländerei schielendes Wesen, dem er von ganzer Seele gram war. Er hat ihm einen Namen gemacht, wie die Großen auf Erden Namen haben. Hieß er Jahrzehnte hindurch immer schon der alte Arndt, so hat ihm Gott durch Deutschlands Mund im letzten Jahrzehnt den schönen Namen Vater Arndt gegeben und dieser Name wird ihm bleiben …

Der Vater aber aller Gnade und Barmherzigkeit, der jetzt seinem alten Knechte nach mühevoller Pilgerfahrt, wie er es schon im Jahre 1814 gewünscht, am leise flutenden Rheine die Grabesruhe bereitet, der vergebe ihm um Christi, seines Sohnes willen, alles, worin er jemals in Wort und That gefehlt, und verleihe ihm, wie er es ernstlich begehrt hat, die ewige Ruhe der Seligen aus Gnaden."

Nun fiel der Chor der Sänger wieder ein:

Weine nicht! mein süßes Heil
Meinen Heiland hab ich funden,
Und ich habe noch mein Teil
In den warmen Herzenswunden,
Woraus einst sein frommes Blut
Floß der ganzen Welt zu gut.

Weint nicht! mein Erlöser lebt!
Hoch vom finstern Erdenstaube
Hell empor die Hoffnung schwebt,
Und der Himmelsheld, der Glaube,
Und die ewge Liebe spricht:
Kind des Vaters, zittre nicht: – –

So ruht er nun nach langer Pilgrimschaft unter der Eiche, die er selbst gepflanzt, neben seinem Willibald, bis zum lieben jüngsten Tag. Uns aber, die wir leben, soll sein Bild in vollen Ehren leuchten und ein Sporn sein von allen irdischen Gütern das Vaterland am meisten zu lieben und redlich, tapfer, frei und fromm wie Arndt für seine Einheit, Größe und Ehre zu kämpfen und zu beten.

Das deutsche Volk hat dem Vater Arndt an der Stätte des Rheinufers, an welcher er die zweite Hälfte seines langen Lebens in Schmerzen und Freuden zurückgelegt hat, zu Bonn auf dem sogenannten Zoll, ein Denkmal gesetzt mit den vier Inschriften: Ernst Moritz Arndt. – Der Rhein, Deutschlands Strom, nicht Deutschlands Grenze. – Der Gott, der Eisen wachsen ließ, der wollte keine Knechte. – Errichtet vom deutschen Volk 1865. Auf hohem Steine steht die kräftige Mannesgestalt, die Deutschen weisend und warnend. Auch in Greifswald, wo er als Student und Professor der Hohenschule angehörte, und auf der Insel Rügen, wo er geboren, hat ihm die dankbare Liebe des Volks Denkmäler gesetzt. Aber auch ohne Denkmal von

Erz und Stein ist es unmöglich, dass dieser Deutscheste aller Deutschen in Deutschland je vergessen werde. Sein Name ist mit zu deutlichen Schriftzeichen in die Geschichte von der Wiedergeburt Deutschlands in den Befreiungskriegen und damit in die deutschen Herzen hineingeschrieben. Wer die Geschichte jener Zeit liest, der begegnet überall dem Namen Arndt. Hört er, wie Napoleons Hass die besten Deutschen getroffen hat, dann vernimmt er auch, wie Arndt, den mörderischen Nachstellungen dieses Hasses zu entgehen, Jahre lang in freiwilliger Verbannung gelebt und unter fremdem Namen im lieben Vaterland sich verborgen gehalten hat. Liest er von dem mächtigsten Gegner, den Napoleon gehabt, von Stein, so sieht er an der Seite des Reichsfreiherrn, mit ihm in herzlicher Freundschaft vereint, Arndt, den Bauernsohn, der aber wie jener geadelt ist durch die hohe deutsche Gesinnung. Tritt ihm vor die Seele die wunderbare Erhebung des deutschen Volks in Landwehr und Landsturm, in jeglicher vaterländischer Tätigkeit und Opferwilligkeit, dann sieht er auch, wie viel Arndt mit seinen geistesmächtigen Flugschriften unter dem Volke zu dieser Erhebung gewirkt. Und klingen die Namen der Kriegshelden jener Zeit in hellem Ton an seine Ohren, Blücher, Scharnhorst, Gneisenau, Dörnberg, Schill – den hellsten Ton den Helden zu Ehren geben die Lieder Arndts. Darum, wie jene Zeit dem deutschen Volke unvergesslich ist, so der Vater Arndt, in dessen Schrift und Lied sie uns am lebendigsten gegenwärtig bleibt.

Es ist im ganzen Volke kein Stand, kein Alter, kein Geschlecht, das vornehm aus den Namen Arndt, herabblicken und sprechen dürfte: ich bedarf deiner nicht. Wie er von Deutschland kein Stücklein aufgeben wollte, sondern gesungen hat: das ganze Deutschland soll es sein: so soll auch das ganze Deutschland Ernst Moritz Arndt als seinen Mann erkennen und an ihm sich stärken und erfreuen. In seiner Liebe gab's kein Hoch oder Niedrig. Aus Bauernmark entsprossen, ist er mit den Großen und Gewaltigen auf der Erde, Freund mit Freund, gewandelt. Und wenn er in Tagen seiner Ruhe von dem Schlosse Steins, in welchem er allzeit als lieber Gast aufs freundlichste aufgenommen ward, in sein kleines Haus am Rhein zurückkehrte, griff er wieder zum Spaten, grub sein Kohlfeld und übte die Arbeit, in welcher er im elterlichen Hause auferzogen worden war. Sein Wort galt dem deutschen Volke, nicht der Bevorzugung einzelner Stände, darum konnte er zu einer Zeit für den Bauer gegen den Adel, und zu einer Zeit für den Adel gegen den geringen Mann mit demselben Eifer der Wahrheit und Gerechtigkeit auftreten. Arndt war ein Mann, ein ganzer Mann; eben darum hatte er, wie die echten deutschen Männer aller Zeit, Verständnis und Verehrung für die deutschen Frauen und wusste, wie viel auf sie für die Erziehung der Jugend und die gesunde Größe des Volks ankomme. Denen hat er darum allezeit in echter deutscher Ritterlichkeit mit Liebesklang und Mannestat hohe Ehre erwiesen. Männer wollte Arndt überall im deutschen Lande sehen, darum war sein Herz mit ganz besonderer Neigung der Jugend zugewandt. Er war im hohen Alter das Musterbild jener Greise, die Gott sei Dank in Deutschland noch nicht ausgestorben sind, jener Jünglinge mit weißem Haare, die sich nirgends lieber bewegen als unter den Scharen der Jugend, und den jugendlichen Sinn, der sie dahin treibt, unter der Jugend sich immer wieder erfrischen. Die deutsche Jugend ist ihm ganz besonders zu Liebe und Treue verpflichtet. Für sie hat er ein langjähriges Martertum bestanden, indem er der Verführung derselben angeklagt und außer Amt und Tätigkeit gesetzt ward. Aber – „als die Verführer und doch wahrhaftig“ – dies Wort des Apostels konnte Arndt auf sich deuten. Denn was er für die deutsche Jugend getan hat, das kam aus der Wahrheit, das stammte aus redlicher Gesinnung und widersprach nicht der Wahrheit, die uns Gott selbst in seinem Wort geoffenbart hat. Er wollte eine Jugend haben, in welcher der Geist herrschte, nicht das Fleisch, in welcher die hohen, göttlichen Güter mehr gälten als alle Güter der Welt, und darum Vaterland und Freiheit mehr als das weichliche Wohlleben in Knechtschaft und Schande, er wollte eine keusche, tapfere, frische, fröhliche, freie, fromme Jugend. Darum hat er ihr vorangeleuchtet als unermüdlicher Fußgänger und in jeder Art der Beugung des Fleisches unter den Geist, darum hat er ein geistiges Leben unter den Studenten gefördert, darum hat er der Jugend seine Lieder in den Mund gelegt, darum hat er allezeit gemahnt, nicht etwa bloß zur Fußwanderung, zum Turnen, zum Schwimmen, zum Fechten, zum Schießen, zum Singen vaterländischer Lieder, zum Lesen der deutschen Geschichtsbücher – er hat sie auch ermahnt zum Gebet und hat sie gewiesen auf Gottes Wort und hat ihr gezeigt den Stern, der auch ihm in aller Dunkelheit der Sünde und der Trübsal gnadebringend aufgegangen war, Jesus Christus!

Es geht durch dies Büchlein vom Vater Arndt, wie der Leser hoffentlich gespürt haben wird, ein warmer Hauch der Liebe zu dem Manne, von dem es handelt. Dieser warme Hauch der Liebe rührt nicht bloß daher, dass Arndt im vollen Sinne ein Deutscher gewesen, sondern zugleich daher, dass er ein Christenmensch gewesen ist. Der Schreiber des Büchleins ist von der Überzeugung durchdrungen, dass es für das deutsche Volk kein Heil gibt als in der Hingabe an den Herrn der Herrlichkeit, der es einst zum Volke gemacht aus einander sich befehlenden Stämmen, und möchte darum dem deutschen Volke keinen Helden zum Vorbild setzen, der nicht in Wort und Tat zum Gottes- und Mariensohne sich bekennt. Das tut Arndt. Ein vollkommener Christ ist auch er nicht, nach Luthers Wort: „Wer ein

Christ ist, der ist kein Christ." Er hat ihm aber nachgetrachtet, dass er's werden möchte. Er ist ein treuer Leser des göttlichen Wortes, ein fleißiger Beter, ein eifriges Glied seiner Kirche gewesen, und was mehr ist: er hat seine Sünde erkannt, das Kreuz Christi umfasst, im Glück und Unglück standgehalten auf dem Grund, auf welchem auch für ihn Leben und Seligkeit gegründet war, und da sein Stündlein nahte, da hatte er Lust abzuscheiden und bei Christo zu sein.

Seit Jahrhunderten wird im evangelischen Deutschland mit dankbarer Liebe von einem Arndt gesprochen, der älter ist als der alte Arndt. Das ist der, welcher das Buch vom „wahren Christentum" geschrieben, ein Buch, das in der Zeit der rechtgläubigen Erstarrung und der ungläubigen Auflösung des Christenlebens in vielen frommen Herzen das wahre Christentum erhalten und gepflegt hat, das bußfertige, gläubige, betende, liebetätige Christentum der Schrift. Zu dem „alten Arndt", der das wahre Christentum in deutschen Landen bis auf diesen Tag durch seine stille verborgene Wirksamkeit in Betrachtung und Gebet fördert, hat uns Gott einen zweiten „alten Arndt" geschenkt, der hat vom wahren Deutschtum geschrieben. Möge das deutsche Volk nie ermatten, dem Sonnenflug dieser beiden Adler nachzufliegen. Keiner soll vergessen werden von den beiden, denn das ist die größte Gnade, die wir von unserm Gott für unser Volk erbitten können: dass das wahre Christentum und das wahre Deutschtum, wie es die beiden Arndte gelehrt, ungeschieden bleiben. Hat Gott einst die Deutschen durch das Evangelium von seinem Sohn in sein Reich gerufen und sind die Deutschen der Kreuzesfahne mit frommen Glauben gefolgt, so bleibt unsere Losung, unsere Hoffnung: Christus wird seine Reichsgedanken nicht ausführen, ohne das deutsche Volk in seine Arbeit zu rufen; unser Volk wird des deutschen Reichs nicht froh sein wollen ohne Christus. Und unsere Sehnsucht bleibt: o dass die besten Christen im Eifer brennten, auch die besten Deutschen, die besten Deutschen aber die besten Christen zu sein!

Anhang einiger geistlicher und Vaterlandslieder

Geistliche Lieder

Weihnachtslied

Weise: Aus meines Herzens Grunde

Der heilge Christ ist kommen,
Der süße Gottessohn,
Des freu'n sich alle Frommen
Am höchsten Himmelsthron,
Auch was auf Erden ist
Muß preisen hoch und loben
Mit allen Engeln droben
Den lieben heilgen Christ.

Das Licht ist aufgegangen,
Die lange Nacht ist hin,
Die Sünde ist gefangen,
Erlöset ist der Sinn,
Die Sündenangst ist weg
Und Liebe und Entzücken
Bau'n weite Himmelsbrücken
Auf jedem schmalsten Steg.

Verwaiset sind die Kinder
Nicht mehr und vaterlos,

Gott rufet selbst die Sünder
In seinen Gnadenschoß.
Er will, daß alle rein
Von ihren alten Schulden,
Vertrauend seiner Hulden,
Gehn in den Himmel ein.

Drum freuet euch und preiset,
Ihr Kindlein fern und nah,
Der euch den Vater weiset,
Der heilge Christ ist da;
Er ruft so freundlich drein
Mit süßen Liebesworten:
Geöffnet sind die Pforten,
Ihr Kinder, kommt herein!

Gebet eines kleinen Knaben an den heiligen Christ

Weise: Vom Himmel hoch

Du lieber heilger, frommer Christ,
Der für uns Kinder kommen ist
Damit wir sollen weis' und rein
Und rechte Kinder Gottes sein.

Du Licht vom lieben Gott gesandt
In unser dunkles Erdenland,
Du Himmelskind und Himmelsschein,
Damit wir sollen himmlisch sein!

Du lieber heilger frommer Christ,
Weil heute dein Geburtstag ist,

Drum ist auf Erden weit und breit
Bei allen Kindern frohe Zeit.

O segne mich, ich bin noch klein!
O mache mir den Busen rein!
O bade mir die Seele hell
In deinem reichen Himmelsquell!

Daß ich wie Engel Gottes sei
In Demut und in Liebe treu,
Daß ich dein bleibe für und für,
Du heilger Christ, das schenke mir!

Kindergebet

Lehr mich beten,
Gott der Herrlichkeit,
Kindlich vor dich treten,
Wie das Herz gebeut.

Mach' unschuldig,
Mache fromm dein Kind.
Denn die Welt ist schuldig,
Übervoll von Sünd.

Nach dem Bilde
Schufest du mich dein,
Vater aller Milde,
Laß mich heilig sein!

Nimm die Erde,
Nimm die Schuld von mir!

Daß ich Engel werde,
Wohne du in mir!

O Gedanke!
Himmelschein voll Licht!
Erd und Himmel wanke,
Gott verläßt mich nicht.

Anrufung des Wortes

Weise: Erhalt uns Herr bei deinem Wort

O Gottes Wort, gewaltig Wort,
Wie führt dein Schwert so scharfen Ort!
Fast unsichtbar und zart und fein,
Doch bohrt es tief durch Mark und Bein.

O Gottes Wort, gewaltig Wort,
Du Seelenschrecken, Geisterhort!
Du ernst geheime Majestät,
Die still durch alle Welten geht!

Bald gleich dem Sturmwind wild und graus
Du fährst mit Blitz und Donner aus,
Bald freundlich, fröhlich, lieb und lind
Du säuselst gleich dem Maienwind.

O Wort, so mächtig und so treu,
O ältstes Wort, doch ewig neu!
Laß deine Schrecken mich durchwehn,
Damit ich lerne Gott verstehn.

O Wort, so freundlich und so lind,
Durchhauche mich wie Maienwind,
Laß deine Liebe mich durchwehn,
Damit ich lerne Gott verstehn.

Dann wird mir alles offenbar
Und sternenhell und himmelklar,
Dann liegt mein kurzes Erdenlos
Geborgen fromm in Gottes Schoß.

O Wort, so mächtig und so treu!
O ältstes Wort, doch ewig neu!
Du Wort von Liebe, Wort von Licht!
Verlaß mich nun und nimmer nicht!

Der Fels des Heils

Weise: Valet will ich dir geben

Ich weiß, woran ich glaube,
Ich weiß, was fest besteht,
Wann alles hier im Staube
Wie Sand und Staub Verweht;
Ich weiß, was ewig bleibet,
Wo alles wankt und fällt,
Wo Wahn die Weisen treibet
Und Trug die Klagen prellt.

Ich weiß, was ewig dauret,
Ich weiß, was nimmer läßt,
Mit Diamanten mauret
Mir's Gott im Herzen fest,
Ja, recht mit Edelsteinen

Von allerbester Art
Hat Gott der Herr den Seinen
Des Herzens Burg verwahrt.

Ich kenne wohl die Steine,
Die stolze Herzenswehr,
Sie funkeln ja mit Scheine
Wie Sterne schön und hehr:
Die Steine sind die Worte,
Die Worte hell und rein,
Wodurch die schwächsten Orte
Gar feste können sein.

Auch kenn' ich wohl den Meister,
Der mir die Feste baut,
Er heißt der Fürst der Geister,
Auf den der Himmel schaut,
Vor dem die Seraphinen
Anbetend niederknien,
Und dem die Engel dienen:
Ich weiß und kenne ihn.

Das ist das Licht der Höhe,
Das ist der Jesus Christ,
Der Fels auf dem ich stehe,
Der diamanten ist,
Der nimmermehr kann wanken,
Der Heiland und der Hort,
Die Leuchte der Gedanken,
Die leuchten hier und dort.

So weiß ich, was ich glaube,
Ich weiß, was fest besteht

Und in dem Erdenstaube
Nicht mit als Staub verweht;
Ich weiß, was in dem Grauen
Des Todes ewig bleibt,
Und selbst auf Erdenauen
Schon Himmelsblumen treibt.

Jesusgebet

Weise: Herr Jesu Christ dich zu uns wend

Ich glaub' an dich, du höchster Geist,
Der Liebe ist und Liebe heißt,
Der ganz aus Gott geboren ist,
Ich glaub' an dich, Herr Jesus Christ.

Ich glaub' an dich, du klarster Geist,
Der mir den Weg zum Himmel weist,
Auf grader Bahn zum hellsten Ziel
Aus diesem trüben Erdenspiel.

Du reinster Abglanz reinsten Lichts,
O leuchte durch die Nacht des Nichts,
Durch ihrer Wirren Lügenschein
Mir himmelwärts und himmelein.

Du, mein Woher und mein Wohin,
Was ich gewesen, was ich bin,
Was ich durch dich, mein Heil, soll sein,
Das leuchte mir ins Herz hinein.

Dann bin ich bei dir und in dir,
Dann hab ich schon den Himmel hier;

Es lebt, umstrahlt vom sel'gem Licht,
Wer Jesus Christ im Glauben spricht.

Trost in Gott

Weise: O Haupt voll Blut und Wunden

Und willst du gar verzagen,
Du armes Menschenherz,
In Sorgen, Ängsten, Klagen,
Im feigen Erdenschmerz?
Und missest doch nach Spannen
Dein kurzes Glück und Leid,
Das rinnt geschwinde dannen
Ins Meer der Ewigkeit.

Nach oben mußt du sehen,
Hier unten find'st du's nicht,
Nur in den Himmelshöhen,
Nur da ist Trost und Licht;
Was hier die Stunden bringen,
Macht Mut der Stärksten scheu,
Von oben muß dir klingen
Der Klang von Gottes Treu.

Vom hohen Sterngewölbe
Herab erklingt der Klang:
Stets gleich und stets derselbe
Bleibt Gottes Weltengang:
Dort in der heitern Bläue,
Dort steht die feste Welt,

Dort Gott der Ewigtreue,
Der alles wohl bestellt.

Am hohen Sterngewölbe
Da strahlt in Sternenschrift
Der Gleiche und Derselbe,
Den nimmer Wechsel trifft;
Daß sich der Glaube freue,
Daß zittre Lug und Spott,
Strahlt dort der Ewigtreue,
Der gute, fromme Gott.

Dahin! da ist dein Himmel,
Da ist dein Heimatland,
Das dir im Erdgewimmel
Verdunkeln Leib und Tand,
Da klingen Wunderklänge,
Die machen frisch und neu,
Da klingen die Gesänge
Von Gottes Lieb und Treu.

Dahin! dahin! und lerne,
Was so herniederklingt,
Und auf dem höchsten Sterne
Das Heilig! Heilig! singt.
Dann wird dir stets aufs neue
Aufgeh'n sein Gnadenschein,
Er selbst, der Ewigtreue,
Mit in und bei dir sein.

Abendmahlslied

Weise: Aus meines Herzens Grunde

Kommt her, ihr seid geladen,
Der Heiland rufet euch,
Der süße Herr der Gnaden,
An Huld und Liebe reich,
Der Erd und Himmel lenkt,
Will Gastmahl mit euch halten,
Und wunderbar gestalten,
Was er in Liebe schenkt.

Kommt her, verzagte Sünder,
Und werft die Ängsten weg,
Kommt her, versöhnte Kinder,
Hier ist der Liebesweg;
Empfangt die Himmelsluft,
Die heilge Gottesspeise,
Die auf verborgne Weise
Erquicket jede Brust.

Kommt her, betrübte Seelen,
Die Not und Jammer drückt,
Mit Gott euch zu vermählen,
Der wunderbar beglückt –
Kommt, legt auf ewig ab
Der Sünde bange Säumnis,
Empfanget das Geheimnis,
Das Gott vom Himmel gab.

O wunderbare Treue,
So lockst du mich zu dir?

O wunderbare Weihe,
So nahst du selig mir?
Ich soll der Sünden Tod
In deinem Blute trinken,
Vergehen und versinken
In deiner Liebe, Gott?

O Wonne kranker Herzen,
Die mir von oben kam!
Verwunden sind die Schmerzen,
Getröstet ist der Gram;
Was von dem Himmel fleußt,
Hat lieblich sich ergossen,
Mein Herz ist gar durchflossen
Vom süßen Liebesgeist.

O Wonne kranker Herzen,
Die von den Sternen stammt,
Und mir mit heißen Kerzen
Die sel'ge Brust durchflammt,
Die unergründlich labt
Mit milden Himmelsbächen –
Wie kann die Zunge sprechen,
Wie groß mich Gott begabt!

Drum jauchze, meine Seele,
Hell aus der Sünden Nacht!
Verkünde und erzähle
Die tiefe Wundermacht,
Die unermeßlich süß
Ein Born der Liebe quillet,

Und jeden Jammer stillet,
Der fast verzweifeln ließ.

Drum jauchze, meine Seele!
Drum jauchze deinem Herrn!
Verkünde und erzähle
Die Gnade nah und fern,
Den Wunderborn in Blut,
Die sel'ge Himmelsspeise,
Die auf verborgne Weise
Dir giebt das höchste Gut.

Grablied

Weise: Jesus meine Zuversicht

Geht nun hin und grabt mein Grab,
Denn ich bin des Wanderns müde,
Von der Erde scheid ich ab,
Denn mir ruft des Himmels Friede,
Denn mir ruft die süße Ruh'
Von den Engeln droben zu.

Geht nun hin und grabt mein Grab,
Meinen Lauf hab ich vollendet,
Lege nun den Wanderstab
Hin, wo alles Irdsche endet,
Lege selbst mich nun hinein
In das Bette sonder Pein.

Was soll ich hienieden noch
In dem dunklen Thale machen?
Denn wie mächtig, stolz und hoch

Wir auch stellen unsre Sachen,
Muß es doch wie Sand zergeh'n,
Wenn die Winde drüber weh'n.

Darum Erde fahre wohl!
Laß mich nun in Frieden scheiden,
Deine Hoffnung ach! ist hohl,
Deine Freuden werden Leiden.
Deine Schönheit Unbestand:
Alles Wahn und Trug und Tand.

Darum, letzte gute Nacht,
Sonn' und Mond und liebe Sterne!
Fahret wohl mit eurer Pracht!
Denn ich reis' in weite Ferne,
Reise hin zu jenem Glanz,
Worin ihr erbleichet ganz.

Ihr, die nun in Trauern geht,
Fahret wohl, ihr lieben Freunde!
Was von oben niederweht,
Tröstet froh des Herrn Gemeinde;
Weint nicht ob dem eitlen Schein,
Droben nur kann ewig sein.

Weinet nicht, daß nun ich will
Von der Welt den Abschied nehmen,
Daß ich aus dem Irrland will,
Aus dem Schatten, aus dem Schemen,
Aus dem Eitlen, aus dem Nichts
Hin ins Land des ew'gen Lichts.

Weinet nicht, mein süßes Heil,
Meinen Heiland hab' ich funden,
Und ich habe auch mein Teil
In den warmen Herzenswunden,
Woraus einst sein frommes Blut
Floß der ganzen Welt zu gut.

Weint nicht, mein Erlöser lebt,
Hoch vom finstern Erdenstaube
Hell empor die Hoffnung schwebt,
Und der Himmelsheld, der Glaube,
Und die ew'ge Liebe spricht:
Kind des Vaters, zittre nicht!

Des deutschen Vaterland

Was ist des Deutschen Vaterland?
Ist's Preußenland, ist's Schwabenland?
Ist's, wo am Rhein die Rebe blüht?
Ist's, wo am Belt die Möwe zieht?
O nein! nein! nein!
Sein Vaterland muß größer sein.

Was ist des Deutschen Vaterland?
Ist's Bayernland, ist's Steierland?
Ist's wo des Marsen Rind sich streckt?
Ist's wo der Märker Eisen reckt?
O nein! nein! nein!
Sein Vaterland muß größer sein.

Was ist des Deutschen Vaterland?
Ist's Pommerland, Westfalenland?
Ist's, wo der Sand der Dünen weht?
Ist's, wo die Donau brausend geht?
O nein! nein! nein!
Sein Vaterland muß größer sein.

Was ist des Deutschen Vaterland?
So nenne mir das große Land!
Ist's Land der Schweizer, ist's Tirol?
Das Land und Volk gefiel mir wohl.
Doch nein! nein! nein!
Sein Vaterland muß größer sein!

Was ist des Deutschen Vaterland?
So nenne mir das große Land!
Gewiß, es ist das Österreich,
An Ehren und an Siegen reich?
O nein! nein! nein!
Sein Vaterland muß größer sein!

Was ist des Deutschen Vaterland?
So nenne mir das große Land!
So weit die deutsche Zunge klingt
Und Gott im Himmel Lieder singt,
Das soll es sein!
Das, wackrer Deutscher, nenne dein!

Das ist des Deutschen Vaterland,
Wo Eide schwört der Druck der Hand,
Wo Treue hell vom Auge blitzt
Und Liebe warm im Herzen sitzt –
Das soll es sein!
Das, wackrer Deutscher, nenne dein!

Das ist des Deutschen Vaterland,
Wo Zorn vertilgt den welschen Tand,
Wo jeder Franzmann heißer Feind,
Wo jeder Deutsche heißet Freund –
Das soll es sein!
Das ganze Deutschland soll es sein!

Das ganze Deutschland soll es sein!
O Gott vom Himmel sieh darein,
Und gieb uns rechten deutschen Mut,
Daß wir es lieben, treu und gut.

Das soll es sein!
Das ganze Deutschland soll es sein!

Wer ist ein Mann?

Wer ist ein Mann? Wer beten kann
Und Gott dem Herrn vertraut;
Wenn alles bricht, er zaget nicht;
Dem Frommen nimmer graut.

Wer ist ein Mann? Wer glauben kann
Inbrünstig, wahr und frei;
Denn diese Wehr bricht nimmermehr,
Sie bricht kein Mensch entzwei.

Wer ist ein Mann? Wer lieben kann
Von Herzen fromm und warm;
Die heilge Glut giebt hohen Mut
Und stärkt mit Stahl den Arm.

Dies ist der Mann, der streiten kann
Für Weib und liebes Kind;
Der kalten Brust fehlt Kraft und Lust
Und ihre That wird Wind.

Dies ist der Mann, der sterben kann
Für Freiheit, Pflicht und Recht,
Dem frommen Mut deucht alles gut,
Es geht ihm nimmer schlecht.

Dies ist der Mann, der sterben kann
Für Gott und Vaterland,

Er läßt nicht ab bis an das Grab
Mit Herz und Mund und Hand.

So, deutscher Mann, so, freier Mann,
Mit Gott dem Herrn zum Krieg!
Denn Gott allein kann Helfer sein,
Von Gott kommt Glück und Sieg.

Deutscher Trost

Deutsches Herz, verzage nicht,
Thu, was dein Gewissen spricht,
Dieser Strahl des Himmelslichts,
Thue recht, und fürchte nichts.

Baue nicht auf bunten Schein,
Lug und Trug ist dir zu fein,
Schlecht gerät dir List und Kunst
Feinheit wird dir eitel Dunst.

Doch die Treue ehrenfest
Und die Liebe, die nicht läßt,
Einfalt, Demut, Redlichkeit
Stehn dir wohl, o Sohn vom Teut.

Wohl steht dir das grade Wort,
Wohl der Speer, der grade bohrt,
Wohl das Schwert, das offen ficht
Und von vorn die Brust durchsticht.

Laß den Welschen Meuchelei,
Du sei redlich, fromm und frei;

Laß den Welschen Sklavenzier,
Schlichte Treue sei mit dir.

Deutsche Freiheit, deutscher Gott,
Deutscher Glaube ohne Spott,
Deutsches Herz und deutscher Stahl
Sind vier Helden allzumal.

Diese stehn wie Felsenburg,
Diese fechten alles durch,
Diese halten tapfer aus
In Gefahr und Todesbraus.

Deutsches Herz, verzage nicht,
Thu, was dein Gewissen spricht,
Redlich folge seiner Spur,
Redlich hält es seinen Schwur.

Kriegslied

Frisch auf ihr deutschen Scharen,
Frisch auf, zum heilgen Krieg!
Gott wird sich offenbaren
Im Tode und im Sieg;
Mit Gott, dem frommen, starken,
Seid fröhlich und geschwind!
Kämpft für des Landes Marken,
Für Eltern, Weib und Kind.

Frisch auf! ihr tragt das Zeichen
Des Heils an eurem Hut,
Dem muß die Hölle weichen

Und Satans Frevelmut;
Wenn ihr mit treuem Herzen
Und rechtem Glauben denkt,
Für wie viel bittre Schmerzen
Sich Christus hat geschenkt.

Drum auf für deutsche Ehre,
Du tapfres Teutsgeschlecht!
Der beste Schild der Heere
Heißt Vaterland und Recht:
Als schönste Losung klinget
Die Freiheit in das Feld:
Wo sie die Fahne schwinget,
Wird jedes Kind ein Held.

Drum auf, ihr deutschen Scharen!
Frisch auf zum heilgen Krieg!
Gott wird sich offenbaren
Im Tode und im Sieg;
Und wenn die ganze Hölle
Sich gösse über euch –
Ihr spült sie wie die Welle
Der Fels, zurück von euch.

Freudenklang

Durch Deutschland flog ein heller Klang
Vom Süden bis zum Norden,
Ein Ehrenklang, ein Freiheitsklang
Ist laut geklungen worden:
Der Wütrich ist gefallen

Durch Gott den Herrn gefallen,
Mit seinen Henkerhorden.

Drum auf, ihr Männer! auf in's Feld!
Drum auf! ihr deutschen Brüder!
Die Bösen hat der Herr gefällt,
Ihr Glück ersteht nicht wieder –
Drum auf mit Jubelschalle!
Und ruft und schwöret alle:
Wir sind und bleiben Brüder.

Nicht Bayern und nicht Sachsen mehr,
Nicht Östreich und nicht Preußen,
Ein Land, ein Volk, ein Herz, ein Heer,
Wir wollen Deutsche heißen;
Als echte deutsche Brüder
Hau'n wir die Räuber nieder,
Die unsre Ehr' zerreißen.

In gleicher Liebe, fest und treu,
In einen Bund geschlossen,
Ihr Welschen, ziehen wir herbei
Mit Männern und mit Rossen;
Wie Herbstesstürme brausen
Und wilde Meere sausen,
So kommen wir geflossen.

So kommen wir, so brausen wir
Und schwören rote Rache,
Und Gott der Herr ist mit uns hier
Und hält die gute Sache,
Der Herr der Himmelsscharen

Wird Recht und Licht bewahren,
Vor ihm erliegt der Drache.

Mit diesem Glauben zieh'n wir aus
Als rechte deutsche Brüder,
In Deutschland stand der Freiheit Haus,
Wir bau'n es tapfer wieder
In Fahr und Todesflammen,
Wir bau'n es kühn zusammen,
Kein Teufel reißt es nieder.

Die Leipziger Schlacht

Wo kommst du her in dem roten Kleid?
Und färbst das Gras auf dem grünen Plan?
Ich komm' aus blutigem Männerstreit,
Ich komme rot von der Ehrenbahn.
Wir haben die blutige Schlacht geschlagen,
Drob müssen die Mütter und Bräute klagen,
Da ward ich so rot.

Sag' an Gesell und verkünde mir,
Wie heißt das Land, wo ihr schlugt die Schlacht?
Bei Leipzig trauert das Mordrevier,
Das manches Auge voll Thränen macht,
Da flogen die Kugeln wie Winterflocken,
Und Tausenden mußte der Atem stocken
Bei Leipzig der Stadt.

Wie heißen, die zogen ins Todesfeld
Und ließen fliegende Banner aus?
Es kamen Völker aus aller Welt,

Die zogen gegen Franzosen aus,
Die Russen, die Schweden, die tapfern Preußen,
Und die nach dem glorreichen Österreich heißen,
Die zogen all' aus.

Wem ward der Sieg in dem harten Streit,
Wem ward der Preis mit der Eisenhand?
Die Welschen hat Gott wie die Spreu zerstreut,
Die Welschen hat Gott verweht wie den Sand;
Viel Tausende decken den grünen Rasen,
Die Übriggebliebnen entflohen wie Hasen,
Napoleon mit.

Nimm Gottes Lohn! hab Dank, Gesell!
Das war ein Klang, der das Herz erfreut!
Das klang wie himmlische Zimbeln hell.
Hab Dank der Mär von dem blutigen Streit,
Laß Wittwen und Bräute die Toten klagen,
Wir singen noch fröhlich in spätesten Tagen
Die Leipziger Schlacht.

O Leipzig, freundliche Lindenstadt,
Dir ward ein leuchtendes Ehrenmal.
So lange rollet der Jahre Rad,
So lange scheinet der Sonnenstrahl,
So lange die Ströme zum Meere reisen,
Wird noch der späteste Enkel preisen
Die Leipziger Schlacht.

Alldeutschland in Frankreich hinein

Und brauset der Sturmwind des Krieges heran,
Und wollen die Welschen ihn haben,
So sammle, mein Deutschland, dich stark wie ein Mann
Und bringe die blutigen Gaben,
Und bringe das Schrecken und bringe das Grauen
Von all deinen Bergen, aus all deinen Gauen
Und klinge die Losung: Zum Rhein! übern Rhein!
Alldeutschland in Frankreich hinein!

Sie wollen's! So reiße denn, deutsche Geduld!
Reiß durch von dem Belt bis zum Rheine!
Wir fordern die lange gestundete Schuld –
Auf, Welsche, und rühret die Beine!
Wir wollen im Spiele der Schwerter und Lanzen
Den wilden, den blutigen Tanz mit euch tanzen.
Wir klingen die Losung: Zum Rhein! Übern Rhein!
Alldeutschland in Frankreich hinein.

Mein einiges Deutschland, mein freies, heran!
Wir wollen ein Liedlein euch singen
Von dem, was die schleichende List euch gewann,
Von Straßburg und Metz und Lothringen!
Zurück sollt ihr zahlen! heraus sollt ihr geben!
So stehe der Kampf uns auf Tod und auf Leben!
So klinge die Losung: Zum Rhein! Übern Rhein!
Alldeutschland in Frankreich hinein.

Mein einiges Deutschland, mein freies, heran!
Sie wollen, sie sollen es haben!
Auf! Sammle und rüste dich stark wie ein Mann,

Und bringe die blutigen Gaben!
Du, das sie nun nimmer mit Listen zersplittern,
Erbrause wie Windsbraut aus schwarzen Gewittern!
So klinge die Losung: Zum Rhein! Übern Rhein!
Alldeutschland in Frankreich hinein!

Bundeslied

Sind wir vereint zur guten Stunde,
Wir starker deutscher Männerchor,
So dringt aus jedem frohen Munde
Die Seele zum Gebet hervor:
Denn wir sind hier in ernsten Dingen
Mit hehrem, heiligem Gefühl;
Drum muß die volle Brust erklingen
Ein volles helles Saitenspiel.

Wem soll der erste Dank erschallen?
Dem Gott, der groß und wunderbar
Aus langer Schande Nacht uns allen
In Flammen aufgegangen war,
Der unsrer Feinde Trotz zerblitzet,
Der unsre Kraft uns schön erneut,
Und auf den Sternen waltend sitzet
Von Ewigkeit zu Ewigkeit.

Wem soll der zweite Wunsch ertönen?
Des Vaterlandes Majestät!
Verderben allen, die es höhnen!
Glück dem, der mit ihm fällt und steht!
Es geh', durch Tugenden bewundert,

Geliebt durch Redlichkeit und Recht,
Stolz von Jahrhundert zu Jahrhundert,
An Kraft und Ehren ungeschwächt!

Das Dritte, deutscher Männer Weide!
Am hellsten soll's geklungen sein!
Die Freiheit heißet deutsche Freude;
Die Freiheit führt den deutschen Reihn;
Für sie zu leben und zu sterben,
Das flammt durch jede deutsche Brust,
Für sie um großen Tod zu werben,
Ist deutsche Ehre, deutsche Lust.

Das Vierte – hebt zur hehren Weihe
Die Hände und die Herzen hoch! –
Es lebe alte deutsche Treue!
Es lebe deutscher Glaube hoch!
Mit diesem wollen wir's bestehen,
Sie sind des Bundes Schild und Hort;
Fürwahr, es muß die Welt vergehen,
Vergeht das feste Männerwort.

Rückt dichter in der heil'gen Runde,
Und klingt den letzten Jubelklang!
Von Herz zu Herz, von Mund zu Munde,
Erbrause freudig der Gesang!
Das Wort, das unsern Bund geschürzet,
Das Heil, das uns kein Teufel raubt
Und kein Tyrannentrug uns kürzet,
Das sei gehalten und geglaubt!